건강한 교회

The Practices of a Healthy Church

건강한 교회

지은이 도널드 J. 맥네어, 에스더 L. 미크
옮긴이 유정희
펴낸이 김종진
초판 발행 2022. 6. 22.
등록번호 제2018-000357호
등록된 곳 서울특별시 강남구 선릉로107길 15, 202호
발행처 개혁된실천사
전화번호 02)6052-9696
이메일 mail@dailylearning.co.kr
웹사이트 www.dailylearning.co.kr

책값은 뒤표지에 있습니다.
ISBN 979-11-89697-36-5 03230

유정희 옮김

도널드 J. 맥네어, 에스더 L. 미크 지음

교회 건강의 개혁된 실천

건강한 교회

브라이언 채플
서문

개혁된실천사

목차

나의 생각과 실천에 영감을 불어넣어 준

많은 교회의 장로들에게.

-D. J. M.

나의 어머니와 남편, 그리고

내가 글을 쓸 수 있게 해준 모든 이들에게.

-E. L. M.

서문

나는 좀 더 나은 판단력을 발휘했어야 했다.

나의 아버지가 세인트루이스에 있는 우리 가족을 방문했다. 그래서 나는 내가 초청 강사로서 설교 봉사를 하고 있던 지역 교회에 아버지를 모시고 갔다.

나의 아버지와 나의 교회적 뿌리는 남부 지방에 있다. 나는 평신도인 아버지가 작은 교회에서 하시는 설교를 들으면서 자랐다. 페인트가 벗겨지고, 창문 너머로 소들이 풀을 뜯고 있고, 차들이 주차되어 있는 자갈밭 너머의 찔레 숲에서는 블랙베리들이 자라고 있는 그런 곳이었다. 여름에는 근처 장례식장의 판지로 된 환풍기에서 나오는 바람을 얼굴에 쐬었고, 겨울에는 예배당의 석탄 난로에서 적당히 떨어진 자리에 앉으려 했다. 너무 가까우면 뜨겁고 너무 멀면 추웠기 때문이다. 우리는 무반주로 노래를 불렀고, 그 후엔 근처 식탁에 근사하게 차려져 있는 저녁 식사를 마음껏 먹었다.

내가 7학년 때에 우리 가족은 아버지의 직장 일 때문에 세인트루이스로 이사해야 했다. 우리는 중산층이 주로 거주하는 교외 지역에 위치한 교회에서 예배를 드렸다. 그로부터 5년 후에, 아버지는 그곳이 불편하다며 다시 남부 지역으로 이사했다. 아버지는 익숙한 환경에서, 가장 성경에 충실하다고 믿는 방식으로 드리는 예배를 다시 시작하셨다. 대학에 진학하고, 신학교를 졸업하고, 목회자로 일하게 되면서, 나는 어릴 때부터 익숙하던 그런 시골 환경에서 아버지와 함께 예배드릴 기회가 많지 않았다. 오랜 세월이 지나면서, 나의 뿌리에 대한 기억들이 희미해졌다.

그러나 나는 아버지와 함께 정문 간판에 '현대식 예배'를 광고하는 대도시 교회의 주차장에 들어갈 때 나의 뿌리에 대한 기억이 떠오르면서 두려움이 솟구쳤다. 그 주차장에는 데님 셔츠에 캐주얼한 바지를 입은 예배자들이 쉐보레 블레이저와 크라이슬러 밴에서 쏟아져 나왔다. 십 대들은 남녀를 가리지 않고 저마다 적어도 한 쪽 귀에 귀걸이를 착용하고 있었다.

찬양 팀의 기타 연주자가 "만세 반석 열리니"라는 찬송가를 록 버전으로 연주하는 동안, 나는 아버지를 플라스틱 의자로 안내하면서, 우리가 곤란한 상황에 처했다는 걸 알았다. 나는 내가 설교할 시간이 되면 다 괜찮아질 거라고 아버지를 안심시키려 했다. 그러나 사실은 우리 둘 다 이런 경험에 대해 정말 준비가 안 되어 있다는 걸 서로에게 숨길 수가 없었다.

나는 주변의 젊은이들이 몸을 흔들고 손을 들어올리게 만드는 음악과 찬양에 동참하지 않는 것을 다른 사람들이 눈치 채지 못하게 하려고 애쓰는 아버지의 모습을 보았다. 아버지는 존중하는 모습을 보이려 했지만, 사실은 너무도 낯선 예배 분위기에 불안하고 풀이 죽은 모습이었다. 아버지의 불편함은 나만 느낀 것이 아니었다.

예배 후, 30년 전 아버지가 세인트루이스에 체류할 때 친분을 맺었던 한 남자가 아버지에게 인사를 하러 왔다. "웨이먼, 이 음악이 얼마나 불편하게 느껴질지 잘 알아요. 나도 사실 이런 음악을 좋아하지 않거든요."라고 그분이 말했다.

그러고 나서 그분은 크게 손을 흔들면서 계속 말을 이어나갔는데 내가 보기엔 예수님이 제자들에게 추수할 때가 된 밭을 보라고 말씀하실 때 취하신 제스처 같았다. "하지만 구주에 대해 듣기 위해 오는 이 수많은 젊은이들을 보세요. 내가 이렇게 오랫동안 이 교회에 남아 있는 이유는 하나님께서 내가 항상 공감할 수 없는 방법으로도 교회를 사용하시기 때문이에요."

그 사람은 돈 맥네어(Don MacNair)였다. 그가 내 아버지에게 한 말들은 그의 진면목을 많이 보여주었다. 그는 사역을 하는 내내, 교회 일과 교회 사역의 확장을 위해 헌신했고, 하나님 말씀의 진리와 구주의 사랑을 전파하기 위해 자신의 이익을 희생했다.

돈은 본래 공학 교육을 받았으나, 하나님은 목회 사역을 준비하도록 그를 부르셨다. 그의 생각과 글에는 참으로 정확함과 치밀함이 나타나 있지만, 그렇다고 근시안적이거나 편협한 사람은 아니었다. 그리스도와 교회를 위한 그의 열정은 언제나 그를 새로운 가능성으로 이끌었다.

돈은 한때 프란시스 쉐퍼가 목회했던 교회에서 사역을 하기도 했다. 돈이 사역할 즈음, 그 교회는 여러 가지 제약 조건에서 벗어나 하나님이 그 교인들에게 허락하신 새로운 잠재력을 발휘할 수 있는 방향으로 나아가기 위한 비전과 의지와 에너지가 필요했다. 돈은 역사적 전통에 손을 대는 것에 반대하는 의견들을 극복하고, 필요한 변화를 위한 의지와 에너지를 가져왔다.

그 교회는 하나님 말씀의 진리에 헌신하는 보수 장로교 새 교파의 중추를 이루는 리더들을 배출했다. 교회 건물의 청소도구실을 집무실로 바꾼 곳에서, 돈이 이끄는 일단의 사람들은 기도하며 신학교 설립 계획을 세우는 데 헌신했다. 언젠가 전 세계 학생들을 훈련시켜 전 세계에서 사역을 하도록 준비시킬 신학교였다. 그때 돈의 내면에 있던 엔지니어의 면모가 조금씩 드러났다. 그는 신학교가 자리잡을 토지에 대한 조사를 도왔다. 하지만 더 중요한 것은 이 전략적인 하나님 나라의 모험에서 드러난 그의 리더십이었다.

돈은 교단의 교회 개척 사역을 담당하는 교단 산하 기관에서 책임자로 섬기기 위해 그 교회를 떠났다. 그 직위에서 그는 교단의 선교적 노력에 선견지명 있는 리더십을 더해주었을 뿐 아니라, 복음 사역의 증대를 위해 초교파적 기관들과 함께 일했다.

그가 속한 작은 교단이 비슷한 신앙을 가진 더 큰 교단과의 합병을 고려할 때, 그는 그 일의 주요 지지자 중 한 사람이 되었다. 그 합병이 궁극적으로 그의 직위를 앗아가리라는 것을 알았지만 말이다.

그 후 돈은 작은 컨설팅 회사를 세워, 자신의 방대한 교회 사역 경험과 통찰을 가지고 교회들의 재활성화(revitalization)를 돕는 일에 헌신했다. 이는 그가 지금까지 활발하게 계속하고 있는 사역이다.

목사, 교단의 임원, 작가, 교사, 컨설턴트 등 어떤 역할을 맡든 돈 맥네어는 자신을 그리스도의 교회의 종으로 여겼다. 그의 방대한 경험은 그를 전문가로 만들어주었다. 이제 그는 기존의 경험에서 얻은 지혜를 단순히 나눠주는 일을 선택할 수도 있다. 하지만 돈은 현 시대의 교회가 직면한 새로운 도전이 무엇일지 늘 미리 숙고하면서, 지역 교회의 사역 확장과 개선을 위해 성경이(전통이나 편안한 습관이나 과거의 관습들보다) 인도하는 바를 구체적으로 발견하려 한다.

이 책은 그가 이 땅에서 행한 사역의 마지막 시점에 즈음하여 쓰여진 그의 마지막 책이다. 이 책은 그의 가장 혁신적인 책 중 하나이다. 그는 교회의 지도자들과 성도들의 은사들을 결합하여 하나님이 원하시는 것을 수행하는 방법을 제시하면서 전통적인 구조 안에 갇혀 있기를 거부한다. 내 생각에 돈은 이 책에서 말한 것들 중에 일부에 대해서는 개인적으로 불편함을 느꼈을 것이다. 현대적인 교회 분위기에서 나의 아버지에게 말했던 것처럼, 돈은 이렇게 말한다. "개인적으로 나는 좀 더 전통적인 방식에 훨씬 더 편안함을 느낍니다. 하지만 나는 내 구주의 우선순위를 따라갑니다."

나는 결혼하기 직전에 이제 내 앞에 당면 문제가 된 예산과 보험과 대출의 문제들을 어떻게 다루어야 하는지 돈의 조언을 구했다. 아마 젊은 신학생이 국가적인 교회 지도자의 사무실로 걸어들어가 그런 질문을 한다는 것은 주제넘은 행동이었을 것이다. 그러나 나는 고등학교 시절 돈의 집에서 그의 아이들과 함께 많은 시간을 보냈고, 그가 나의 관심사에 관심을 가져줄 거라는 걸 알았다. 정말 그랬다. 그는 내게 무엇을 해야 하는지 조언해주었고, 당장 모든 해답을 얻지 못하는 것에 대해 걱정하지 말라고 격려해주기도 했다. 다만 계속해서 나의 염려들을 하나님께 맡기라고 했다.

그때 돈 맥네어는 내가 신부를 맞을 준비를 하게 해주었다. 그는 교회를 더 영광스러운 그리스도의 신부로 준비시키는 일에 자신의 일생을 바쳤다. 이 책에서 돈 맥네어는 그 사역을 계속하고 있다. 그는 최종적인 해답을 얻었다고 주장하는 것이 아니라, 우리 주님이 이끄시는 대로 우리가 우리 교회의 문제들을 계속해서 다루고 있는지 확인하라고 말함으로써 그 일을 하고 있다.

브라이언 채플
커버넌트 신학교 총장

1장
교회의 건강은 무엇이며 그것이 왜 중요하고
그것을 어떻게 얻을 수 있는가

교회의 성장과 교회의 건강

교회의 성장에 관해 많은 책들이 출간되었다. 당신은 마음속으로 그런 책들로 가득한 서점의 선반을 상상해볼 수 있을 것이다. 나는 할 수 있다면 그 선반 위의 한 자리를 지정해서 '교회의 건강'이라는 라벨을 붙이고 싶다. 그곳에는 몇 안 되는 책들이 진열될 수 있을 것이다. 아마 지금 당신이 들고 있는 이 책도 그곳에 진열될 수 있을 것이다(당신은 이 책을 '교회 성장' 코너에서 찾았을 가능성이 더 크겠다!). 하지만 바라기는 앞으로 몇 년 안에 교회의 건강에 관한 책들이 급증했으면 좋겠다.

우선 나는 내가 교회의 건강을 위해 애쓰는 것이 교회의 성장에 대한 반대를 의미하지 않는다는 걸 명확히 하고자 한다. 우리는 이 두 가지를 결코 서로 상충되는 것으로 볼 수 없다. 이것은 상충의 문제가 아니라 초점의 문제다.

미국인의 성공에 대한 집착 속에서, 교회 성장은 신도석에 앉아 있는 사람들과 프로그램에 참여하는 사람들의 수의 증가와 쉽게 동일시된다. 달리 생각하기가 어려울 것이다.

그리스도인이 수적인 성장을 어떻게 비판할 수 있을까? 아마도 그것은 사람들이 그리스도께 돌아오고 있다는 것을 보여주며, 분명 그것은 교회들이 보기 원하는 것이다!

그렇지만 슬픈 현실은 단지 숫자에만 초점을 두는 교회는 건강하지 못한 교회가 될 가능성이 크다는 점이다. 숫자가 가장 큰 관심사일 때, 한 기관은 수를 늘리기 위해 어떤 수단에 의존해도 정당하다고 느낄 수 있다. 그런 사고방식이 많은 사업에 만연해 있고, 그때 고용인들의 직업 만족도는 크게 떨어진다.

교회 안에서도 비슷한 현상이 펼쳐질 수 있다. 사실 교회들은 사회에 만연한 사고방식대로 '상품판매'를 계속하기 위해 더 많이 '생산'해야 한다는 압박을 느낄 수 있다. 그런데 고용인들이 결과를 위해 과도하게 헌신하면 건강하고 행복한 직장생활을 영위하는 데 부정적으로 작용하게 된다. 교회들의 문제는 사실상 그와 같고, 불행히도 위험성은 훨씬 더 크다. 교회가 수적 성장에 집착할 때, 교회는 멤버들의 헌신의 요구 수준을 최소한도로 낮추어 버리게 되며, 세상의 관습에 순응하는 라이프 스타일을 쉽게 받아들이게 된다. 결과적으로 영적 성숙을 추구하는 것은 좌절된다.

교회 성장을 출석 교인 수의 증가로 정의한다면, 교회는 성장보다 더 많은 것에 관심을 기울여야 한다. 엄밀히 말하자면, 교회 성장을 논하는 많은 사람들은 그것이 단순한 수적 증가보다 더 큰 의미를 갖고 있다고 분명히 밝힌다. 그러나 건강하지 못한 초점은 계속 남아 있다. 문제는 우리 미국인의 정신에 있을 것이다. 우리는 '성장'이라는 단어를 '숫자'로 축소, 환원하는 것을 피하기가 매우 어렵다. 목사, 장로, 그리고 성도들은 다른 교회 사람들과 이야기를 나눌 때 이와 같이 말하고 싶은 유혹을 뿌리칠 수 없다. "우리 교회는 성장하고 있어요. 하나님께서 우리에게 복을 주고 계세요. 출석 교인의 수가 이제 300명을 넘었어요." 아니면 사람들은 (마지못해) "우리는 출석교인수가 줄어들고 있어요. 우리는 성장하고 있지 않아요. 하나님이 복을 주시지 않네요"라고 말할 것이다.

이런 이유와 또 다른 이유들로, 나는 교회가 성장보다 건강에 초점을 두어야 한다고 믿는다. 나는 당신이 건강에 대해 생각하도록 설득하려고 이 글을 쓰고 있다. 당신의 회중이 그런 식으로 생각할 때 그러한 사고방식이 가져올 변화가 무엇인지 보여주기 원하며, 또 건강한 교회가 되기 위한 구체적 방법들을 알려주기 원한다.

당신은 건강한 교회가 성장한다는 사실을 곧 알게 될 것이다. 그러나 성장은 언제나 교회 전체적으로뿐만 아니라 개개인의 신자들 안에서 성숙해 가는 그리스도의 형상과 관련하여 규정되어야 한다. 당신은 또한 건강한 교회의 성장은 인위적으로 꾸며내는 것이 아니라 자연스럽게 발생하는 과정임을 알게 될 것이다. 그것은 성령님이 주권적으로 역사하실 때, 즉 "하나님이 자라게 하시므로"(골 2:19) 일어나는 일이다.

하나님의 관심사

'건강'이라는 단어는 또한 교회를 위한 하나님의 뜻을 더욱 적절히 표현해준다. 사도 바울은 신랑(그리스도)과 신부(교회)의 비유를 사용하여 이렇게 말한다. "남편들아 아내 사랑하기를 그리스도께서 교회를 사랑하시고 그 교회를 위하여 자신을 주심 같이 하라 이는 곧 물로 씻어 말씀으로 깨끗하게 하사 거룩하게 하시고 자기 앞에 영광스러운 교회로 세우사 티나 주름 잡힌 것이나 이런 것들이 없이 거룩하고 흠이 없게 하려 하심이라"(엡 5:25-27). 또한 바울은 같은 서신의 다른 곳에서 머리(그리스도)와 몸(교회)의 비유를 사용하여 교회의 목표는 "머리, 곧 그리스도에게까지 자라는" 것이라고 말한다(엡 4:15). 그는 또한 우리가 "그 아들의 형상을 본받게 하기 위하여 미리 정하신" 자들이며, 이 목적을 위해 "하나님을 사랑하는 자들에게는 모든 것이 협력하여 선을 이룬다"고 말한다(롬 8:28-29). 이를 위해 바울은 수고하였다. "우리가 그를 전파하여 각 사람을 권하고 모든 지혜로 각 사람을 가르침은 각 사람을 그리스도 안에서 완전한 자로 세우려 함이니 이를 위하여 나도 내 속에서 능력으로 역사하시는 이의 역사를 따라 힘을 다하여 수고하노라"(골 1:28-29).

이 구절들은 영적 성숙, 또는 그리스도를 닮아가는 것으로 가장 잘 정의되는 성장을 묘사하고 있다. 개인들이 성장해야 한다. 즉 신자들은 영적 성숙을 향해 나아가야 하며, 불신자들(미래의 신자들!)은 그리스도를 영접하는 쪽으로 나아가야 한다. 몸도 성장해야 한다. 전체로서의 교회는 신부 또는 몸의 비유에서 말하는 교회의 합당한 모습에 점점 더 일치해 가야 하며, 그와 동시에 새 신자들을 끌어들이기 위해 주변으로 손길을 뻗치는 일에도 소홀함이 없어야 한다. 그리스도를 닮아가는 이러한 움직임에 초점을 두는 것은 곧 건강에 초점을 두는 것이다. 더욱이, 그것은 곧 하나님께 대한 순종이자 그분의 어젠다를 공유하는 것이다. 건강을 위한 하나님의 어젠다를 취하고 하나님이 지정하신 교회의 패턴을 그대로 따르려고 진지하게 애쓰는 교회는 하나님의 축복을 받을 것이다. 하나님이 성경 말씀에서 제시하신 모범적인 패턴을 따르는 교회가 하나님의 나라를 확장하기 위한 가장 효율적인 도구가 될 것이라고 생각하는 것은 이치에 맞는다.

교회의 일부가 되는 것은 놀라운 일이다!

건강에 초점을 두는 것은 중요하고, 하나님께 순종하는 일일 뿐 아니라 유익한 일이기도 하다. 건강에 초점을 두는 것은 개별적인 신자들과 지역 교회를 위해 하나님이 안배하신 참으로 좋은 것에 마땅한 관심을 쏟고 경건함을 향해 나아가기를 갈망하는 것이다. 개인의 영적 성장이 우선인 이유는 질적으로나 양적으로나 공동체의 성장이 그 토양에서 비롯되기 때문이다. 건강에 초점을 두는 섬김은 단지 교회 문 안에 또 다른 육체적인 몸이 들어오는 것으로 만족하지 않고(차이점을 부각시키기 위해 과장해서 말한다), 불신자를 제자화하고, 그에게 그리스도를 가르치고, 의를 추구하게 만들려 한다. 이때, 성령님이 역사하시기를 간절히 고대하면서 결과는 성령님께 맡긴다.

의식적으로 초점을 최종 결과에서 고객 서비스와 고용인의 만족으로 옮긴 직장 내에 어떤 변화들이 일어날지 상상해보라. 그 직장은 확실히 일하기 더 좋은 곳이 되지 않겠는가? 아마 처음에는 이익이 좀 더디게 증가하겠지만, 결국엔 더 빠른 속도로 증가할 것이다. 그것은 행복하고 생산적인 노동자들, 품질을 믿을 수 있게 된 고객들, 그리고 점점 더 높아지는 회사의 명성 때문이다. 그전에는 숫자에 집중했던 교회가 건강에 초점을 둘 때 어떤 일이 일어날지 쉽게 상상해볼 수 있다. 하나님 안에서 성장하고 있고, 더 큰 복이 임하기를 즐겁게 기다리는 교인들로 구성된 교회는 가장 매력적인 교회일 것이다. 그런 교회는 자연스레 성장하고 또 성장할 것이다.

한편, 많은 교회들은 숫자를 늘리려고 노력하지도 않았고, 몇 년 동안 현상 유지 외에는 아무것도 하지 않았다. 이런 교회들에게는 건강에 대한 성경의 권고들이 반갑지 않은 기상 신호처럼 느껴질 것이다.

처음에는 건강한 교회를 향한 변화를 추구하는 것이 불편하게 느껴질 수 있다. 그러나 현 상태에 대한 불만족, 변화의 필요성을 인정하는 솔직함, 더 나은 방식을 추구하는 용기, 그것을 이루겠다는 결심 등이 없다면 어떠한 (자기 주도적) 변화도 일어날 수 없다. 변화되기 위해서는 강한 의지가 요구된다. 그런데 강한 의지는 좀처럼 자연스럽게 생기지 않는다.

그러나 건강이 안 좋은 상태와 건강이 좋은 상태를 둘 다 경험해 본 사람이라면 누구나 그 싸움이 가치가 있다는 데 동의할 것이다. 실제로 건강한 것이 훨씬 더 좋게 느껴지기 때문이다. "고통 없이는 아무것도 얻을 수 없다"는 말이 있다. 그것은 벽장 정리부터 고층 건물 건설까지, 육체적 건강부터 교회 건강까지 모든 일에 해당되는 사실이다.

육체적 건강의 비유

성경적인 교회 건강은 중요하고 유익하며, 우리는 그것을 이루라는 명령에 순종해야 한다. 이미 말했듯이, 건강은 성장보다 우리의 참된 목표에 더 부합하는 표현이다. 나는 이 책 전체를 통해 교회 건강의 개념을 전달하려 한다.

우리는 먼저 우리가 생각하는 '건강'의 뜻을 명확히 하는 데서부터 시작해야 한다. 나는 먼저 육체적 건강에 대해 이야기하고, 이로부터 교회 건강의 개념을 이끌어낸 후, 교회 건강에 대한 나의 주장들을 더욱 구체적으로 표현할 것이다.

육체적 건강에는 몇 가지 측면이 있고, 우리는 그 중 하나를 묘사하기 위해 '건강'이라는 단어를 사용할 수 있다. 가장 기본적으로, 우리는 건강(health)을 소위 건강한 상태(wellness)와 동일시한다. 건강한 상태는 무형의 특성이며, 육체적인 것 이상의 행복한 느낌이다. 우리는 그것을 소중히 여기고 추구하며, 우리가 그것을 갖고 있으면 스스로 복을 받았다고 여긴다. "건강한 우리는 행운아다"라고 우리는 말한다.

요즘 의사들은 자신이 건강을 만들어낼 수 있다는 듯 말하지만, 우리는 하나님 외에는 그 무엇도 우리 건강을 보장해줄 수 없다는 걸 잘 안다.

건강한 상태(wellness)에는 측정 가능한 측면들이 있다. 필요한 에너지를 갖고 있고, 감기에 자주 걸리지 않고, 안색이 좋고, 옷이 편안하게 잘 맞는다. 건강은 단지 무형의 것만은 아니다. 사실은 구체적인 유형의 것이 없을 때 무형의 것을 가지고 있다고 생각하기는 어려우며, 그 반대도 마찬가지일 것이다.

하나님만이 건강과 행복을 보장해주실 수 있다는 사실은 우리가 할 수 있는 일이 없다거나 아무것도 하지 말아야 한다는 뜻이 아니다. 의사들은 건강의 증거들을 찾는 일을 한다. 그들은 항상 우리의 맥박과 체온과 혈압을 재고, 우리가 건강하다는 걸 보여주는 데이터인 '활력 징후'에 대해 이야기한다. 그것들은 의사에게 우리의 신체 상태에 대한 기본 정보를 준다.

우리가 건강을 유지하기 위해 해야 할 일들이 있다. 건강한 식사를 하고, 규칙적으로 운동을 하고, 숙면을 취하고, 스트레스를 피하는 것이다. 건강을 유지하거나 개선하기 원한다면 이런 것들을 실천해야 한다. 물론 이런 행위들이 건강을 완전히 보장해주지는 못하지만, 우리는 그것들을 행하는 사람이 대체로 건강할 것이라는 합리적 결론을 내린다. 사실 이런 행위들은 우리가 건강을 추구하기 위해 능동적으로 취할 수 있는 조치들이라서 우리가 그것들을 더 잘하는 데 관심을 집중하는 것은 정당하다. 또한 이런 것들을 충실히 행하기 위해 많은 인내심이 필요하다는 사실은 굳이 덧붙이지 않아도 될 것이다!

이러한 사실을 확장해보면, 육체적 건강 유지는 일종의 매뉴얼을 수반한다고 말할 수 있다. 어쩌면 당신은 패션모델처럼 보이기 원하거나, 운동선수 같은 힘을 갖기 원할 것이다. 어쩌면 당신의 주치의나 병원이 당신에게 건강 유지 방법에 관한 팸플릿을 보내고 있는지도 모른다. 혹은 영양사와 상담을 해서 특정한 다이어트 계획표를 받았는지도 모른다. 어쩌면 당신의 PT 강사가 어떤 일과를 정해줄 수도 있다. 이 모든 것들은 우리에게 목적 의식을 주고 목표를 달성하는 법을 알려준다.

마지막 요소는 이것이다. 즉, 종종 의사나 영양사, 혹은 운동 강사가 개입한다. 이들은 당신의 건강을 평가하고 건강을 향상시킬 정보를 제공하고 동기를 부여하는 인간 매개자 역할을 한다.

건강(health)과 건강한 상태(Wellness)

　육체적 건강의 이 모든 면들이 이 책에서 논하는 교회에게도 해당할 거라고 추측할 수 있다. 물론 궁극적으로 모든 것들이 그러하듯이 지역 교회의 건강은 우리 주님의 손안에 있다. 이것을 깨닫는 것이 정말로 중요하다. 그것은 우리가 전적으로 하나님께 의존해 있음을 상기시켜주며, 오직 그분만을 예배하게 하며, 계속 무릎 꿇고 기도하게 한다. 또한 교회가 유기체이자 조직체라는 균형 잡힌 관점을 유지하게 한다. 조직체(organization)는 구체적인 건물, 절차, 운영 규칙, 지역 교회 안의 각종 계획들, 당신이 주보에서 읽을 수 있는 프로그램들을 나타낸다. 교회를 조직체와 동일시하고, 교회에 없어서는 안 될 본질적인 무형적 부분을 간과하는 것은 큰 실수를 범하는 것이다. 유기체(organism)는 교회의 생명과 사역, 사람들 사이에서 행해지는 하나님의 보이지 않는 역사를 통해 사람들이 함께 성장하는 것을 나타낸다. 유기체는 살아 있는 몸 또는 그리스도의 신부이다.

　그러나 다른 한편으로, 교회는 조직 없는 유기체도 아니다. 우리는 우리가 참여할 수 있는 구체적인 활동이 없는 곳에서 교회의 건강을 찾지 않는다. 이것은 성경에서 가르치듯이 주권자 하나님이 언약의 하나님이시기 때문이다. 구속과 창조에 있어서, 하나님은 그분의 백성에게 어떻게 행하실지를 주권적으로 선택하시고, 이를 신실하게 행하기로 맹세하신다. 그분의 백성을 구속하시고, 그들의 행위에 근거해서가 아니라 자신의 무조건적인 사랑으로 그들을 택하신 주님은 그들에게 자신의 율법에 순종하도록 명하신다. 순종하면 하나님의 복을 기대할 수 있고, 순종하지 않으면 그분의 심판을 기대할 수 있다. 복을 주시든 심판을 베푸시든, 하나님은 여전히 자신의 말씀을 충실히 지키시는 것이다.

창조에 있어서도 본질적으로 그와 같다. 예를 들어 하나님은 햇빛과 양분과 물이 결합하여 식물을 자라게 하는 세상에 우리를 두기로 주권적으로 선택하신다. 만일 우리가 그 요소 중 하나를 식물에게 주지 않으면 그것은 자라지 않을 것이다. 우리가 필요에 따라 이 세 가지를 다 준다면 식물이 자랄 것이라고 합리적으로 기대할 수 있다. 또한 우리는 이러한 법칙이 내일도, 내년에도, 다음 세기에도 지속되리라고 기대할 수 있다. 하나님은 자신의 약속을 지키시기 때문이다.

똑같은 법칙이 육체의 건강과 교회에 건강에 적용된다. 우리는 궁극적으로 건강을 좌우할 수 없지만, 하나님은 우리에게 그분의 복을 기대하며 그분의 계획을 충실히 따르라고 명하신다. 우리는 궁극적인 결과를 보장할 수 없지만, 하나님이 우리에게 행하라고 하시는 일들이 있다. 우리는 조직을 만들면서, 믿음으로 유기적인 삶을 기대한다. 우리는 사역을 하면서, 믿음으로 성장을 기대한다. 우리는 확신을 가지고 건강한 결과들을 추구하면서 건강한 일들을 행한다.

건강한 결과들은 유기체, 생명, 하나님의 복 같은 무형의 것들이다. 건강한 결과들은 또한 숫자(더 많은 교인수, 더 많은 회심, 더 많은 아이들)같이 구체적인 결과들도 포함한다. 건축 프로그램이 별 탈 없이 기분 좋게 지속되는 것도 구체적인 결과로 여겨진다. 멤버들이 이웃에게 그리스도를 전하는 것, 직장에서 신실하게 의를 추구하는 것, 지역 사회에서 구제하는 것, 경건하고 질서 잡힌 가정을 꾸리는 것도 마찬가지다.

활력 징후

교회 컨설턴트로서 사역을 하면서, 나는 교회의 건강을 나타내는 두 가지 증거에 자주 의존한다. 이것들은 인간 몸의 활력 징후들과 유사하다. 두 가지가 정기적으로 계속 나타나고 있으면 교회가 건강하다는 걸 알 수 있다. 첫째, 개개인 멤버들이 영적인 성숙도 면에서 성장하고 있다. 둘째, 불신자들이 그리스도께 나아오도록 돕는 일에 교회가 적극적으로 나서고 있다. 하나님이 이 일을 이루실 것이라는 확신에 찬 기대를 가지고서 말이다. 나는 또한 세 번째 증거를 찾는데, 그것은 교회에 큰 분열이나 다툼이 없는 것이다.

건강한 실천사항들

내가 당신에게 전달하고자 하는 가장 중요한 것은 인간의 몸을 위한 건강한 실천사항들이 있듯이 교회가 건강하기 위해 지켜야 할 실천사항들이 있다는 것이다. 이것들은 우리가 실행하려고 적극적으로 노력할 수 있는 일들이고, 그렇게 함으로써 적극적으로 교회의 건강을 향상시킬 수 있는 일들이다. 우리가 그것들을 실행에 옮긴다면 확신을 가지고 하나님이 우리 안에서, 우리를 통해 일하실 것을 기대할 수 있으며, 언약의 하나님이 그분의 말씀에 따라 신실하게 응답하시는 것을 보게 될 것이다. 잘 먹고, 잘 자고, 적당한 운동을 하는 사람이 일반적으로 건강하듯, 건강한 실천사항들을 행하는 교회가 일반적으로 건강하다. 나는 이런 실천사항들을 건강한 교회의 특성 또는 기준이라 부른다. 이것들 자체가 건강을 보장해준다는 뜻은 아니다. 또한 이것들을 오직 하나님만이 주실 수 있는 무형의 건강과 혼동하게 하려는 것도 아니다. 다만 우리가 건강해지기 위해서는 이것들을 실천해야 하며, 하나님은 언약을 충실히 지키시는 분이기에 우리가 이것들을 실천하면서 확신을 갖고 우리 안에서 우리를 통해 그분의 역사가 나타날 것을 기대할 수 있다는 것이다. 우리가 식사와 잠과 운동을 강조해야 하는 것처럼 나는 이것들을 강조한다. 이것들은 우리가 행할 수 있는 건강한 일들이다.

이 건강한 실천사항들로는 6가지가 있다. 이것들을 나열하면서, 이 책에서 그 내용을 다루는 장을 표시하면 다음과 같다.

1. 교회는 타협하지 않고 성경 말씀에 대한 헌신을 유지해야 한다 (3장).

2. 교회는 정기적으로 활력이 넘치는 예배를 드려야 하며 이것은 개

인과 공동체의 성장을 위한 궁극적인 동기부여이다(4장).

3. 교회는 계속해서 목자 리더십을 훈련하고 실행해야 한다(6장과 7장).

4. 교회는 임명된 장로가 책임성을 갖고 살펴보는 가운데 은사를 받은 멤버가 주도하는 사역을 활용하는 메커니즘을 갖고 있어야 한다. 나는 사역 센터를 제안한다(5장과 8장).

5. 교회는 지속적으로 수정되는 비전과 액션 플랜을 반드시 가지고 있어야 한다. 그것은 그 시대에, 그 지역 사회에, 그 교회에 맞는 비전과 액션 플랜이어야 하며, 교회의 목적과 사명을 시행하기 위한 것이어야 한다(9장과 10장).

6. 교회는 성경적 건강에 헌신하기 위해 기도로 하나님의 은혜를 구해야 한다(11장).

하나님은 우리가 "결과 지향적"이기보다 "과정 지향적"이길 원하신다. 그것이 우리가 건강에 대해 더 많이 이야기하고, 결과에 대해서는 더 적게 이야기해야 할 이유이다. 그렇기 때문에 신체의 건강에 관한 비유에서 가장 중요한 면은 바로 건강한 실천사항이다. 내가 교회의 건강에 대해 이야기할 때는 건강한 실천사항을 뜻하는 경우가 가장 많다. 또한 특정 교회의 건강을 평가할 때 내가 제일 먼저 보는 것은 그 교회가 이런 실천사항들을 따르고 있는지의 여부이다. 어느 시점에, 교회는 정기적인 회심과 멤버 수의 증가를 보지 못하고 있거나, 교회를 어렵게 만드는 상황 속에 놓여 있을 수 있다. 그러나 기쁠 때와 마찬가지로 힘들 때에도 하나님은 우리에게 신실한 순종을 요구하신다. 하나님은 우리가 어떤 결과를 내는지보다 어떻게 사는지에 더 관심을 가지신다. 하나님은 그분의 때에, 그분의 약속에 따라 건강을 허락해주실 것이기에 우리는 과정에 집중하면 된다. 결과는 그분이 하시는 일이다.

본보기와 매뉴얼

하나님은 우리에게 본보기와 매뉴얼을 둘 다 제공해주신다. 우리의 본보기는 그리스도이시다. 하나님은 우리가 그분의 아들의 형상을 닮기 원하신다. 리더들은 우리를 그리스도 안에서 온전한 자로 세우려고 노력해야 하고, 교회는 머리되신 주님을 향해 자라가야 한다. 그리스도를 바라보는 것은 온전한 영적 건강을 바라보는 것이며, 개개인의 그리스도인들이 한 몸을 이룬 그리스도의 교회는 이를 본보기로 삼는다. 우리가 그리스도를 닮기 위해 노력하지 않는다면 우리 자신을 그리스도인이라 칭하는 것이 무슨 의미가 있는가?

우리의 매뉴얼은 하나님의 말씀, 거룩한 성경이다. 당신과 당신의 교회는 성경을 하나님의 말씀으로 믿고, 그 말씀을 공부하고 존중하면서도, 그 말씀이 건강한 교회를 위한 청사진을 제공해준다는 사실을 모르고 있을 수도 있다. 건강한 교회를 낳는 패턴은 바로 성경에서 제시하는 패턴이다. 내가 그 패턴을 지어내지 않았다. 나는 성경을 공부하고 그 속에서 배운 것을 여러 상황에 적용하려고 계속 노력함으로써 교회의 건강을 낳은 패턴을 이끌어낸 것이다. 이런 이유 때문에, 나는 교회 건강 추구가 곧 하나님께 순종하는 것이라고 믿는다.

교회의 건강을 위한 네 가지 성경의 명령을 언급해보겠다.

1. 교회는 교회의 우주적인 목적과 사명을 하나님이 그 교회에 허락하신 구체적인 상황에 적용해야 한다.
2. 교회는 각 멤버들의 영적 은사를 소홀히 하지 않아야 한다.
3. 교회의 장로들은 자신이 하나님께 회계할 자인 것처럼 교회를 이끌어야 한다(히 13:17).
4. 교회는 목자 리더십의 성경적 모델을 따르는 신실한 장로들을 가져야 한다.

이 교훈들을 더 자세히 설명하지 않더라도, 그것들이 앞에서 설명한 건강한 실천사항들과 필연적으로 관련되어 있음을 알 수 있을 것이다. 이런 실천사항들은 하나님의 말씀에 명기되어 있거나 그로부터 유도되는 것들이기 때문이다.

나는 당신 마음대로 이용할 수 있는 영양사이다

마지막으로, 나의 역할을 의사나 영양사의 역할에 비유할 수 있겠다. 나는 교회를 열정적으로 사랑하기 때문에 교회의 건강을 사랑한다. 나는 그리스도를 사랑하기 때문에 교회를 사랑한다. 몇 년 동안 교회를 섬기면서 주님과 주님의 신부를 사랑해 오는 동안 주님은 그 봉사의 자연스러운 결과로서 나를 이 사역으로 이끄셨다. 나는 교회의 건강에 대해 사람들을 교육시키기 위해 내가 할 수 있는 일을 한다. 내가 이 책을 쓰는 것도 그 일의 일환이다.

이 모든 것이 지금은 추상적 탁상공론으로 들릴 수 있지만, 당신이 이 책을 계속 읽어가면서 나의 생각들이 나의 경험에서 우러나온 것임을 알게 되길 바란다. 나는 총 18년 동안 세 교회에서 목회를 했다. 각각 도심 지역, 소도시 지역, 부유한 교외 지역에 자리잡은 교회였다. 또한 나는 19년 동안 우리 교단의 교회 개척 지원 활동을 이끌며, 수많은 개척 교회들과 교류했다. 나는 컨설팅 사역을 발전시켜 왔고, 이를 통해 지난 14년 동안 약 12,000명 이상의 멤버가 속해 있는 70여 개의 교회들과 함께 일했다. 이에 더해, 나는 목회자들을 훈련시키는 일을 돕고 있으며, 그들 중 많은 이들이 나를 재방문해서 문제를 의논한다.

내가 이러한 경험에 근거하여 자신 있게 말할 수 있는 것은, 특정한 실천사항들을 실천하는 교회는 그에 상응하는 지표들을 나타내며, 하나님이 그 교회 안에서 그 교회를 통해 일하신다는 것이다. 또한 이런 실천사항들을 행하지 않는 교회들은 그에 상응하는 지표들을 나타내며, 하나님이 그 안에서 그 교회들을 통해 의미 있게 일하고 계신 것처럼 보이지 않는다. 첫 번째 유형의 교회는 건강하고, 두 번째 유형의 교회는 상대적으로 건강하지 않다.

나는 성경적인 교회 건강이라는 개념의 중요성을 당신에게 확신시키기 위해 이 글을 쓴다. 당신과 당신의 교회가 그것을 갈망하게 만들고, 당신이 그것을 추구하도록 자극하기 원한다. 또한 교회 건강을 추구하는 과정에서 당신에게 필요한 전략들을 제공하길 원한다. 그리고 따라올 놀라운 결과들을 당신에게 확신시키길 원한다. 하나님께서 이 책을 사용하셔서 당신과 당신의 교회를 향한 그분의 뜻을 이루시기를 간절히 기도한다.

우리 교회는 얼마나 건강한가?

교회 건강에 관한 책들은 오직 건강하지 못한 교회들만을 위해 쓰여지기에 그런 교회들에게만 도움이 될 거라고 생각할지도 모르겠다. 그러나 잠깐만 기다리라! 잘 먹고, 잘 자고, 주기적으로 운동을 해야 하는 사람은 누구인가? 모든 사람이다! 안타까운 사실은 우리가 종종 "소 잃고 외양간 고치듯" 그런 실천사항들을 무시함으로써 건강을 다소 잃은 뒤에야 그 실천사항들을 진지하게 받아들인다는 것이다. 그러나 누구나 건강해지려면 건강한 실천사항들을 실천해야 한다는 사실은 변하지 않는다. 당신의 건강이 회복되기 위해 그것들이 필요하다. 당신의 건강이 향상되기 위해 그것들이 필요하다. 당신의 건강이 유지되기 위해 그것들이 필요하다.

건강한 교회의 실천사항들에 대해서도 동일한 원리가 적용된다. 이 책은 건강하지 못한 교회들을 위한 것이며, 또한 건강한 교회들을 위한 것이다. 당신에게 필요한 것이 교회 건강 회복이든 교회 건강 유지이든, 당신은 동일한 실천사항들을 따라야 한다. 나는 교회가 건강해질 때까지 이 일들을 하다가, 나중에 건강해진 후에는 중단하라고 권장하지 않는다. 내가 권하는 것은 지금부터 그리스도께서 다시 오실 때까지 이것들을 실천하라는 것이다.

이 책에서 논하는 행동들로부터 도움을 받지 못할 교회들도 있다. 그러한 교회들은 자신에게 도움이 필요하다고 생각하지 않는 교회들이다. 그들은 자신의 부족함을 인식하지 못하거나 목표에 대해 관심이 없다. 안타깝게도 나는 이런 교회들을 많이 발견했다.

그러나 긍정적이고 희망적인 면이 있다. 즉 건강해질 필요가 있다는 인식과 이와 관련하여 도움을 받을 수 있다는 인식은 매우 중요한 첫걸음이라는 사실이다. 나는 교회의 건강을 평가할 때 그 교회 사람들이 도움을 받고자 하는 의지가 있는지 살펴본다. 그들이 듣고자 하지 않는다면 내가 말해봤자 소용이 없을 것이다.

그러나 당신이 정직하게 자신을 살필 의향이 있다고 가정할 때, 당신은 이 질문들을 생각해봄으로써 당신 교회의 건강을 평가하기 시작할 수 있다. 당신은 그것들을 개인적으로 깊이 생각해볼 수도 있고 교회에서 다른 사람들과 함께 토론할 수도 있다. (이 질문들은 '토론을 위한 질문'으로 이 장의 맨 뒤에 수록되어 있다.) 우리는 한 교회로서 우리를 위한 하나님의 뜻에 따르기 위해 더 좋게 변화되려 하는가? 우리 멤버들 중 다수가 영적 성장을 입증해 보이고 있는가? 우리는 한 회중으로서 하나님이 교인 수를 더해주시는 것을 비롯하여 우리 교회에 복을 주시기를 간절히 기다리고 있는가? 멤버들은 장로들이 그들을 보살피고 인도해주고 있다고 느끼는가? 멤버들은 자신들의 영적 은사가 사용되고 있고 가치 있게 여겨지고 있다고 느끼는가? 우리가 성경을 중요하게 여기는 것이 우리의 모든 모임과 사역에 분명히 나타나는가? 공예배에서 우리는 살아 계신 하나님의 임재와 능력을 경험하는가? 우리 교회로 인해 지역 사회가 어떻게 달라지고 있는가? 교회 비전과 그 비전을 달성하기 위한 액션 플랜들이 우리가 가진 은사들과 상황을 현실적으로 반영하고 있는가? 우리 교회 안의 불화는 비교적 사소한 것인가?

이런 것들을 논의할 때 삶에 대한 또 한 가지 사실을 명심하라. 즉, 인식은 종종 현실로 연결된다는 것이다. 당신의 지역 사회가 당신의 교회를 어떻게 인식하느냐에 따라 교회가 그 지역 사회 안에서 얼마나 영향력을 발휘할 것인지가 결정된다. 회중이 장로들의 사역을 어떻게 인식하느냐에 따라 사실상 모든 면에서 교회의 권위 체계가 결정된다. 각 멤버가 몸 안에서 자신의 가치를 어떻게 인식하느냐는 그의 참여에 직접적으로 영향을 끼친다. 그러므로 당신은 상기 질문들에 답하고 이 책의 내용을 소화하면서, 과거에 쓰여진 당신 교회의 액션 플랜들을 살펴보고 사람들의 말을 들어볼 필요가 있다는 걸 알게 될 것이다.

용기를 내라. 살아 계신 하나님은 당신 교회의 건강을 그분의 개인적인 과제로 여기신다. 그분은 이미 그것에 많은 것을 투자하셨다. 하나님은 우리가 그분의 말씀과 부활의 능력을 사용할 수 있게 해주신다. 이 노력에 동참하는 것은 그분의 사명을 함께 하고 그분의 가장 충만한 축복 안에서 그 사명을 수행하는 것이다. 이제는 일에 착수해야 할 때다!

토론을 위한 질문

다음 질문들을 사용하여 당신 교회의 건강을 평가해보라.

1. 우리는 한 교회로서 우리를 위한 하나님의 뜻에 따르기 위해 더 좋게 변화되려 하는가?

2. 우리 멤버들 중 다수가 영적 성장을 입증해 보이고 있는가?

3. 우리는 한 회중으로서 하나님이 교인 수를 더해주시는 것을 비롯하여 우리 교회에 복을 주시기를 간절히 기다리고 있는가?

4. 멤버들은 장로들이 그들을 보살피고 인도해주고 있다고 느끼는가?

5. 멤버들은 자신들의 영적 은사가 사용되고 있고 가치 있게 여겨지고 있다고 느끼는가?

6. 우리가 성경을 중요하게 여기는 것이 우리의 모든 모임과 사역에 분명히 나타나는가?

7. 공예배에서 우리는 살아 계신 하나님의 임재와 능력을 경험하는가?

8. 우리 교회로 인해 지역 사회가 어떻게 달라지고 있는가?

9. 교회 비전과 그 비전을 달성하기 위한 액션 플랜들이 우리가 가진 은사들과 상황을 현실적으로 반영하고 있는가?

10. 우리 교회 안의 불화는 비교적 사소한 것인가?

1부

몸의 기초

2장
놀라운 교회 : 이 땅에 나타나는 하나님의 임재

'교회 건강'의 의미를 규정하는 것뿐 아니라 '교회'의 의미를 규정하는 것도 중요하다. 분명히 말하자면, 오직 몸만이 건강할 수 있다. 오직 교회만이 교회의 건강을 나타낼 수 있다. 따라서 우리는 교회의 건강을 위한 하나님의 청사진을 살펴보기 전에, 먼저 교회의 개념, 교회의 목적과 사명을 살펴보겠다. 또한 성경적인 교회 건강에 대한 추후의 논의가 효과적으로 잘 전달되게 하기 위하여 교회의 몇 가지 중요한 기능과 측면들을 명시하겠다. 마지막으로, 당신교회의 건강을 위한 하나님의 뜻을 구현하고자 할 때 기도를 동반할 것을 요청한다.

교회를 정의하기 : 교회란 무엇이며 무엇이어야 하는가

정의(definition)는 어떤 단어가 사용되는 방법을 말하는 것이다. 홍

미로운 것은 정의가 종종 목표로 삼을 만한 기준도 제시해주고, 또한 그것을 추구하기 위한 추진력도 제공해준다는 점이다. 예를 들면, 우리는 과일나무를 정의할 때 꽃의 일부분이 차후에 먹을 수 있는 과실로 성장하는 식물로 그것을 정의할 수 있다. 이것은 냉철한 정의이나 마음에 확 와닿지는 않는다. 그러나 이 정의는 또한 기준을 제시하고 동기를 부여해준다. 우리는 좋은 과일나무가 무엇인지 이미 알고 있다. 즉, 맛있는 열매를 많이 맺는 나무다. 게다가 맛 좋은 열매와 그런 열매를 얻음으로써 얻게 되는 평판을 생각할 때 건강한 나무를 심고 최대한 잘 길러야겠다는 동기가 생긴다.

'교회'를 정의하는 것에도 그와 같은 효과가 있다. 성경은 우리에게 교회가 무엇인지 말해주며, 그 과정에서 교회가 어떻게 되려고 노력해야 하는지 말해주고, 그렇게 노력하도록 동기를 부여한다. 사실 교회가 무엇인지 아는 것은 다른 무엇보다 더 교회의 건강을 추구하도록 자극을 준다.

활발하게 일했던 시절에 나는 여러 문제 있는 교회들을 도우면서, 교회를 운영하는 것과 교회 건강을 향상시키는 것에 대해 생각하고 가르쳤다. 단도직입적으로 말해서, 내가 했던 일은 그다지 매력적으로 보이지 않는다. 누가 그런 일을 하고 싶어 하겠는가?

돌아보면, 내가 그 일을 했던 이유는 그저 교회를 사랑하기 때문이었다. 내가 '교회'라고 말할 때는 성경이 신부 혹은 그리스도의 몸으로 묘사하는 영적 유기체를 뜻한다. 나는 '교회'를 문제들이나 조직체, 또는 내가 이 책에서 논하는 건강한 특성들과 동일시하지 않는다. 나는 그것을 성경이 말하는 장엄한 현실과 동일시한다. 성경은 우리에게 교회가 무엇인지 말해주며, 이를 통해 교회가 무엇이 되어 가고 있는지를 말해준다. 나는 그 비전이 좀 더 온전히 실현되기를 갈망한다. 나는 그것을 추구하는 것이 곧 건강을 추구하는 것이라고 믿는다.

교회가 무엇인지 알 때, 우리는 그것을 구현하려고 애쓰게 된다. 교회에 대한 바른 생각이 우리로 하여금 교회의 건강을 추구하게 만든다. 이러한 이유로 인해, 우리는 '교회'를 정의하는 데서부터 시작하고자 한다.

교회에 대한 성경의 비전

교회에 관한 하나님의 말씀을 들어보라.

"또 만물을 그의 발 아래에 복종하게 하시고 그를 만물 위에 교회의 머리로 삼으셨느니라 교회는 **그의 몸**이니 만물 안에서 만물을 충만하게 하시는 **이의 충만함**이니라"(엡 1:22-23).

"그러므로 이제부터 너희는 외인도 아니요 나그네도 아니요 오직 성도들과 동일한 시민이요 **하나님의 권속**이라 너희는 사도들과 선지자들의 터 위에 세우심을 입은 자라 그리스도 예수께서 친히 모퉁잇돌이 되셨느니라 그의 안에서 건물마다 서로 연결하여 주 안에서 **성전**

이 되어 가고 너희도 성령 안에서 **하나님이 거하실 처소**가 되기 위하여 그리스도 예수 안에서 함께 지어져 가느니라"(엡 2:19-22; 비교구절, 딤전 3:14-15; 고전 3:16).

"그가 어떤 사람은 사도로, 어떤 사람은 선지자로, 어떤 사람은 복음 전하는 자로, 어떤 사람은 목사와 교사로 삼으셨으니 이는 성도를 온전하게 하여 봉사의 일을 하게 하며 **그리스도의 몸**을 세우려 하심이라 우리가 다 하나님의 아들을 믿는 것과 아는 일에 하나가 되어 온전한 사람을 이루어 그리스도의 장성한 분량이 충만한 데까지 이르리니…범사에 그에게까지 자랄지라 그는 머리니 곧 그리스도라 그에게서 **온 몸**이 각 마디를 통하여 도움을 받음으로 연결되고 결합되어 각 지체의 분량대로 역사하여 그 몸을 자라게 하며 사랑 안에서 스스로 세우느니라"(엡 4:11-16; 비교구절, 고전 12장, 특히 27절).

"이는 남편이 아내의 머리 됨이 그리스도께서 교회의 머리 됨과 같음이니 그가 바로 **몸**의 구주시니라…남편들아 아내 사랑하기를 그리스도께서 교회를 사랑하시고 그 교회를 위하여 자신을 주심 같이 하라 이는 곧 물로 씻어 말씀으로 깨끗하게 하사 거룩하게 하시고 자기 앞에 영광스러운 교회로 세우사 티나 주름 잡힌 것이나 이런 것들이 없이 거룩하고 흠이 없게 하려 하심이라…누구든지 언제나 자기 육체를 미워하지 않고 오직 양육하여 보호하기를 그리스도께서 교회에게 함과 같이 하나니 우리는 **그 몸**의 지체임이라…이 비밀이 크도다 나는 그리스도와 교회에 대하여 말하노라"(엡 5:23-32; 비교구절, 계 19:7; 21:2,

9-10).

교회는 벽돌과 나무로 지어진 건물인가? 그것은 매주 진행되는 활동 프로그램인가? 일련의 문제들 혹은 일련의 계획들인가? 프로그램, 문제, 계획들과 상호작용하는 사람들인가? 우리는 교회가 종종 이런 것들을 포함한다는 데 동의한다. 그러나 다른 요소가 없으면, 이 모든 것들을 합쳐도 교회가 되기에 부족할 것이다.

위에서 인용한 성경 본문들은 교회가 주로 하나님과 신비로운 관계를 갖는 '영적' 유기체임을 나타낸다. 내가 '영적'이라고 말할 때는 '비현실적'이라는 뜻이 아니다. 그것은 '비물리적'이라는 뜻이다. 구약성경에서 예루살렘 성전과 그 전의 이동식 성막은 하나님이 임재하시는 지리적 장소로 여겨졌다. 신약성경은 신자들이 함께 하나님의 성전, 곧 그분의 처소로 지어지고 있다고 말한다. 그에 따르면, 신자들은 영적인 집으로 함께 지어져 가는 산 돌들이다. 이것은 영적인 의미이며, 물리적인 의미가 아니다. 물론 우리는 교회 건물을 갖고 있다. 우리는 '예배당'에 모인다. 그러나 그곳을 구별하는 요소는 그곳에 모인 신자들 안에 하나님이 거하신다는 사실이다. 신자들이 체육관이나 무도회장을 예배처소로 이용한다 하더라도, 그들이 있기 때문에 그곳이 특별해질 것이다.

나는 '유기체'로서의 교회에 대해 말하고 있다. 교회는 그저 복수의 사람들의 단순한 집합체가 아니다. 그것은 그 자체로 살아 있는 개체이다. 성령 하나님은 개개의 신자들 안에 거하시며 그들에게 생기를 불어넣어주신다. 앞서 언급한 구절들과 그밖의 다른 여러 구절들은 우리가 교회라고 부르는 일단의 신자들 안에 성령께서 거하시며 그들에게 생기를 불어넣어주신다는 것을 분명히 보여준다. 우리는 단지 어떤 공통점이 있기 때문에 모이는 것이 아니다. 우리는 함께 모여서 하나가 된다. 즉, 살아 있는 유기체인 것이다. 우리는 개개인이 아니고, 심지어 서로 잘 지내는 개개인도 아니다. 우리는 몸의 지체들이요 산 돌들이다. 즉, 살아 있는 한 완전체의 부분들이다. 하나님은 개별적인 신자들을 모으는 것 이상의 일을 하신다. 즉, 하나님은 그들을 결합시켜 새로운 산 개체로 만드신다. 우리를 나누고 있는 벽을 허무시고, 우리를 그리스도 안에서 하나 되게 하신다.

이 살아 있는 유기체에 대해 성경이 말하는 것을 들어보면 놀라지 않을 수 없다. 영적 유기체는 살아 계신 하나님과 특별하고 신비로운 관계를 맺고 있다. 교회는 단지 기독교의 여러 주장들에 연대하면서 회심자들도 같은 대의에 헌신하게 하는 기관에 불과한 것이 아니다. 교회는 단지 그리스도의 희생제사로 자신이 받을 형벌을 대신한 사람들로 구성되는 것이 전부가 아니다. 하나님은 이 영적 유기체를 **그분의 권속, 그분의 성전**이라고 부르신다. 교회는 이 땅에서 하나님이 거하시는 처소인 것이다. 하나님은 교회를 **그리스도의 신부**라 부르신다. 신부는 남편과 특별한 연합을 이룬다. 하나님은 교회를 **그리스도의 몸**이 되게 하신다. 즉 교회라는 유기체는 이 땅에서 그리스도를 나타내는 존재로서 "만물을 충만하게 하시는 이의 충만함"이다. 처소, 신부, 몸 등 여러 가지 비유는 교회와 그리스도의 긴밀한 관계를 표현하며, 교회의 정체성과 주님과의 신비로운 연합에 대해 묘사하고 있다.

교회는 이 땅에 나타나는 그리스도의 임재이다. 예수님은 하나님의 뜻에 의해, 하나님의 영광을 위해 육신을 입고 시공간 안에 계셨던 하나님이셨다. 에베소서가 우리에게 말하고 있는 것은, 그리스도의 초림과 재림 사이의 기간 동안 교회는 성령 안에서, 이 시공간 안에서, 하나님의 뜻에 의해, 하나님의 영광을 위해 하나님을 대표한다는 것이다.

위 성경 구절들에 너무 친숙한 결과, 우리는 이러한 사실이 의미하는 놀라운 실체를 보지 못한다. 하나님은 이 시대에 자신과 그분의 교회를 동일시하기로 결정하셨다. 교회는 세상을 상대하는 그리스도라고 할 수 있을 정도로, 교회는 그리스도를 대리한다. 이 땅에서 그리스도께서 그분의 교회 안에 계신다는 증거가 너무 분명하게 드러나서 세상은 이를 피할래야 피할 수 없어야 한다.

이 사실이 당신의 생각 속에서 중심 위치를 점유해야 한다. 교회의 정체성은 너무나 중요한 쟁점이다. 이것은 사소한 문제가 아니다. 여기에 하나님의 영광이 걸려 있다. 교회를 통한 그분의 임재는 엄청나게 중요한 문제이다.

교회를 이 땅에 나타나는 그리스도의 임재로 정의하는 것은 무엇이 좋은 교회인지를 보여준다. 좋은 교회는 세상에 그리스도를 정확히 보여주며, 이 신비로운 연합을 온전히 구현하는 건강한 영적 유기체이다. 그리스도를 점점 더 닮아가는 것, 곧 "머리이신 그리스도에게까지 자라는 것"이 바로 교회가 해야 하는 일이라고 성경은 말한다.

하나님이 인간이 되셨을 때 그분은 육신을 입으셨으나 죄는 없으셨다. 교회 안에서 하나님은 자신을 다시 인간과 동일시하시는데, 이번에는 그리스도께서 값 주고 사셨으나 여전히 죄에 시달리는 사람들과 동일시하신다. 오, 그분의 은혜와 사랑이 얼마나 큰가! 그러나 하나님은 그들을 그 상태 그대로 내버려 두려고 하지 않으신다. '허름한 집'을 구입하는 사람처럼, 하나님은 흠집투성이에 때가 잔뜩 묻은 신부와 결혼하신 후 그녀를 온전하게 만들기 시작하신다. "그리스도께서 교회를 사랑하시고 그 교회를 위하여 자신을 주심 같이 하라 이는 곧 물로 씻어 말씀으로 깨끗하게 하사 거룩하게 하시고 자기 앞에 영광스러운 교회로 세우사 티나 주름 잡힌 것이나 이런 것들이 없이 거룩하고 흠이 없게 하려 하심이라." 우리는 몸 전체는 아니라도 발을 씻음 받아야 한다. 그것이 지금 성령께서 보살피고 계신 일이다. 마지막 때를 묘사하는 요한계시록은 어린양의 혼인 잔치에 대해 말하는데, 그때 신부는 빛나고 깨끗한 세마포 옷을 입고 준비되어 있다(계 19:7-8). 그녀는 환히 빛나며, 완벽하다. 그녀는 하나님이 온전히 백성들과 함께 계시는 것을 나타낸다(계 21:2-3, 9-14). 이것이 완전하게 된 교회이다.

세상은 죄로 가득한 회심자들의 집합체 속에서 어떻게 그리스도를 볼 수 있는가? 세상은 그리스도께서 일하시는 것을 보아야 한다.

교회 안에서 냉혹한 범죄자가 겸손한 자선가로 변화될 때, 인종 간 장벽을 넘어 사랑의 관계가 형성될 때, 사람들이 약속을 지키고 자신에게 손해가 있어도 진실을 말할 때, 회중이 자비롭게 공동체의 필요를 위해 고심할 때, 세상은 초자연적인 능력과 거룩함의 존재를 인정하게 될 것이다.

나는 이 사실이 갖는 영광스러운 실체 때문에 이러한 일이 실현되기를 갈망한다. 당신에게도 동일한 갈망이 있기를 간절히 바란다. 이러한 일이 실현되기를 갈망하는 것은 곧 교회의 건강을 갈망하는 것이다. 나는 내 교회가 좀 더 빛나는 신부처럼 되어 가고, 그리스도를 더욱 닮아 가길 바란다. 몸이 머리에게까지 자라기를 원한다. 우리 공동체의 영적인 성숙을 원한다. 그리스도의 충만함을 더욱더 많이 원한다. 당신이나 나는 혼자서 그 일을 할 수 없다. 이것은 그룹, 곧 몸의 속성이기 때문이다. 교회의 지체들이 함께 그 몸의 건강을 갈망해야 한다.

이 갈망이 그리스도의 재림 때까지 우리에게 동기를 부여해주어야 한다. 그러한 동기부여를 통해, 우리는 현 상태에 머물기를 거부하고, 하나님의 길을 추구해야 한다. 이것은 우리가 이 세상에 사는 동안 계속될 도전이다.

"믿음의 주요 또 온전하게 하시는 이인 예수를 바라보자 그는 그 앞에 있는 기쁨을 위하여 십자가를 참으사 부끄러움을 개의치 아니하시더니 하나님 보좌 우편에 앉으셨느니라 너희가 피곤하여 낙심하지 않기 위하여 죄인들이 이같이 자기에게 거역한 일을 참으신 이를 생각하라"(히 12:2-3). 우리는 "모든 무거운 것과 얽매이기 쉬운 죄를 벗어 버리고 인내로써 우리 앞에 당한 경주를" 할 것이다(히 12:1).

교회의 목적

교회는 이 땅에 나타나는 그리스도의 임재다. 우리는 교회의 목적을 탐구하면서 이 영광스러운 교회의 정의를 다시 사용할 수 있다. 나의 교회는 왜 존재하는가? 복음주의 교회는 왜 존재하는가? 모든 교회는 같은 목적을 갖고 있다. 교회는 이 땅에서 하나님의 임재를 나타내기 위해 존재한다.

교회는 또한 하나님을 찬양하고 예배하며 세상을 이끌기 위해 존재한다. 신약성경과 구약성경(호세아 1-3장 참조)에 사용된 신부의 묘사도 이 특징을 잘 보여준다. 빛나는 신부는 가장 평범한 남자를 정말 멋지게 보이게 해준다! 때로는 그 반대이기도 하다! 또한 훌륭한 배우자는 자신의 배우자를 명예롭게 하며, 배우자의 일을 존중하는 모습을 보이고, 요구를 기꺼이 들어주고, 언약을 충실히 지킨다. 좋은 배우자는 종종 상대방의 "열렬한 지지자"이다. 이와 같이, 교회를 그리스도의 신부로 여기는 것은 우리가 그리스도께 영광을 돌리기 위해 존재함을 인식하게 해준다. 신랑은 신부를 치장해주느라 바쁘고, 신부는 신랑을 흠모하느라 바쁘다. 사실, 하나님은 그 흠모하는 마음을 사용하셔서 치장을 완성하신다. 따라서 예배는 우리의 우선순위이며, 또한 뒤에서 살펴보겠지만 변화를 위한 동기를 부여해준다. 우리는 "그의 소유가 된 백성이니 이는 너희를 어두운 데서 불러 내어 그의 기이한 빛에 들어가게 하신 이의 아름다운 덕을 선포하게 하려 하심이라"(벧전 2:9). 하나님은 우리를 세우고 계신다. "산 돌같이 신령한 집으로 세워지고 예수 그리스도로 말미암아 하나님이 기쁘게 받으실 신령한 제사를 드릴 거룩한 제사장이 될지니라"(벧전 2:5).

이것이 교회가 예배 속에서 세상을 주님께 인도하는 방식이다. 교회는 또한 세상에 그리스도의 임재를 보여주기 위해 존재한다. 지역 교회들은 이 영광스러운 진리에 대해 진지하게 생각해야 한다. 이것은 우리의 현재의 모습인 우리가 목표하는 기준이 된다. 그리스도의 임재라는 개념은 실제로 교회의 자기 인식(교회가 자신을 바라보는 시각)이나 지역 사회의 교회 인식(지역 사회가 교회를 바라보는 시각)과 관련이 있다. 구체적으로, 우리는 우리가 자신을 어떻게 인식하고 지역 사회가 우리를 어떻게 인식하는지를 진지하게 생각해볼 필요가 있다.

각 교회는 세상에서 그리스도의 임재를 드러내는 같은 목적을 갖고 있지만, 각 교회의 지리적, 문화적, 역사적 특수성으로 인해 그리스도의 임재를 나타내는 방식에 교회마다 차이가 있을 것이다. 따라서 각 교회는 서로 다른 독특한 비전을 갖는다. 이 비전은 교회의 공통 목적과 사명을 각 교회의 상황에 맞게 구체적으로 나타내는 것이다. 구체적인 상황과 단절된 추상적 개념은 비전으로서 쓸모가 없다.

우리의 선한 의도에도 불구하고, 지역 사회는 우리가 그리스도를 나타내고 있다고 생각하지 않을 수 있다. 나의 몇 가지 경험들이 이 문제를 숙고하게 해주었다. 첫째, 그 지역에 교회가 있는 것이 지역 사회의 재정적 안정과 사회적 안정에 도움이 된다 하더라도, 교회 건물과 주차장, 주차 차량들이 주변 집들의 가치를 떨어뜨리는 경우가 있다. 교회 건물이 아무리 아름답다 해도 그럴 수 있다. 옆에 교회가 있으면 집을 팔기가 더 어렵다. 비록 교회 건물이 잘 정돈된 멋진 건물이라 해도 그러하다.

이것은 교회가 이웃에게 그리스도의 임재를 나타내기 위해 자연적인 인식을 극복해야 함을 의미한다. 우리가 개인적으로 사람들과 관계를 맺지 않으면 우리의 존재 자체가 그들의 적대감을 불러일으킬 것이다. 교외 지역에 자리잡은 어느 교회의 목사는 그 지역에 사는 모든 사람을 알게 될 때까지 이웃을 방문했다. 또한 그의 교회는 지역 사회가 공적인 모임을 위해 교회 시설을 사용하는 것을 환영했다. 그런데 후임 목사는 이러한 접촉을 유지하지 않았다. 결국 후임 목사의 재임 기간에 교회가 건물 리모델링 허가를 신청했을 때 지역 사회의 강한 반대에 부딪혔다.

현재 그 교회의 목사는 이웃 방문을 다시 하기 시작했다. 그는 그 동네에 사는 모든 사람들과 이야기를 나누었고, 그들의 삶에 관여함으로써 다리를 놓았다. 교회는 다시 한번 건축 허가를 요청했다. 그러자 그 지역에서 교회의 요청을 수락해주었다. 이것은 지역 사회의 인식이 바뀌었음을 보여준다.

어떤 교회는 건물의 외관에 신경을 쓰지 않는다. 물론 참된 영성은 겉모습과 구별되어야 하지만, 지역 사회와 관계를 맺고 그 지역 사회에 그리스도의 임재를 나타낼 때는 외관도 중요할 수 있다. 황폐한 건물은 사실상 "우리는 지역 사회에 관심이 없습니다."라는 말하는 것과 같다. 우리는 예수님이 그렇게 말씀하시는 것을 상상할 수 없다! 깔끔한 건물은 "우리는 우리 지역 사회를 가능한 한 멋지게 만들기 위해 할 수 있다면 뭐든지 하려고 합니다"라고 말한다.

대도시의 외곽 지역에 있는 한 교회가 나에게 상담을 요청했다. 나는 일부러 정해진 약속시간보다 일찍 가서 건물 주변을 돌아보며 지역 사회 주민들과 이야기를 나누었다. 아마 그 교회는 나에게 그런 일을 부탁하지 않았을 것이다. 다만 나는 지역 사회가 그 교회를 어떻게 인식하고 있는지 알아보려 했다.

나는 오래 전에 누군가가 교회 벽에 계란을 던진 자국이 남아 있는 것을 발견했다! 나중에 나는 장로들을 데리고 그것을 보러 갔다. 그들은 정기적으로 그곳을 지나치면서도 그것을 의식하지도 못했다. 그 계란은 지역 사회가 어떤 생각을 하든 교회가 전혀 신경을 쓰지 않는다는 메시지를 은연 중에 전해주었다. 내가 지역 주민들과 이야기를 나누어보니 그 계란 자국의 메시지는 더 명확해졌다.

먼저 우리가 이웃에 대한 진심어린 관심과 배려를 나타내지 않는다면 그 지역 사람들에게 우리가 그리스도를 나타내고 있다고 설득하는 것은 불가능하다. 우물가의 여인에게 말을 거시고, 삭개오를 지목하시고, 마태의 친구들과 식사를 하시고, 어부들을 불러 자신을 따르라고 하신 예수님을 생각해보라. 그분의 개인적인 관심을 느껴보라. 그것은 장벽을 허물고 사람들이 그분의 메시지에 마음을 열게 만든 관심이었다. 물론, 우리는 단지 화단을 멋지게 가꾸는 것으로 그리스도의 임재를 나타낼 순 없다. 그러나 그렇게 하지 않는다면 그리스도의 임재를 나타낼 수 없다.

나는 지역 사회에서 그리스도의 임재를 나타내는 것을 방해하는 일반적인 교회의 사고방식들을 알고 있다. 하나는 우리가 종종 '**요새 심리**'(fortress mentality)라고 부르는 것이다. 지역 교회는 그 유일한 목적이 악한 주변 환경에 물들지 않도록 자신을 보호하는 것이라는 메시지를 주변에 전달할 수 있다. 나는 젊은 신학생 시절에 한 교회에서 전도사 사역을 했는데, 그 교회는 주일 아침 출석 교인 수가 보통 100명 정도 되지만 등록된 멤버는 고작 15명에서 18명밖에 안 되었다! 그 교회의 멤버가 되려면 술과 담배와 영화 관람을 금하겠다는 서약서에 매년 사인을 해야만 했다. 이것은 그 교회의 멤버가 되려면 충분히 선해지기 위한 어떤 기준을 달성해야 한다는 뜻이었다. 이것은 주 예수 그리스도의 복음과 정반대되는 메시지다. 교회가 그리스도보다 더 엄격하게 교인의 자격을 제한하고, 모두에게 조건 없이 복음을 전하지 않는다면 어떻게 그리스도의 임재를 나타낼 수 있겠는가?

'요새 심리'와 밀접한 관련이 있는 것으로 '**유지 심리**'(maintenance mentality)라는 것이 있다. 이 경우, 교회가 주로 원하는 것은 그들이 이미 가진 것을 지킬 수 있도록 누가 건드리지 않는 것이다. 내가 함께 일했던 교인 수 2,500명인 한 교회는 지역 사회 사람들에게 그들이 이미 "목표를 달성했다"고 느끼며 스스로 우월한 시민이라고 생각한다는 인상을 남기고 있었다. 어떻게? 그들은 그들의 교회를 "제일 교회"(First Church)라고 부르고 있었다. 그들은 자기애가 강한 사람들로 인식되고 있었으며, 그것이 그들의 복음 증거를 약화시켰다.

내가 컨설턴트로 섬겼던 한 교회는 '유지 심리'를 전형적으로 보여주었다. 그들은 청소년 사역자를 고용하기 원했다. 젊은이들이 유입되면 평균 연령이 65세 이상이었던 그 교회가 존립을 유지할 수 있을 것으로 생각했기 때문이다('유지'라는 단어에 주목하라!). 실제로 그들은 같은 상태에 머물러 변화를 회피하며, 현 상태를 유지하기 원했다. 다만 그들은 자신들이 죽어가고 있다는 걸 알았고, 그것이 현상 유지에 위협이 되었던 것이다.

그들이 그런 이유로 청소년 사역자를 고용했기에 그 사람은 교회 시설물을 사용하는 것에 대해 반대에 부딪혔다. 교회는 그 시설물도 보존하기 원했다! 그들은 건물이 낡는 것을 원치 않았다. 교회가 교회 건물이 활발하게 사용되는 것을 원하지 않는 모습을 상상이나 할 수 있겠는가? 이상하게 들리겠지만 그것은 강한 유혹이 될 수 있다. 건물은 주일만이 아니라 최대한 많이 사용되어야 한다는 것을 당신도 나만큼 잘 알고 있을 것이다. 교회 시설물이 많이 사용될수록 그 교회는 주님을 더 많이 섬길 수 있다.

나는 그 교회 사람들에게 청소년 사역자를 고용하고 그의 한 손을 등 뒤에 묶어놓기보다는, 철야 기도를 통해 진지하게 하나님을 구하고, 아이들이 있는 가정을 전도하는 새로운 시도를 준비하라고 조언했다. 사실상 나는 그들의 '유지 심리'에 도전하고 있었고, 그들에게 그리스도의 임재를 나타내라고 요구하고 있었다. 결국 그들은 나의 도움을 받지 않았다.

그러나 실천적으로 그리스도를 나타내려고 시도한 교회들의 사례들도 있다. 한 교회가 도시에서 교외 지역으로 이전했을 때, 사람들은 그것을 계기로 엄밀한 역사적 구별과 과거의 싸움들에 결부된 그 교회의 이름을 그들의 영적 헌신을 표현하는 새로운 이름으로 바꾸었다. 그렇게 함으로써 그들은 자신들이 지금 그 지역에서 그리스도와 사람들에게 헌신하는 것을 중요시한다는 것을 보여주고, 과거에 지역 사회의 인정을 거의 받지 못했던 데서 벗어나려 했다.

그 교회는 또한 장로가 되기 위한 준비 절차를 개정했다. 그들은 리더십을 소수의 노련하고 오래된 멤버들로 제한하기보다 교회에 나온 지 얼마 안 된 멤버들도 리더십으로 섬길 수 있게 허용함으로써 그리스도를 증거하기 원했다. 이것을 위해 그들의 신학적 입장의 온전성을 유지하면서, 교회는 후보 공천과 직원 선거 사이에 긴 훈련 기간을 지정했다. 그들은 이 교회에서는 모든 사람이 중요하다는 뜻을 전달했다.

교회의 사명

모든 복음주의 지역 교회는 같은 정의(definition), 같은 목적, 같은 사명을 갖고 있다. 우리는 누구인가? 우리는 이 땅 위의 하나님의 임재다. 우리는 왜 이곳에 있는가? 우리는 세상에 하나님의 임재를 나타내고, 하나님을 예배하도록 세상을 이끌기 위해 여기에 있다. 그렇다면 우리는 무엇을 해야 하는가?

교회의 사명은 이 땅에서 하나님의 뜻을 이루는 것이다. 교회를 위한 하나님의 뜻은 예수님께서 승천하기 직전에 주신 지상명령에 요약되어 있다.

> "열한 제자가 갈릴리에 가서 예수께서 지시하신 산에 이르러 예수를 뵈옵고 경배하나 아직도 의심하는 사람들이 있더라 예수께서 나아와 말씀하여 이르시되 하늘과 땅의 모든 권세를 내게 주셨으니 그러므로 너희는 가서 모든 민족을 제자로 삼아 아버지와 아들과 성령의 이름으로 세례를 베풀고 내가 너희에게 분부한 모든 것을 가르쳐 지키게 하라 볼지어다 내가 세상 끝날까지 너희와 항상 함께 있으리라 하시니라"(마 28:16-20).

교회의 사명에 집중하기 전에, 전후 문맥에서 몇 가지 사항들을 주목하라. 예수님이 제자들에게 명령을 내리시는 것은 무엇보다 하나님께서 하늘과 땅의 모든 권세를 예수님께 주셨기 때문이다. 제자들은 하나님을 예배하며, 교회의 목적을 완수한다. 예수님은 "세상 끝날까지 너희와 항상 함께 있으리라"라고 약속하신다. 이것은 예수님이 계속적으로 그분의 교회 안에 계실 것이라는 뜻이다. 예수님의 권세와 예수님의 임재에 대한 언급은 이 과업 속에 예수님의 권능이 활발하게 역사할 것을 가리킨다. 또한 예수님은 교회를 염두에 두고 계신다. 그분은 제자들의 세례를 언급하시는데, 그것은 교회의 성경적 '표징' 중 하나이다. 이 지상명령의 성취는 교회와 결부되어 있다.

예수님은 교회에게 세 가지 일을 하라고 명하신다. 제자를 삼는 것, 그들에게 세례를 주는 것, 그리고 그들이 그리스도의 명령에 순종하도록 가르치는 것이다.

제자를 삼는 것에 대해 이야기해보자. 우리는 보통 "제자 삼는 것"과 사람들을 회심시키는 것을 동일시한다. 그리고 한 신자가 개인적인 가르침과 본보기를 통해 다른 신자의 영적 성장을 도울 때 그것을 '제자화'라고 부른다. 그러나 성경은 그 용어를 훨씬 더 폭넓게 적용하도록 우리를 이끈다. 교회는 만나는 모든 사람을 제자화해야 한다. 제자화란 다른 사람이 기독교의 신념들, 즉 하나님 말씀의 진리를 받아들이도록 영향을 미치는 것이다. 교회 혹은 교인이 말씀을 전함으로 그 말씀이 세상과 사회와 문화, 그리고 가정과 개인들에게 영향을 미칠 때마다 우리는 그것을 제자화라고 지칭해야 한다. 이것이 세상의 소금이 되는 것이다(마 5:13). 일반적으로 두 가지 방식으로 교회는 세상의 소금 역할을 한다. 교회는 의의 **맛을 내**

고, 의를 **보존**한다. 우리는 의롭고 매력적인 삶을 살면서 주변 세상에 의의 맛을 보여주어야 한다. 또한 사회 안의 의를 보존하기 위해 우리의 영향력을 사용해야 한다. 제자화를 이런 식으로 생각할 때 그것은 우리를 지켜보는 세상과의 거의 모든 상호작용을 포함하는 개념이다.

모든 교회는 같은 사명을 품고 있다. 다만 각각의 교회는 불가피하게 그 사명을 독특하게 표현할 것이다. 교회가 속한 지역 사회의 특성과 역사와 문화가 다 다르기 때문이다.

나는 지역의 담배회사로부터 나이 든 멤버들의 연금 지원을 받았던 한 교회를 떠올린다. 그들은 사회적, 도덕적 문제들에 관여하길 거부했고, 다만 자신들의 '영적 도피처'를 계속 유지하길 원했다. 교회가 이렇게 하면 주변 세상에 영향을 미칠 수 없다.

개인과 회중이 충실하게 제자화를 수행하면, 하나님이 그들의 영향력을 사용하사 사람들 중 몇몇을 회심하게 하실 것이다. 따라서 복음전도는 제자화의 필수적이고 자연적인 일부가 된다.

지금 모든 종류의 그리스도인들을 세계 선교에 관여시키기 위해 많은 놀라운 일들이 일어나고 있다. 점점 더 많은 교외 지역의 교회들이 멤버들에게 교회 밖에서 사역할 기회를 제공해주고 있다. 도심 지역에서든 전 세계 어느 나라에서든, 단기 선교팀들이 이것을 가능하게 만든다. 이런 사역들은 설교에서 건축까지 그 종류가 다양하다. 위기 임신 상담이나 교도소 방문 같은 구체적인 구제 사역들도 교외 지역의 범위를 넘는 활동범위를 갖는다. 그 결과 개개인의 신자들은 개인의 삶과 직장과 가정에서 훨씬 더 많은 활력과 능력을 경험하고 나타낸다. 이렇게 국제적 관심을 키워나가는 교회는 더 건강해지는 결과를 얻는다.

제자화는 회심에서 끝나지 않고, 새 신자들을 위해 계속된다. 하나님께서 새 신자가 하나님의 말씀을 믿음과 삶의 최종 표준으로 받아들이게 하실 때, 다른 신자들(교회)은 그가 성경에서 개념들을 배우고 적용하도록 도와야 한다.

앞에서 말했듯이, 예수님은 새로운 제자들이 세례를 받아야 한다고 명하신다. 예수님은 교회가 제자화에 관여하길 원하신 것이다. 교회는 새 신자들이 성부, 성자, 성령 하나님 안으로 세례받게 한다. 세례는 하나님과의 연합을 의미한다. 새 신자는 더 이상 세상에 속한 자가 아니라 그리스도께 속한 자다. 그는 하나님의 말씀에 순종하고 "하나님을 두려워하는 가운데서 거룩함을 온전히 이루어 육과 영의 온갖 더러운 것에서 자신을 깨끗하게"(고후 7:1) 하기 위해 구별되었다.

교회는 새 신자들에게 그리스도의 모든 명령에 순종하도록 가르쳐야 한다. 교회는 다면적인 기독교 교육 사역을 해야 한다. 그것은 단지 하나님의 말씀에 대한 지식 확장만을 목표로 하지 않는다. 기독교 교육은 항상 변화하는 우리의 문화적 환경에 성경 말씀을 적용해서, 개개인의 신자들이 점점 더 많은 삶의 영역에서 하나님의 명령에 순종하고, 하나님을 영화롭게 하며, 하나님을 즐거워하기 위한 결단을 거듭하도록 끊임없이 요구해야 한다.

모든 복음주의 지역 교회는 같은 정의, 같은 목적, 같은 사명을 갖고 있다. 그러나 그렇다고 해서 모든 교회가 천편일률적이지는 않다. 다양한 역사적 경험과 관점들 외에도, 한 가지 중요한 특징이 각 지역 교회를 구별한다. 나중에 살펴보겠지만, 각 교회는 자기만의 비전을 갖고 있다. 각 회중의 비전은 교회의 일반적인 목적과 사명을 성취하고, 그 교회만의 독특한 영적 은사들을 사용하며, 특정한 역사적 시기에 특정한 지역 사회의 독특한 필요에 맞게 복음을 전하기 위한 구체적인 방법을 기술한 것이다.

모든 회중은 교회의 일반적인 목적과 사명을 성취하기 위해, 교회의 비전을 구체적으로 명시해야 한다. 이것이 내가 비전의 시행을 건강한 교회의 여섯 가지 건강한 실천사항 중 하나로 간주하는 이유이다. 우리는 3부에서 이 개념을 좀 더 자세히 논의할 것이다.

교회가 갖추어야 할 필수 요소들

에베소서를 주의 깊게 공부하면(나는 처음 시작하는 교회들에게 이를 간곡하게 권한다) 교회의 필수 요소들이 드러난다. 이 요소들 중 하나라도 빠지면 온전한 교회가 되지 못한다. 나는 대부분의 독자들이 주저없이 이에 동의할 거라 믿는다. 그럼에도 불구하고 우리가 그것들을 확언하는 일은 매우 중요하다.

신자들로 구성된다. 첫째, 교회는 하나님이 택하시고 구속하신 사람들, 성령께서 내면에서 역사하고 계시는 사람들로 구성된다. 이것이 에베소서 1장의 메시지다. 교회의 일부가 되려면 개인이 하나님께 대한 반역에서 돌이키고, 그러한 죄를 고백하고, 그리스도께서 자신을 하나님의 심판에서 구원해주실 것을 신뢰해야 한다. 이 사람은 이제 "그리스도 안에" 있으며 "새로운 피조물"이 되었다(고후 5:17). 성령님은 그 사람들을 하나님의 처소로 만들어 가신다. "너희가 전에는 백성이 아니더니 이제는 하나님의 백성이요 전에는 긍휼을 얻지 못하였더니 이제는 긍휼을 얻은 자니라"(벧전 2:10). 이들은 "산 돌들"이며, 하나님은 이들을 통해 "신령한 집"을 짓고 계신다(벧전 2:5).

우리는 아직 하나님의 백성이 되지 않은 이들 중에 우리 예배와 프로그램에 참여하는 사람들이 있기를 바란다. 그러나 우리는 불신자들을 멤버로 포함시킴으로써 하나님의 교회를 확장하려고 해서는 안 된다. 예수 그리스도와 그분의 복음에 대한 믿음을 명백하게 고백한 사람들만 멤버로 받아들이도록 늘 주의해야 한다. 교회가 이 부분에 실패하면 영적인 능력을 잃고, 존재 이유마저 상실할 것이다.

나는 한 큰 교회에서 이런 일이 일어나는 것을 보았다. 과거에 이 교회는 복음과 성경의 권위를 지키기 위해 값비싼 대가를 치렀다. 그러한 신념들을 사수하기 위하여 그들이 주류 교단에서 분리되었을 때, 그들은 부동산 소유권 문제로 소송을 당했고, 결국은 그들의 부동산을 되사야만 했다. 그 결과 그 교회는 믿음의 요새라는 좋은 평판을 얻게 되었다.

그러나 그곳에 있는 동안 나는 예배 후에 행해지는 어떤 모임을 참관해달라는 요청을 받았다. 그것은 장로들이 예비 멤버들을 인터뷰하는 자리였다. 그런데 예비 멤버들에게 요구되는 건 단순히 그들의 이름, 주소, 전화번호뿐이었다! 그들이 멤버로 인정되자 한 장로는 감동을 받았다.

짐작하겠지만, 나는 그들이 예전에 취했던 입장이 영적 확신에서 비롯한 것인지 아니면 사회적 안위에서 온 것인지 궁금해졌다. 나는 또한 그들이 가진 영적인 힘이 결국 소멸될 거라 예견했다. 시간이 이것을 증명해주었으니, 그 교회는 핵심 문제들에 대해 계속해서 분명한 헌신을 입증해 보이지 못했다.

성경에 기반을 둔다. 두 번째 필수 요소는 하나님의 교회가 오직 하나의 기반 위에 세워진다는 것이다. 그 기반은 "사도들과 선지자들" 그리고 "친히 모퉁잇돌이 되신 그리스도 예수"이다(엡 2:20). 이 구절은 단순히 교회를 "시작한" 사람들을 가리키는 것이 아니라 그들의 "가르침"을 뜻하는 것이다.

교회는 사도들과 선지자들이 가르친 것을 믿는다고 고백한다. 교회는 성경을 하나님의 자기 계시로 인정하며, 성경의 권위를 고백하며, 성경 원본에는 오류가 없다고 믿으며, 그것을 믿음과 삶의 유일한 준칙으로 받아들인다. 그리스도와 선지자들과 사도들의 가르침의 기준을 더 이상 고수하지 않는 교회는 간단히 말해서 더 이상 교회가 아니다.

성령의 권능을 부여받는다. 셋째, 교회는 성령의 사역에 의해 활력을 얻는다. 성령님은 신자들을 속량하시고, 그들에게 영적 생명을 주신다(엡 1:14). 그리스도와 선지자들과 사도들의 가르침은 바로 성령의 검이 된다(엡 6:17). 따라서 성령의 사역은 교회의 처음 두 가지 필수 요소들 안에서 분명히 나타난다. 그러나 세 번째로 성령의 능력은 우리 개인의 삶과 교회라는 영적 유기체 안에 변화를 일으킨다. 에베소서는 "믿는 우리에게 베푸신 능력의 지극히 크심"(엡 1:19)에 대해 말한다. 이것이 성령님의 능력이다. 성령님은 부활의 능력으로 죽은 자들을 사망에서 생명으로 옮기신다. 성령님은 또한 개개인의 신자들을 한 교회로 연합시키기 위해 역사하신다. 그분은 각 멤버들에게 영적 은사를 주신다(엡 4:7-13). 성령님은 연합을 이루시며, 우리를 하나님이 거하실 처소로 만들어 가신다(엡 2:11-22). 또한 우리가 "그리스도의 장성한 분량이 충만한 데까지"(엡 4:13) 이르도록 우리를 영적으로 성숙하게 하신다. 성령님의 강력한 역사가 없다면 우리는 교회가 아니다.

교회의 징표. 16세기 개신교 종교개혁자들은 참된 교회의 세 가지 징표에 대해 언급했다. 말씀 설교, 성례전 집행, 권징 행사가 바로 그것이다. 이 징표들은 앞에서 말한 요소들과 마찬가지로 교회를 존재하게 만드는 것들이다. 성경 말씀을 온전히 설교하고, 성령께서 우리 안에 그분의 생명을 공급해주시는 수단으로서 성례전을 집행하고, 신자들만 포함시키고 불신자들은 배제하기 위한 목적으로 권징을 행하는 교회가 바로 참된 교회이다.

교회의 네 가지 기능

교회와 인간의 몸 비유로 돌아가보자. 인간의 몸은 계속 양식을 섭취해야 한다. 욕구들도 돌보아야 한다. 자신의 활동을 이성적으로 돌아보아야 한다. 인간의 몸은 생명을 유지하기 위해 이 모든 영역에서 기능하고 있어야 한다. 이 기능 중 하나가 빠지면 무언가 완전히 엉망이 될 것이다.

마찬가지로, 교회의 몸은 어떤 기본적인 방식으로 기능할 것이다. 교회의 목적과 사명은 **예배, 양육, 구제, 대외 사역**이라는 네 가지 기본적인 기능 수행을 통해 표현되어야 한다. 이 땅에서 그리스도를 나타내며 그분의 온전케 하시는 은혜를 경험하고 그분의 영광을 위해 세상을 이끄는 것이 교회의 목적이고, 지상명령이 교회의 사명이라면, 교회는 그 목적과 사명을 추구해 나갈 때 위의 네 가지 기능을 수행해야 한다.

예배는 하나님을 명시적으로 찬양하는 것이며, 교회는 이를 위해 존재한다. 양육은 성령님이 개개인의 신자들과 몸 전체를 영적으로 성숙하게 하려고 사용하시는 교회의 사역이다. 구제는 전 세계적으로 곤경에 처한 사람들의 물질적 필요를 채워주려는 교회의 노력으로서, 그리스도를 본받고, 사람들에게 먹을 것과 마실 것과 옷과 의약품을 나눠주라는 주님의 명령을 수행하는 활동이다. "너희가 여기 내 형제 중에 지극히 작은 자 하나에게 한 것이 곧 내게 한 것이니라"(마 25:40)고 하셨기 때문이다. 이렇게 함으로써 교회는 그리스도를 닮아간다. 대외 사역은 교회의 사명이다.

건강한 교회는 이 네 가지 기능을 모두 동시에 수행한다. 그러나 어느 특정한 순간에는 한 가지 기능이 다른 것들보다 더 강조될 수 있다. 예를 들어, 홍수나 지진, 토네이도 등의 물리적인 재앙이 닥쳤을 때 교회는 구제 사역에 광범위하게 헌신하는 것이 옳다. 선교나 복음전도의 강조점과 관련하여, 교회는 대외 사역에 에너지를 집중해야 한다. 새로운 동네에 새 교회를 개척하려면 많은 대외 사역이 필요하다. 또한 새 신자들로 가득한 교회는 양육을 강조해야 한다.

예배. 나는 예배가 모든 상황에서 보존되어야 하고 계속해서 더 깊어져야 한다고 믿는다. 교회는 다른 우선순위들을 예배보다 앞에 두려는 압박을 받을 수 있다. 우리는 지역 사회를 전도하기 원한다. 그래서 예배 의식을 '구도자' 예배로 대체한다. 진행중인 건축 프로그램의 모금 운동을 홍보하는 데 15분을 할애하기도 한다.

공동 기도는 예배에 반드시 포함되어야 한다. 예배와 더불어 드려지는 기도는 우리에게 하늘의 축복을 가져다준다. 그것이 없으면 교회는 여자청년연맹(Junior League, 상류층 여성들로 조직된 자원봉사 단체—번역주)과 다를 바 없을 것이다. 우리는 기도 없이 살기가 얼마나 쉬운지 다 알고 있다!

당신이 매주 교회 캘린더에 예배와 기도 모임을 적어놓는다고 해서 반드시 당신의 교회가 이 기능들을 건강하게 수행하고 있다고 장담할 수는 없다. 잠시 멈추고 생각해보라. 당신 교회의 공예배에서 참으로 신자들이 하나님께 헌신적인 찬양을 드리는가? 그 시간에 하나님이 친히 임재하고 역사하시며, 백성들의 찬양 가운데 거하시고, 죄를 자백하는 이들에게 다가오셔서 평안을 주시고, 말씀 전파와 성례전을 통해 마음을 감동시켜 주시는가? 기도 모임은 주로 실제로 기도하는 시간으로 채워지는가, 아니면 대부분의 시간이 성경 공부나 토론으로 채워지는가? 장로들은 이 기능들을 약화시키는 요소들을 책임지고 막아내야 한다.

양육. 양육은 교제, 교육, 정기적인 성례전, 권징, 훈련, 목양을 포함한다. 장로들은 교회가 계속해서 멤버들에게 영적으로 성장하고 "옛 사람을 벗어 버리고" "새롭게 되도록"(엡 4:22-24) 도전하게 해야 한다. 그러나 이것을 실행하는 방법이 건강한 교회와 건강하지 못한 교회의 주된 차이점을 보여준다. 뒷 장에서 보게 되겠지만, 건강한 교회에서 멤버들은 자신들이 장로들의 목양을 받고 있다고 인식한다. 건강하지 못한 교회에서는 자신들의 사상과 행실을 성경에 맞게 바꾸기를 장로들이 원한다고 인식하지만, 동시에 장로들이 그들을 목양하고 있다고는 인식하지 못한다. 무엇보다 목양이 결여된 곳에서, 멤버들은 사랑의 관계에서 비롯되는 동기부여로부터 유익을 얻지 못한다.

슬프게도, 이것은 종종 현실이다. 〈처치즈 바이탈라이즈드〉(Churches Vitalized)에서 11개 교회를(1,200명의 응답자들) 조사한 결과, 69퍼센트는 그들의 개인적인 사상과 행실들을 성경적 기준에 맞게 변화시키라는 권고를 장로들로부터 기대한다고 말했지만, 80퍼센트는 장로들이 그들을 목양하고 있다고 믿지 않았다. 그 교회들의 장로들은 무정한 사람들이 아니었다! 나는 그들을 한 사람씩 인터뷰해보았다. 그들은 긴급한 요구들에 응하느라 회중을 양육하는 중요한 책임을 뒤로 미루고 있거나, 혹은 목자로서 섬기는 법을 배울 필요가 있었다.

어떤 교회들은 영적 리더십이 멤버들에게 영적으로 성장하도록 전혀 도전하지 않기 때문에 건강하지 못하다. 어떤 교회에서는 멤버들이 장로들의 리더십과 상관없이 영적으로 성장하기 시작하는데, 종종 개인적으로 말씀을 공부하거나 선교단체 사역의 영향을 받는 경우다. 그러나 그러한 현실은 리더십을 약화시킬 수 있다. 개인의 영적 성장은 좋은 것이지만, 장로들이 하나님의 뜻대로 영적인 목자의 리더십을 발휘할 때까지 전반적인 교회의 건강은 어려움을 겪을 것이다.

우리는 너무 흔한 이 문제들을 2부에서 광범위하게 다룰 것이다. 나는 성경이 목양 사역의 방법을 보여준다고 믿는다. 이는 당신의 교회가 건강해지기 위한 또 하나의 방법이다.

구제. 구제 사역은 교인의 가정, 지역 사회, 전 세계의 물질적 필요들을 다룬다. 구제가 간과되지 않도록 구제를 교회의 필수 기능 중 하나로 포함시키는 것이 중요하다. 복음주의 교회들은 종종 복음전도에만 집중하여 구제 사역을 등한시하는 경향이 있다. 물론 이것은 육체적 필요가 일시적인 데 비해 구원은 궁극적으로 긴급한 문제이기 때문이다.

어떤 이들은 구제 사역이 교회의 전체적인 사역의 맥락으로 간주되어야 마땅하다고 말한다. 이것이 사실이더라도, 만약 구제가 의당 하나의 사역으로 구별되지 않는다면 너무나 자주 누락되게 된다. 한편, 어떤 사람들은 구제를 전도활동의 일부로 간주해야 한다고 말한다.

나는 같은 이유로 그 의견에 동의하지 않는다. 즉, 구제를 독립적이고 본질적인 기능으로 명시해야만 그것을 간과하거나 건성으로 다루지 않게 된다. 구제 선교회가 있는 교회는 예산 부족으로 어려움을 겪을 때 이 부분을 제일 먼저 삭감할 것이다. 그러나 그렇게 하는 것은 주 예수님의 명백한 메시지를 잊어버리는 것이다. "그 때에 임금이 그 오른편에 있는 자들에게 이르시되 내 아버지께 복 받을 자들이여 나아와 창세로부터 너희를 위하여 예비된 나라를 상속받으라 내가 주릴 때에 너희가 먹을 것을 주었고"(마 25:34-35).

대외 사역. 대외 사역은 복음전도, 선교, 그리고 소위 "소금이 되는 것"을 포함한다. 즉 반기독교적인 문화 속에서 성경적 원칙들에 대해 확고한 태도를 취함으로써 정의를 보존하기 위해 노력하고 주변 세상에 맛을 내는 의로운 삶을 영위해 가는 것을 포함한다. 구제와 전도 활동의 두 기능에 관하여, 교회는 말만 하고 행하지 않을 수 있다! 여기서 현실과 인식의 괴리가 발생할 수 있는데, 현실이 중요하지 인식은 중요하지 않다.

내가 우리 교단의 교회 개척국과 함께 일할 때 젊은 사람들로 구성된 한 그룹이 나에게 교회 세우는 걸 도와달라고 했다. 그들은 최근에 큰 대학교를 졸업했는데, 거기서 함께 캠퍼스 사역을 해왔고 열심히 교회의 몸이 되기 위해 노력하고 있었다. 그러나 9개월이 지난 후 그들은 정체기에 도달한 것 같았다.

그들은 나에게 조언을 구했다. 문제를 발견하는 데 오래 걸리지 않았다. 그들에겐 깊고 인상적인 예배 의식이 있었다. 그들은 기독교 교육을 통해 가정들을 양육하는 일에 헌신했다. 성인 주일학교 수업에서, 교사는 종종 성경 원어를 언급했다! 그들은 서로와 대학교 공동체를 위한 구제와 후원의 긴밀한 네트워크를 갖고 있었다. 복음전도에 대해 이야기하고 기도도 했다. 그러나 명확한 문제점이 발견되었다. 그들은 복음전도를 실천하고 있지 않았다. 그들은 4기통으로 굴러가는 사역을 운영하기 위해 단지 3기통을 사용하고 있었다. 이 교회와 같이, 종종 해답은 목적을 변경하는 데 있지 않고, 성경적 우선순위에 따르기 위해 프로그램을 재조직하고 믿음으로 순종하라는 도전을 받아들이는 데 있다.

모든 교회는 예배, 양육, 구제, 대외 사역에 항상 힘써야 한다. 그러나 때로는 상황에 따라 이 기능들을 수행하는 상대적 강도가 바

꿸 수 있다는 것을 알아두는 것이 도움이 된다. 예를 들어, 1993년 세인트루이스 지역이 큰 홍수를 겪었을 때 지역 사회를 지원해줄 수 있는 교회들뿐 아니라 교회 건물과 멤버들의 가정, 또는 사업장이 손실을 겪은 교회들까지 친절하게 돈과 물자, 인력, 대피처를 제공해주고, 특별한 위기 상황에 맞는 특별 사역을 행했다. 그러나 그들은 그 기간에도 교회의 다른 기능들을 버리지 않았다.

교회가 건강하려면 세상에 그리스도의 임재를 나타내려고 노력해야 한다. 열방을 제자 삼고, 세례를 주고, 가르치려고 해야 한다. 그리고 네 가지 기능, 즉 예배, 양육, 구제, 대외 사역 속에서 교회의 목적과 사명을 나타내야 한다.

생명, 사역, 구조 : 교회 생활의 여러 측면들

건강한 교회의 실천사항들에 대해 본격적으로 다루기 전에 우리는 또 다른 일련의 범주들과 관련하여 교회를 살펴보길 원한다. 이것들은 우리의 논의와 직접적인 관련이 있다. 나는 교회의 건강을 평가할 때 교회 생활의 특정한 측면들을 조사한다. 당신도 이러한 측면들에 비추어, 당신 교회의 건강을 판단할 수 있을 것이다. 교회의 건강을 위한 6가지 실천사항은 구체적으로 이러한 측면들과 연관이 있다. 교회는 그 교회의 구체적인 비전이 이러한 측면들에 어떻게 영향을 미쳐야 하는지 충분히 파악해야 한다.

한 교회를 구성하는 것에 대해 생각할 때 두 가지 유형적인 측면이 떠오른다. 첫째, **건물**이다. "교회"는 종종 유형의 시설과 동일시된다. 우리의 시설은 우리 교회의 유형적인 면들을 나타내지만, 주된 측면은 아니다.

또 한 가지 생각나는 유형적인 측면은 **스탭**이다. 스탭이란 우리교회의 급여 대상자 명단에 올라 있는 사람들, 그리고 공인된 자원봉사자들을 합쳐서 일컫는 말이다. 우리는 교회에 의해 고용된 사람들을 교회와 동일시한다.

물론 우리는 성경에서 교회와 동일시해야 하는 것은 바로 사람들이라는 것을 배웠다! 어느 교회나 덜 유형적이면서 더 중요한 세 가지 측면이 있는데, 그것은 **생명, 사역, 구조**(structure)이다. 당신이 정말로 교회의 본질을 파악하기 원한다면 이 세 가지 측면을 파악해야 한다. 당신과 당신의 가족이 지금 막 새로운 도시로 이사 와서 새 교회를 찾고 있다고 가정해보자. 교회를 평가하기 위해 교회에 관한 무엇을 가장 알고 싶겠는가? 그리고 일단 그 교회의 일원이 되었으면 어떤 '내적 정보'가 당신으로 하여금 당신의 교회를 진정으로 안다고 느끼게 만들 것인가?

가장 중요한 질문은 이것이다. 이 교회는 **영적으로 살아 있는가?** 하나님은 이 사람들 가운데서 활발하게 역사하고 계신가? 사람들의 삶이 변화되고 있고, 불신자들이 그리스도께 나아오며, 신자들의 믿음이 성장하고, 예수님의 이름으로 손상된 것들이 치유되고 있는가? 아니면 생명이 없는 교회인가? 생명은 아마도 교회의 가장 중요한 측면으로서, 몸의 건강을 가장 직접적으로 나타낸다. 이것은 본질적인 요소, 즉 하나님의 임재를 나타낸다.

또 다른 중요한 질문은 이것이다. 이 교회는 어떤 **사역**에 전념하고 있는가? 이것은 주보나 교회에 관한 안내책자에 나와 있는 활동들을 포함한다. 교회는 함께 모일 때 무엇을 하는가? 예배, 양육, 구제, 대외 사역을 어떻게 수행하고 있는가?

세 번째 측면은 즉시 생각나지 않을 수도 있지만 교회의 특성과 깊이 관련되어 있다. 이 측면은 바로 **구조**, 더 자세히 말하면 권위 구조이다. 각 교단마다 채택하고 있는 어떤 공식적인 권위 구조가 있다. 그러나 내가 가장 중요하게 생각하는 것은 명시되지 않은 구조, 곧 기초를 이루는 하부구조이다.

"그 산의 왕"은 누구인가? 비공식적인 서열, 명령과 의사전달의 체계가 있는가? 교회의 사역을 하는 사람들이 "아무개가 그렇게 말해서" 어떤 일을 한다면, 그 아무개는 누구인가? 목사인가? 회계 담당자인가? 투표권이 있는 회중인가? 어떤 가족이나 그룹인가? 서로 경쟁하는 파벌들이 있는가? 복음전도 전담반인가? 상담센터인가? 장로들인가? 주님이신가?

일단 비공식적인 명령 체계를 확인했으면 더 나아가 이런 질문을 할 수 있다. 이 핵심적인 관계들 속에서 사람들은 어떤 유형의 리더십과 영향력을 발휘하고 있는가? 공식적으로 임명된 리더들과 비공식적으로 따르는 리더들이 서로 조화를 이룬다고 가정하자. 그 리더십은 어떻게 실행되고 있는가? 리더들이 "모든 사람에게 할 일을 말해주는가?" 아니면 리더들이 직접 모든 일을 하고 있는가? 또는 사람들이 중요한 일에 참여하도록 돕고 있는가? 리더십의 유형이 교회에 중대한 영향을 미치는 것을 쉽게 볼 수 있다. 확실히 영적인 생명은 세 가지 측면들 중 가장 중요한 부분일 것이다. 그러나 그 기초를 이루는 구조에 문제가 있고 이 부분에서 성경의 명령을 따르지 않고 있다면, 활기찬 생명이 지속될 수는 없을 것이다.

생명, 사역, 구조. 당신이 교회를 인간의 몸으로 생각한다면, 생명을 심장으로, 사역은 살로, 구조는 뼈대로 비유할 수 있을 것이다. 시설과 목회 스탭은 아마 옷에 비유할 수 있을 것이다. 즉 부수적인 것이다. 우리가 생명, 사역, 구조의 건강을 다룰 때 시설과 스탭에 관한 문제 또한 해결될 것이기 때문이다.

이 각 측면들이 건강해야 한다. 이 책에서 묘사하는 6가지 건강한 실천사항들은 당신의 교회가 이 세 가지 측면에서 건강을 평가하고 향상시킬 수 있게 해줄 것이다.

건강한 **생명**은 우리를 보고 있는 세상 앞에서 그리스도의 임재를 드러내는 것을 포함한다(이 장에서 다루었음). 또한 하나님의 말씀이 전해지고 그 말씀이 교회의 모든 사역을 규정하는 특징으로 순수하게 유지되어 생생한 하나님의 메시지를 전달받는 것을 포함한다(3장). 또한 개인들과 그룹이 살아 계신 주님과 생생한 관계를 지속할 수 있게 해주는 역동적인 예배와 기도를 포함한다(4장). 나아가 장로들과 멤버들 간의 목양의 관계를 포함한다.

건강한 **사역**은 교회의 기능(예배, 양육, 구제, 대외 사역), 교회의 비전에서 표현된 교회의 목적과 사명을 수행하는 것을 포함한다. 건강한 사역은 지역 사회 안의 필요와 기회에 민감하며, 교회 안의 역량과 자원을 전략적으로 활용한다(특히 5, 8, 9장과 10장을 참고하라).

건강한 **구조**는 성경의 두 가지 명령을 모두 수용한다. 즉 장로들은 교인들에 대해 하나님께 설명할 책임이 있으며, 멤버들의 은사는 전략적으로 사용되어야 한다. 사람들은 의사 결정 과정에 의미 있게 참여해야 한다. 장로들은 자신들을 이사회의 멤버들로 여기지 말고 목자로 여겨야 한다(5, 6, 8, 9, 10장).

우리는 교회의 전반적인 목적과 사명을 수행하는 동시에 생명, 사역, 구조 측면의 건강을 도모하는 구체적인 비전을 수립하고 채택할 때 교회 스탭과 시설의 본질과 역할이 제자리를 찾는 것을 보게 될 것이다. 스탭과 시설은 목적보다는 수단으로 간주되어야 한다. 우리는 그것들을 어떻게 하면 최선으로 활용할 수 있을까? 어떻게 하면 우리의 회중과 지역 사회 안에 존재하는 새로운 필요들과 기회들에 대처할 수 있을까? 우리는 그것들을 잘 활용해야 한다(10장).

하나님의 교회는 그리스도의 초림과 재림 사이의 기간에 세상에 대하여 그리스도의 임재를 나타낸다. 교회는 하나님을 찬양하는 피조물의 음성이요, 열방을 제자화하기 위해 하나님이 지명하신 중개인이요, 주께서 주권적으로 택하시고 궁극적으로 자신을 희생하여 구속하셨으며 지금은 온전하게 하기 위해 어떤 댓가도 아끼지 않으시는 신부이다. 이 놀라운 기관은 우리의 감탄을 자아내며 우리의 충성을 요구한다. 교회의 건강을 추구하는 것은 곧 하나님의 은혜로운 구속 계획에 참여하는 것이다. 우리는 은혜를 받은 자들이며, 또한 택하신 도구들이다.

건강한 몸의 생명은 기도에서 시작된다

한 교회가 그들의 생명과 사역과 구조를 평가하고 개조하는 것을 도와달라고 내게 요청할 때마다 나는 도와주기로 합의하기 전에 그들에게 **기도하겠다**는 언약서에 사인하게 한다.

이 기도는 내가 그들과 협력하는 한 지속되어야 하지만, 바라기는 이 땅에 그 교회가 존속하는 동안 계속되어야 할 것이다. 나는 내용이 꽉 찬 기도를 드리도록 명시한다. 종이에 교회의 네 가지 기능, 그 기능들과 관련된 교회의 프로그램들, 각 프로그램의 핵심 진행자들의 이름을 각각 적도록 제안한다. 그 다음에 그들은 정기적으로 각 프로그램과 진행자들의 이름을 불러가며 기도해야 한다. 그들은 또한 모든 유급 스탭들과 그들의 가족들을 위해, 교회의 재정적인 문제들을 위해, 물리적인 시설을 위해, 특별한 상황이나 도전들(나의 사역과 그들이 나의 권고를 받고 실행하는 일들을 포함하여)에 대해 기도해야 한다.

이 기도 사역은 기도 사역 담당자, 이 기도가 정기적으로 행해지게 하는 메커니즘, 기도할 자원자들, 교회의 프로그램들을 보여주는 도표를 작성하고 계속 업데이트해줄 컴퓨터를 필요로 한다.

당신의 교회가 다른 많은 교회들과 비슷하다면, 공식적인 기도

시간에 대체로 개인들의 영적, 육적인 필요들에만 초점을 맞추고 교회의 삶과 사역에는 상대적으로 적은 주의를 기울일 것이다. 그러나 하나님이 교회 안에 영적 건강을 주시길 원한다면 오직 우리가 기도에 힘쓰면서 노력할 때에만 그런 일이 일어나길 기대할 수 있다. 구체적인 기도는 오직 하나님만이 몸의 영적 성장과 성숙을 가져다주실 수 있다는 우리의 믿음의 표현이다. 구체적인 기도는 이 목적을 위해 하나님의 거룩한 능력을 구하며, 우리가 당면한 일에 더 집중하게 한다.

당신의 교회가 이런 집중된 방식으로 기도할 때 당신의 교회는 예배의 기능을 수행하고 있는 것이다. 교회의 기능들과 프로그램들을 기록한 도표에 당신은 기도 프로그램을 적을 수 있다. 또한 그것을 위해 기도하라! 집중적인 기도는 교회 사역의 한 부분으로 중요한 역할을 담당하며, 이를 통해 교회의 삶이 더 깊어져야 한다.

교회의 기능들과 프로그램들을 적은 도표를 만들고 그것을 놓고 기도하면, 사역의 중복이나 공백을 쉽게 발견하게 된다. 우리는 이런 것들에 주의를 기울이면서, 우리의 비전을 수정할 것이다.

당신의 교회를 위해 기도할 구체적인 방법을 찾으라. 기도로 모든 프로그램을 지원하고, 끊임없이 하나님의 거룩한 능력을 구하라. 그것만이 당신의 교회를 흠 없고 주름 없고 건강한 몸으로 만들어, 이 땅에서 그리스도를 증거하게 할 것이다.

그것은 당신이 이 책의 나머지 부분을 읽기 전에 지금 취해야 하는 조치다. 그것이 교회의 전 생애에 걸친 여정을 시작하는 중요한 첫 걸음이기 때문이다.

토론을 위한 질문

1. 이 장에 인용된 교회 관련 성경 구절들을 공부하라. 어떤 면에서 당신의 교회는 성전, 몸, 신부의 성경적인 그림을 나타내고 있는가?

2. 당신의 지역 사회는 당신의 교회를 어떻게 인식하고 있는가? 이 땅에서 그리스도의 임재를 나타내는 당신의 교회에 대한 사람들의 인식을 어떻게 개선할 수 있을까? 우리는 어떻게 '요새 심리'나 '유지 심리'를 피해갈 수 있는가?

3. 당신의 교회 멤버들은 어떤 방식으로 지역 사회에서 소금이 되어 의의 맛을 내고, 의를 보존함으로써 다른 사람들을 제자화하는가?

4. 당신의 교회는 예배, 양육, 대외 사역, 구제의 네 가지 기능을 어떻게 수행하는가?

5. 당신의 교회는 정기적으로 사역을 위해 기도하며 하나님의 복을 구하고 있는가? 그렇지 않다면 무엇을 위해, 얼마나 규칙적으로 기도하고 있는가?

3장
성경 : 건강한 교회의 인증마크

건강한 실천사항 #1
교회는 성경에 대한 헌신을 확고하게 유지해야 한다.

성경을 교회의 인증마크라고 이야기하는 것은, 거룩하고 오류가 없는 하나님의 말씀을 항상 신실하게 사용하는 것이 교회를 규정하는 특징이 되어야 한다는 뜻이다.

이 건강한 실천사항에 대해 글로 적기는 쉽지 않다. 문제는 거의 모든 복음주의 교회들이 자신은 적어도 이 점에서 건강한 교회이며 변화가 필요하지 않다고 생각한다는 점이다. 나의 첫 번째 임무는 당신이 이 장을 그냥 건너뛰지 않게 하는 것이다!

교회가 하나님의 말씀에 **원칙상** 헌신한다 해도 **실천적** 헌신은 없을 수 있다. 이것이 교회의 삶과 사역의 모든 부분 또는 일부분의 특징이 될 수 있다. 이러한 부조화가 존재할 가능성을 추상적으로 인정하는 것은 어렵지 않다. 하지만 자기 자신과 관련하여, 이를 정확하게 인지하기 위해서는 하나님의 은혜에서 비롯된 객관성이 있어야 한다. 우리는 성경 지향적인가? 물론 그렇다! 설교는 무려 45분 동안 행해지고, 모든 연령을 위한 주일학교가 한 시간 동안 진행되며, 소그룹 성경공부와 기독교 초등학교도 있다! 하지만 이러한 중대한 사역들이 행해지고 있더라도 그 자체로 성경이 당신 교회의 인증마크임을 보증하는 것은 아니다.

여러 가지 것들이 성경이 차지해야 할 가장 높은 자리를 찬탈할 수 있다. 특정 신학 체계, 특정 교리, 특정 행동 규정, 특정인의 가르치는 사역, 특정한 예배 유형, 특정한 그리스도인의 삶의 방식, 특정한 교회 사역(상담이나 기독교 학교 등), 특정한 사회적, 윤리적 동질성의 유지, 특정한 정치적 권력이나 영향력에 대한 헌신, 특정한 정치적 안건에 대한 헌신, 성경 외의 자기 평가 기준(재정 전문가들이나 사회 문제 분석가들의 조언 같은 것들)에 대한 헌신 등이다. 여러 중대한 성경 프로그램을 제공하면서도 성경의 가장 높은 자리를 빼앗는 이 찬탈자들을 동시에 품고 있을 수 있다.

특정 교리나 교리 체계가 최고의 자리를 장악하고 있는 교회를 상상해보라. 그 교리는 실제로 성경보다 더 중요하게 여겨지며, 적어도 그 교리 외의 다른 성경 부분들보다 더 중요하다. 또한 그것이 정통성 여부의 판단기준이 되어, 리더들과 회중들은 그 기준에 따라 판단될 것이다. 또한 그것은 교회 내의 모든 성경 프로그램의 형태를 빚을 것이다.

특정인의 가르침을 성경보다 더 우선시하는 교회를 상상해보라.

당신의 교회의 구성원들은 교회에 관해 무엇을 권장하고 싶어 하는가? 하나님 나라에 관하여 당신들이 권장하고 싶은 것은 무엇인가? 특정인의 가르침인가? 성경에도 그러한 예가 등장한다. 즉, 고린도 교회는 어느 지도자를 따를 것인가를 두고 언쟁하였다(고전 3장). 당신의 교회에서는 어떤 사역이 가장 우선시되는가? 그것이 성경의 전체 메시지를 온전히 전하는 일을 조금이라도 방해하고 있는가? 당신 교회에서 성경을 접하는 대부분의 기회가 그 사역에 의해 주어지는가? 그저 하나의 대의를 지지하기 위해 선택하고 해석한 본문만 계속 접하게 되는가?

문제는 사실상 십계명의 첫 계명과 관련이 있다. "너는 나 외에는 다른 신들을 네게 두지 말라." 다른 신을 두는 것이 곧 우상숭배다. 개인으로서 우리는 우리의 삶 속에서 항상 우리 마음의 보좌를 찬탈하려는 것들, 즉 우리의 예배를 받고자 하는 후보들과 싸우고 있다. 그것은 사회적 지위, 재산, 자녀, 직업 등이다. 우리는 자기도 모르는 사이에 우상숭배에 빠져 있을지도 모른다. 계속해서 우리의 세계관, 우리의 내면적 동기, 우리의 헌신을 세심히 살펴서, 그것이 하나님만을 향한 최고의 헌신을 나타내는지 확인해보아야 한다.

이제 동일한 것을 집단적 교회 차원에서 생각해보고자 한다. 우리가 개인으로서 우리 자신을 면밀히 살펴야 하듯이, 교회의 몸으로서의 자신에 대해서도 살펴야 한다. 찬탈자를 허용하는 것은 일종의 우상숭배를 행하는 것이다. 그런 문제를 고쳐야만 교회의 영적 건강을 향상시킬 수 있다.

가장 건강한 교회들도 계속해서 자신을 살펴야 한다. 이렇게 자신을 살피는 행위를 유죄 인정(피의자가 범행을 시인하는 것—편집주)으로 여겨서는 안 된다. 당신 교회만 다른 교회들과 달리 유별난 것으로 여겨서도 안 된다.

우리는 모두 문제를 안고 있다. 나이가 들면서 우리의 신체 능력이 계속해서 저하되듯이, 우리의 죄악된 성향은 개인적으로, 또 집단적으로 우리를 우상숭배로 이끈다. 건강을 유지하기 위해서는 지속적인 자기 점검이 필요하다. "그러므로 사랑하는 자들아 너희가 이것을 미리 알았은즉 무법한 자들의 미혹에 이끌려 너희가 굳센 데서 떨어질까 삼가라 오직 우리 주 곧 구주 예수 그리스도의 은혜와 그를 아는 지식에서 자라 가라 영광이 이제와 영원한 날까지 그에게 있을지어다"(벧후 3:17-18).

이 장에서, 나는 세 가지 일을 함으로써 당신을 돕기 원한다. 첫째, 당신이 분별력 있는 시각으로 당신의 교회를 정확히 평가할 수 있도록 특정한 찬탈자에 대해 좀 더 자세히 살펴보려 한다. 나는 신학적 입장이나 교리를 성경보다 우위에 두는 것에 대해 이야기하려고 한다. 이것이 내가 접했던 그룹들에서 가장 만연하고, 가장 감지하기 까다로웠기 때문이다. 교회들은 특정 신학 입장이나 교리 체계가 아닌 성경이 그들의 인증마크 역할을 하고 있는지 확인해봐야 한다. 궁극적으로 성경과 교리는 서로를 반대해서는 안 된다. 다만 나는 지금 어디에 강조점을 두어야 하는지에 관해 말하고 있다. 우리는 이 미묘한 차이를 분별할 만큼 지혜로워야 한다. 교리나 교리 체계를 하나님의 말씀보다 우선시하는 것은 잘못이며 건강하지 못한 관행이다. 고의가 아니라 하더라도 결과는 마찬가지이다.

둘째, 나는 성경을 당신 교회의 인증마크로 유지하는 것이 얼마나 중요한 일인지를 상기시키기 원한다. 하나님은 오로지 성경 말씀을 통해서 자신의 뜻을 전달하신다. 이 의사소통의 통로를 반드시 지켜야 한다. 이것이 없으면 우리는 그리스도의 교회가 아니다. 성경의 권위를 유지함으로써 우리는 성경의 저자이자 전달자이신 성령님께 적극 의존하게 된다. 우리는 성경을 활용하여 우리가 성령님께 지속적으로 의존하고 있음을 나타내야 한다.

셋째, 신실하게 성경을 활용하려면 다음과 같은 태도가 필요하다. 먼저 성경을 개인과 공동체의 영적 성장에 필요충분한 책으로 여겨야 한다. 또한, 교회 안의 모든 사역이 성경에 기반하게 해야 한다. 나는 이를 위한 몇 가지 구체적인 방법들을 제안할 것이다. 마지막으로, 교회를 둘러싼 문화적 환경(이것은 계속 변화한다)에 영향을 미치기 위해 이 성령의 검을 활용해야 한다(엡 6:17). 우리와 공통점이 없는 사람들에게도 성령의 검을 사용하여 말하는 것을 망설이지 말아야 한다. 성경은 변화를 가져오는 기폭제로 작용한다.

건강을 추구함으로써 하나님께 영광을 돌리기 원하는 교회는 자신의 인증마크인 성경에 대한 헌신을 실천적으로 나타내야 한다. 앞 장에서 우리는 성경이 모퉁잇돌 되시는 그리스도의 가르침과 함께 "사도들과 선지자들의 터"를 구성하며, 그것이 없으면 교회는 사실상 교회로 간주될 수 없다는 것을 보았다. 이 장에서 우리는 이를 긍정적으로 표현한 것을 본다. 즉 성경에 대한 충성이 건강을 가져 온다는 것이다. 성경에 대한 충성은 당신을 교회로 만들어주며, 더 좋은 교회가 되게 해준다.

이 책을 읽은 후 당신이 이렇게 말할 수 있기를 바란다. "성경은 맥네어의 사상을 형성하였다." 내가 바라는 것은 성경이 교회에 대해 말하는 것을 진지하게 받아들이고 이를 구체적으로 발전시키는 것이다. 나의 가르침은 오직 성경에만 기반을 두겠다고 말하겠다. 나는 많은 경험을 근거로 이 논의를 하고 있다. 그러나 어떠한 경험도 그것이 하나님의 말씀을 더 깊이 이해하고 적용하는 데 도움이 될 때에만 의미가 있다.

교회를 섬기는 나의 사역이 성경의 가르침을 토대로 해야 하듯, 모든 지역 교회의 모든 사역이 그러해야 한다.

시편 23편 VS. 개혁신앙

몇 년 전에 나는 교회 건강에 관한 워크숍을 시행한 후에, 앞으로 나온 어느 사역자와 이야기를 나누었다. 그는 조용히 눈물을 흘리고 있었다.

그는 신학교 시절에 개혁신앙의 핵심 가치를 붙들었다고 말했다. 설교학 수업시간에, 그는 설교와 가르침 사역에 있어 개혁신앙의 역할에 대한 질문을 했다. 그는 교수님께 최근에 그를 목사로 청빙한 오래되고 다소 생기 없는 교회에 대해 이야기했다. 그는 교수님께 물었다. "그 교회를 활력 있게 만들려면 저의 설교가 어떤 특징을 가져야 합니까?"

"개혁신앙을 설교하세요." 교수님이 대답했다. "사람들이 그것을 들으면 그들 안에 혁신이 일어날 겁니다."

그 목사는 정말로 그렇게 했다. 그 후 10년 동안 그는 개혁신앙을 자신의 설교와 가르침의 특징으로 삼았다. 그의 교회에 필요한 혁신을 일으키는 힘으로 개혁신앙을 가르치고 설교했다.

그러나 영적인 활력이 생기는 조짐은 전혀 보이지 않았다. 이제 그는 비통한 마음으로 자신의 슬픈 자각을 나에게 이야기했다. "누군가가 10년 전에 나에게 **성경**을 내 사역의 인증마크로 삼으라고 말해주었더라면 좋았을 텐데요!"

그의 비통한 말은 나의 생각 속에서 떠나지 않았고, 우리가 교회로서 하나님께 순종하고 건강하게 성장하기 위해 반드시 구별해야 하는 미묘하지만 중요한 구별에 대해 확신하게 해주었다. 우리는 교리 체계가 아니라 성경을 설교해야 한다는 것이다.

교리의 조직적 체계화는 피할 수 없는 것이다. 우리가 성경을 충분히 읽어서 서로 다른 구절들을 비교하거나 대조하고, 비슷한 말씀들끼리 분류하고, 한 구절을 사용하여 다른 구절을 설명하는 이 모든 일들이 실은 체계화이다. 신학적 체계를 구성하는 각각의 카테고리 아래, 더 깊은 연구와 가르침과 토론을 위해 성경의 진리들을 수집할 수 있다. 체계는 불가피하게 어떤 구절과 해석이 어느 교리를 위해 가장 중요한 것으로 간주되어야 하는지, 또 어떤 교리가 좀 더 중요하거나 덜 중요한지를 시사한다.

많은 신자들은 순진하게 특정한 교리적 체계를 피해 가면서 성경을 믿고 가르칠 수 있다고 생각한다. 그런 사람들의 시도는 절대로 성공할 수 없다. 아무리 진심이라 해도, 이것은 결국 자기기만에 이른다. 어쨌든 우리가 의사소통을 하려면 체계화를 해야 하기 때문이다.

또한 우리는 이 체계화를 본질상 악한 것으로 여겨서는 안 된다. 우리는 불가피한 것을 피하도록 운명지워지지 않았다. 모든 지식은 분류와 평가에 의해 발전한다. 신학도 다르지 않다. 게다가 성령님은 이 일을 기대하시고 심지어 이끄신다고 믿는 것이 타당하다. 예를 들면, 아무도 의롭지 않다는 걸 증명하기 위해 바울이 로마서 3장 9-18절에서 펼친 강력한 주장을 생각해보자. 그는 구약성경의 구절들을 연달아 인용하며, 그것들을 모두 모아 복음의 핵심 요소를 지지한다.

신학적 체계는 또한 유용한 것이다. 그것은 우리에게 한 성경 구절과 다른 구절을 연관지을 수 있는 길을 제공해주고, 성경의 진리와 삶의 문제를 연관지을 수 있게 해준다.

이런 이유들로, 내가 속한 교단은 스스로를 '고백적 교회'(confessional church)라 칭한다. 이것은 교리 체계가 불가피한 동시에 유용하다는 것을 나타낸다. 우리는 우리가 어떤 교회이며 어떤 교회가 바람직한지를 규정하기 위해 특정한 신앙고백이나 신학 체계에 동의한다.

다만 우리의 신념 체계를 부적절하게 사용하는 것은 피해야 한다. 만일 우리가 의식적으로나 무의식적으로 어떤 신학 체계가 영적 생명을 가져다줄 거라고 기대한다면 우리는 신학 체계를 부적절하게 사용하는 것이다. 오직 성경만이 영적 생명을 가져다준다.

예를 들어, 사랑하는 사람이 죽었을 때 교리 체계는 유족이 하나님의 주권적인 손의 관점에서 그 충격적인 경험을 이해하도록 도와줄 것이나, 시편 23편은 치유를 가져다준다. 우리가 그 상황에서 위로의 말을 전하며 치유하는 사역을 해야 한다면 신학 체계를 인용하는 것보다 성경 말씀을 전해야 할 것이다.

우리는 어떤 교리나 체계를 우상화하려는 유혹에 쉽게 빠진다. 그 유혹은 교리의 실천적 의미를 깨달은 직후에 가장 크다. 더 큰 깨달음은 언제나 흥분을 일으킨다. 교리의 의미를 온전히 이해하게 된 신자는 이를 통해 모든 것을 이해할 수 있을 것이라고 생각할 수 있다.

교리 체계는 도구와 같다. 어떤 일에 알맞은 도구를 갖고 있으면 큰 기쁨이 따른다. 그러나 그 도구가 다른 모든 종류의 일에도 효과가 있을 거라 기대하는 것은 착각이다. 좀 더 직접적인 비유를 하자면, 모든 상황에서 그 도구를 사용하려고 하는 것은 큰 실수이다.

나쁜 결과들이 따를 수 있다. 특정 교리 체계나 특정 교리에 대한 부적절한 헌신은 그것을 고수하는 사람들에게 우월감을 일으킨다. 그들은 자신들이 영적으로 "성공했으며", 이 교리를 이해하는 사람들은 그리스도인들 중에서 엘리트 그룹에 속하고, 그렇지 않은 사람들은 이류라고 믿고 그렇게 공표하는 경향이 있다. 어떤 사람의 성공은 보통 그가 적절한 전문용어를 사용하고 있는가에 의해 평가된다. 회중 안에서 이런 사고방식을 접해본 자들은 그것이 얼마나 큰 분열을 초래할 수 있는지 안다.

더 심각하고 처참한 결과가 있다. 성경을 단지 교리를 정당화하는 증거 구절을 제공해주는 자료로 축소해 버리는 것이다. 이것은 주객이 전도된 것이다. 우리의 교리 체계를 성경의 권위 있는 역할의 자리까지 끌어올리는 것은 "여호와를 경외하는 것이 지혜의 근본이요 거룩하신 자를 아는 것이 명철이니라"(잠 9:10)라는 사실을 잊은 것이다. 그것은 영적 생명의 유일한 근원을 차단해 버린다.

확실히 핵심 교리를 확고하게 강조하면, 처음에는 빠른 성장을 비롯하여 건강한 교회의 징후들이 나타날 수 있다. 그러나 장기적으로 그 성장은 멈출 것이다. 그것이 성령님의 지속적인 역사를 약화시키기 때문이다. 시간을 두고서 성령님은 하나님에 대한 우리의 지식을 증가시키기 위해 모든 성경 말씀을 사용하신다.

교회의 교리적 헌신이 더 명백하고 엄격할수록 사람들은 비슷한 생각을 갖기가 더 쉬워진다. 멤버로 합류하고자 하는 사람은 중요한 교리들을 분명하게 진술해야 할 것이다. 그러나 명시적으로 특정되어 있는 교리적 입장이 팽배한 곳에서 그 결과가 종종 엄격하고 강경한 교회의 모습으로 나타난다. 그런 교회는 내부자들 외에 다른 사람들에게 매력적이지 않고, 또한 영향력도 미칠 수 없다.

여기서의 문제는 서로 비슷한 생각을 갖는 것이나 신앙고백적 표준에 대한 책임성(accountability to a confessional standard)에 있지 않다. 교회 리더십은 마땅히 이를 지지해야 한다. 문제는 교회의 과도한 경직성에 있다. 신앙고백적 합의문의 구체성이 성경 자체의 구체성을 능가해선 안 된다. 성경과 상충되지 않는 지점에서 다양한 신념과 적용들을 허용하는 것은 적절하고 건강한 것이다.

물론 정확히 우리와 같은 생각을 하는 사람들과 관계를 맺는 것이 더 쉬울 것이다. 하지만 그렇게 하다 보면 교제 범위가 급격히 축소되고 그로써 몸의 성장이 저해된다. 나아가 이러한 접근법은 성령님께 의존할 필요성을 약화시킨다. 성령님은 정확히 우리와 같은 생각을 가진 사람들 외에 다른 사람들도 사용하신다. 하나님이 공동의 유익을 위해 우리 교회의 모든 멤버들에게 주신 은사들을 사용하고 계신다는 믿음은 교회의 함께하는 사역에 윤활유를 칠해준다. 이 믿음을 상호 신뢰라고 부를 수 있겠다. 나는 다른 곳에서 상호 신뢰에 대해 좀 더 철저하게 다루지만 여기서도 잠깐 언급하고 넘어간다.

한 가지 예를 들어보겠다. 몇 년 전에 나는 한 교단에 속하게 되었다. 그 교단은 모교단의 잘못된 교리에 대해 열렬히 이의를 제기함으로써 존재하게 되었다. 어느 교단이 성경을 인증마크로 삼고 있다면, 분명 이 새 교단일 것이다! 그러나 시간이 흐르면서 더 절박한 헌신이 드러났다. 우리를 특징짓는 것은 무엇보다도, 이단적인 교파와의 관계를 끊으려는 열망이었다. 하나님의 모든 뜻(whole counsel of God)보다 분리가 우리의 인증마크가 된 것이다. 분리가 문제라기보다, 그것이 성경에 대한 헌신보다 더 우위를 차지하고 있는 것이 문제였다. 그 교단은 우리를 지켜보는 세상에 대해 판단하는 자세를 보이고 있었다. 어떤 교회들은 이런 불손한 태도를 불편하게 느꼈고, 그 교단이 불신자들을 불쾌하게 하는 것은 성경이 말하는 "십자가의 걸림돌"(갈 5:11) 때문에 빚어지는 불가피한 불쾌함이 아님을 감지했다. 안타깝게도 그 교회들이 취할 수 있는 유일한 길은 그 교단을 떠나는 것이었다. 교단이 자신의 관점을 수정할 필요성을 조금도 인정하지 않았기 때문이다. 결국 한 그룹씩 교회들이 분리되어 나가면서, 원래의 그룹은 점점 더 작아졌다. 다른 교회들이 성경에 대한 공통된 헌신 때문에 그 교단에 가입할 것을 고려했지만, 그들은 인지된 타협으로부터 충분히 분리되지 않았다는 이유로 거절당했다.

여기에 또 다른 예가 있다. 어떤 목사는 예정론이라는 성경 교리에 대한 일련의 설교를 시작했다. 그는 그렇게 할 만한 타당한 이유가 있었다. 그 교리가 그 지역에서 공공연하게 비방을 받았기 때문이다. 문제는 그 목사가 성경 본문이나 메시지의 주제와 상관없이 몇 달 동안 그 주제에 대해서만 설교를 계속했다는 것이다. 그 결과 교회는 분열되었다. 몇 년 간의 싸움 끝에 그 교회는 나누어졌고, 나누어진 몸들 중 어느 하나도 회복되어 건강한 교회가 되지 못했다. 나는 그 교회들 중 한 교회를 만났다. 나는 거기서 오로지 자신들을 돌보는 데만 몰두하고 있는 것처럼 보이는 작은 그룹의 사람들을 발견했다. 나는 그들에게 화해를 생각해보라고 했다. 계속 비난만

하기보다 상대측을 이해하고 구체적인 비전을 갖고 다가가도록 노력해보라고 했다. 두 제안 모두 거절당했다.

나는 교리적 신념이 없어야 한다고 주장하는 것이 아니다! 그런 주장은 성경의 권위에 헌신하는 모든 것에 위배될 것이다. 게다가 앞에서 말한 대로, 교리 체계는 불가피할 뿐만 아니라 좋고 유용한 것이다. 그렇다면 중용을 취하는 것이 어떻게 가능한가? 어떻게 교회는 바람직하지 않은 과도함을 피하면서 교리적 입장을 명확히 할 수 있는가?

우리의 헌신은 최우선적으로 말씀과 성령에 대한 것임을 언제나 명심해야 한다. 어떤 교리적 도구도 그 자리를 빼앗지 못하게 해야 한다. 우리에게 하나님의 말씀을 제대로 이해하고 적용하는 법을 가르쳐주시는 성령님께 계속 의존해야 한다는 사실을 잊지 말아야 한다. 또한 어떤 차이점들이 사소하고 해결 가능한 것이고, 어떤 차이점들이 성경적 교리의 핵심을 위협하는 것인지를 판단해야 한다. 성경 자체는 우리에게 그런 모든 경우를 판단하기 위한 명시적 기준을 제공해주지 않는다. 그러한 지침이 되는 금언은 틀릴 수도 있으며, 따라서 그 한계를 겸손히 인정하면서 오직 기도하는 태도로 성령님께 의존하면서 사용되어야 한다.

확실히 이런 접근법은 명쾌하거나 조절하기 쉬운 것이 아니지만, 이를 통해 성령님에 대한 의존과 상호 신뢰를 잘 보존하면 오래 지속되는 교회의 건강을 얻을 수 있다.

다른 우상들

그 자체로는 합법적인 교회 생활의 여러 측면들이 미묘하게, 혹은 노골적으로 성경의 최우선적 역할을 빼앗을 수 있다. 몇 가지 경험들을 간단히 나누어보겠다.

나는 2,500명이 모이는 교회를 위한 컨설턴트로 고용되었다. 어느 나이 많은 여자가 나에게 말하기를, 자기 아버지와 할아버지가 그 교회 장로였고 남편은 현직 장로이며 아들도 언젠가는 장로가 될 거라고 말했다. 성경에 대한 헌신 외에 다른 역학관계가 그 교회를 규정하고 있다는 나의 생각에 당신도 동의하는가?

몇 시간에 걸친 회의와 위원회 모임 시간을 당시의 정치적 이슈에 대해 토론하는 데 쏟아부었던 한 교회가 생각난다. 미국 대통령이 유엔 총회에 참석을 해야 하느냐 마느냐 하는 문제였다. 어떤 교단은 자신들의 큰 규모를 자랑하고 워싱턴 D.C.에 대표자를 파견할 자격이 있다는 것을 온 나라에 확신시키는 데 많은 에너지를 쏟고 있었다. 둘 다 하나님의 말씀 사역보다 정치적 문제에 더 헌신하는 전형적인 예를 보여준다.

나는 어느 성경을 믿는 보수적인 교회와 함께 일한 적이 있다. 그 교회는 상담 사역에 엄청난 헌신을 하고 있었다. 그 교회는 지역 사회에서 많은 사람들이 교회를 찾아오지만 정작 교회에 남는 사람은 거의 없는 것이 걱정이었다. 몇 가지 요소들이 연루되어 있었다. 하지만 새로 오는 사람들은 실제로 그 교회가 상담 외에 다른 것에 관심이 있다는 인상을 받지 못한다는 걸 분명히 알게 되었다. 성경과 성경적 사역이 참으로 그 교회의 인증마크였다면 새로 오는 사람들은 교회가 그들로 하여금 그들의 문제들보다는 살아 계신 하나님을 대면하게 이끈다고 느꼈을 것이다. 교회는 결코 그것을 의도한 것이 아니었지만 강조점이 미묘하게 옮겨가는 것을 인식하지 못했다. 그들이 하는 일은 가치가 있는 일이었지만, 그들의 교회는 영적 건강의 역동적인 활력을 보여주지 못했다.

그러한 평가에 대한 반응으로, 그 교회는 비전선언문을 작성했다. 거기서 상담은 여전히 주춧돌로 남아 있었지만, 그것은 교회를 지원하고 가장 중요한 성경에 대한 헌신을 지원하는 봉사 사역으로 다시 해석되었다. 나는 또한 목사가 전문 상담 센터를 세우기 위해 휴직을 하도록 교회가 승인해줄 것을 제안했다. 그렇게 되면 그의 사역은 자유로워져서, 그동안 의무적으로 해야 한다고 느꼈던 상담보다 더 많은 일을 하게 될 것이다. 그 교회는 이런 믿음의 조치들을 취했고, 균형을 회복하여 매우 견고하고 건강해졌다.

교회 성장 운동은 어떤 측면에서 성경 대신 다른 인증마크를 채택했다. 즉, 성경보다 인류학이나 사회학 원리들에 대한 헌신을 우선시했다. 여기서 우리는 다시 한번, 그 자체로는 합법적이지만 성경보다 더 강조되면 더 이상 합법적이지 않게 되는 교회 사역의 요소를 보게 된다. 예를 들어, 당신의 교회에 적용하기 위해서 가장 잘 운영되는 주일학교 열 군데를 조사하여 공통분모를 찾는 연구는 성경을 최우선 순위에 두지 않는다. 그렇게 하다 보면, 비성경적인 기준에 의거하여 당신의 교회를 평가하게 될 것이다.

이러한 접근법은 교회는 결과 중심이 아니라 과정 중심이어야 한다는 성경적 개념에 따라 재정비되어야 한다. 결과는 오직 하나님의 손 안에 있다. 우리는 하나님의 살아 있는 메시지인 말씀을 우리의 영적 건강과 삶의 원천으로, 자기 평가를 위한 기준으로, 건강한 행실을 위한 지침으로 삼아 가장 우선시해야 한다.

마지막 예는 예배 스타일이다. 성경은 하나님께 드리는 예배에 포함되어야 할 요소들을 명령한다. 그것은 찬양, 기도, 죄의 고백, 음악, 말씀 설교, 성례전이다.

그러나 성경은 예배 스타일을 지시하지는 않는다. 여기서 나는 전통적인 예배에서 현대적인 예배까지, 전례적인 예배에서 형식에 얽매이지 않는 예배까지, 넓은 범위의 가능성을 염두에 두고 있다. 따라서 어떤 스타일을 고집하는 교회는 성경 자체보다 더 엄격하고 제한적인 무언가를 채택하고 있는 것이다. 특정 교회에 특정 스타일이 있는 것은 물론 괜찮다. 실제로 그것은 불가피한 것이다. 스타일의 선택에 영향을 미치는 요소들은 교회 자체의 역량, 비전, 주변의 지역 사회를 포함한다. 그러나 스타일이 성경보다 더 중요해져서 "우린 늘 이렇게 해 왔어", "우린 주일 아침에 드럼이나 기타를 사용할 수 없어 (또는 오르간을 사용할 수 없어!)", "우린 정장을 입어야 해 (또는 청바지를 입어야 해!)"라고 말할 때, 그것이 우리의 인증마크인 성경과 경쟁상대라는 것을 인식하고 성경의 순수성과 중심성을 다시 분명히 할 필요가 있다.

말씀의 영

우리는 우리의 삶과 교회의 모든 사역에 성경을 충실하게 사용하는 것을 목표로 삼아야 한다. 앞으로 우리는 성경을 충실하게 사용하는 방법들을 살펴볼 것이다. 그러나 그 전에 성경에 관련된 성령의 역할을 좀 더 깊이 고찰해보자.

우리는 종종 성령의 역할을 간과하므로 정기적으로 이를 상기할 필요가 있다. 사람들은 성경을 충실히 사용하기 위해 성령님께 의존하는 법을 배울 필요가 있을 것이다.

사역에 성경을 충실히 사용하려면, 성경의 진리를 명확히 표현하고, 성경의 권위가 어떤 상황에 대해서든 연관되어 있다는 확신하에, 일상에서 부딪히는 문제들에 성경이 어떻게 연관되는지 상세히 설명해야 한다.

성령님은 이 두 가지를 다 가능하게 하신다. 성령님은 말씀을 저술하셨고, 우리의 말씀 적용을 인도하신다.

성경은 하나님의 자기 계시이다. 사도 베드로는 이에 대해 설명한다. "성경의 모든 예언은 사사로이 풀 것이 아니니 예언은 언제든지 사람의 뜻으로 낸 것이 아니요 오직 성령의 감동하심을 받은 사람들이 하나님께 받아 말한 것임이라"(벧후 1:19-21). 베드로는 성경이 기록된 하나님의 말씀임을 분명히 밝힌다. 성령 하나님은 기록의 저자로 간주되어야 한다. 그분이 인간 저자들을 "감동시켜" 하나님의 말씀을 기록하게 하셨기 때문이다.

하나님의 말씀은 분명 최고의 권위를 가져야 한다. 이 말씀이 바로 교회의 기초를 형성한다. 이 말씀이 없으면 교회는 존재하지 않는다. 교회는 모든 일에 있어서 하나님의 말씀에 복종한다.

그러나 성경이 완성되었을 때 성령님의 일이 끝난 것은 아니다. 성령님의 지속적인 조명의 역할을 우리는 종종 간과한다. 아마도 우리가 그 필요성을 이해하지 못하기 때문일 것이다. 그러나 성경을 충실히 사용하려면 성령의 조명 사역이 꼭 필요하다.

교육과 학습에 대한 통찰을 지닌 교사는, 단지 진실된 말을 한다고 해서 듣는 사람이 그것을 배우리라는 보장은 없다는 걸 알고 있다. 말을 한다는 것은 의사소통의 일부에 해당한다. 듣는 사람이 그것을 적용하지 않으면 마치 코드가 빠져 있는 전등과 같아서 아무 소용이 없다!

비유하자면, 성령님은 전등을 만들고 플러그를 꽂으시는 분이다. **조명**(illumination)이라는 단어는 이 비유를 암시한다. 성령의 조명 사역이 없으면 전기가 흘러 전등불이 켜지는 일은 불가능하다. 성령님의 도움으로 우리는 성경을 이해하고 적용할 수 있다.

바울은 사람들이 말씀을 해석하고 적용할 때 자신의 주관적인 생각에 빠져서는 안 된다는 걸 분명히 밝힌다. 그들은 성경을 이해하기 위해 반드시 필요한 도움을 받기 위해 성령의 인도를 따라야 한다. 바울은 "오직 은밀한 가운데 있는 하나님의 지혜를 말하는 것으로서…이 세대의 통치자들이 한 사람도 알지 못하였나니…오직 하나님이 성령으로 이것을 우리에게 보이셨으니"(고전 2:7-10a)라고 말한다. 그는 "성령님은 모든 것 곧 하나님의 깊은 것까지도 통달하시느니라"(10절), "우리가…오직 하나님으로부터 온 영을 받았으니 이는 우리로 하여금 하나님께서 우리에게 은혜로 주신 것들을 알게 하려 하심이라"(12절), "우리가 이것을 말하거니와…오직 성령께서 가르치신 것으로 하니 영적인 일은 영적인 것으로 분별하느니라"(13절)라고 말한다.

그러므로 우리가 앞에서 말한 교리의 체계화도 성령님의 인도 아래 추진되어야 한다. 우리를 가르쳐 우리의 삶 속에 진리를 심어주시는 성령님의 도우심이 있어야 우리의 삶으로 진리를 나타낼 수 있다. 또한 설교를 준비하고 듣는 사람들의 심령에 메시지를 전달하기 위해 성령님을 의존해야 한다. 그것이 우리가 설교를 준비하고 설교를 시작할 때 기도하는 이유이다. 목사이자 교사만 기도하는 것이 아니라 듣는 이들도 기도해야 한다. 또 말하는 이와 듣는 이 모두 말하는 이와 듣는 이를 위해 기도해야 한다. 어쩌면 우리는 회심과 관련해서는 성령님의 역할을 좀 더 쉽게 떠올릴 것이다. 그러나 좀 더 생각해보면 하나님의 진리를 성공적으로 전달하기 위해 그분께 의존해야 한다는 것을 알게 된다.

물론 성경은 우리의 설교와 교리 체계들이 절대 오류가 없다고 가르치지 않는다. 교리 체계에 오류가 없다고 생각하는 것은 성경보다 교리 체계를 더 중요시하도록 이끌 수 있다. 이것은 성령님과 그분의 성문화된 말씀에 의존하는 것에 반대되는 것이다. 우리는 절대로 배움을 멈추고, 성령님을 의존하기를 멈추고, 우리가 깨달음에 이르렀다고 자부할 수 없다. 성령님에 대한 지속적인 의존은 우리가 말씀을 대하는 자세에서 드러나야 한다. 즉, 말씀을 깨닫고 가르치기 위해 하나님의 도움을 구하고, 말씀을 적용하는 모든 상황에서 하나님의 도움을 구하며, 모든 상황에 말씀을 적용하려고 해야 한다.

성령님은 결코 탯줄을 자르지 않으신다. 그분은 그럴 의도가 없으셨다. 우리도 그러해야 한다.

모든 일에 성경을 충실하게 사용하기

하나님의 말씀은 최고의 권위를 갖고 있다. 성령님은 우리가 하나님의 말씀을 이해하고 적용할 수 있게 해주신다. 성령님은 우리가 그분의 말씀을 사용하길 기대하신다.

성경은 하나님의 말씀의 능력에 대해 말한다. 하나님은 친히 "내 입에서 나가는 말도 이와 같이 헛되이 내게로 되돌아오지 아니하고 나의 기뻐하는 뜻을 이루며 내가 보낸 일에 형통함이니라"라고 약속하셨다(사 55:11). 다른 어떤 책도 그런 놀라운 약속을 담고 있지 않다!

우리는 이 강력한 도구를 사용해야 한다. 바울은 "모든 성경은 하나님의 감동으로 된 것으로 교훈과 책망과 바르게 함과 의로 교육하기에 유익하니 이는 하나님의 사람으로 온전하게 하며 모든 선한 일을 행할 능력을 갖추게 하려 함이라"(딤후 3:16-17)라고 말한다. 그는 하나님의 말씀을 "성령의 검"(엡 6:17)이라 부른다.

말씀의 능력은 인간의 마음(heart)에 집중한다. 마음은 우리가 누구이며 하나님과 어떤 관계를 맺는지 결정하는 좌소로서, "생명의 근원"(잠 4:23)이다. 히브리서 저자는 이렇게 선언한다.

"하나님의 말씀은 살아 있고 활력이 있어 좌우에 날선 어떤 검보다도 예리하여 혼과 영과 및 관절과 골수를 찔러 쪼개기까지 하며 또 마음의 생각과 뜻을 판단하나니 지으신 것이 하나도 그 앞에 나타나지 않음이 없고 우리의 결산을 받으실 이의 눈 앞에 만물이 벌거벗은 것같이 드러나느니라"(히 4:12-13).

하나님 앞에서의 인간의 마음은 "만물보다 거짓되고 심히 부패" 하기에(렘 17:9) 그 상태 그대로는 하나님을 기쁘시게 할 수 없다. 하나님은 우리를 개인으로나 교회의 몸으로나 영적으로 성숙하게 하려 하신다. 그분은 그분의 신부를 아름답게 만드는 일을 계속하신다. 건강과 성장이란 바로 이러한 과정을 의미한다.

그러나 성장이 있으려면 변화가 있어야 한다. 변화를 일으키는 것은 하나님의 말씀, 성령의 검이다. 오직 그것이 필요하며, 그 자체로 충분하다.

그런 강력한 도구가 우리 손에 있는데 우리는 왜 그것을 칼집에 꽂아두려고 하는가? 확실한 답은 우리의 죄가 우리를 하나님의 일로부터 도망치게 만든다는 것이다. 게다가 하나님의 치유는 즐겁게 느꺼지지 않는다. 의사처럼 그분은 제일 먼저 정말 맛없어 보이는 식단을 정해주실 뿐 아니라, 사지를 절단하고, 충치를 때우고, 상처에 뜸을 뜨신다. 따라서 성령의 검인 말씀을 계속 사용하기 위해서는 항상 노력이 필요하다. 또한 삶과 사역의 점점 더 많은 영역에서 그 말씀을 적용하기 위한 지속적인 끈기와 창의성이 필요하다.

여기서 한 가지를 분명히 해두길 원한다. 성경을 우리 교회의 인증마크로 삼는 것은 단지 성경에 대해 많이 이야기하거나, 성경에 대해 항상 이야기하는 것을 의미하지 않는다. 성경에 대해 많이 이야기하면서도 실제로는 성경을 충실하게 사용하지 않을 수 있다. 아니 아예 사용하지 않을 수도 있다! 우리는 성경에 대해 이야기할 때 정말로 그 말씀을 우리 자신의 상황에 적용하고 있는지를 확인해야 한다. 여기서 자신의 상황이란 나 자신의 개인적인 일들, 가정과 지역 사회 안에서의 삶, 교회 일, 일반적인 문화적 사상들과의 만남 등이 포함된다.

어떤 사람은 성경의 여러 책들을 다루는 성경공부 강좌 목록이 바로 우리가 말씀의 사람들이라는 증거가 된다고 생각할 것이다. 그러나 사실 우리는 말씀을 삶의 모든 영역에 적용하는 데 실패하고 있을 수 있다. 그것은 말씀을 충실히 사용하고 있지 않은 것이다. 다른 한편으로, 자녀양육, 일, 철학, 상담에 관한 교회학교 강좌 목록은 삶의 모든 영역에 성경말씀을 충실히 적용하려는 갈망을 나타낼 것이다.

개인적인 영의 양식

특히 우리는 세 가지 차원에서 성경말씀을 충실히 사용하기를 기대해야 한다. 그것은 개인적, 집단적, 문화적 차원이다. 성경이 교회의 본질을 규정하는 확실한 인증마크가 되려면 무엇이 필요한지 살펴보겠다.

건강한 교회는 멤버들에게 개인 예배와 가정 예배에 성경 말씀을 사용하도록 격려한다. 성경에서 가장 긴 장은 시편 119편이다(176절로 이루어짐). 그것은 오로지 하나님의 말씀이 생명 그 자체이며, 모든 선한 것의 중심이며, 인생의 모든 문제들에 대한 해답이라는 것을 보여주기 위해 쓰여진 시이다.

그 시의 저자는 불신자들과 어려움과 고통에 둘러싸인 청년으로서 하나님의 말씀에 대한 헌신과 그 말씀에 대한 의존을 거듭 표현한다. 우리 마음이 우리의 가장 근본적인 "입"으로서 먹을 것을 갈망하고 있다면, 말씀은 가장 기본적이면서 가장 큰 만족을 주는 양식이다. 시편의 몇몇 구절만 읽어보아도, 우리가 하나님의 계시를 배우고, 존중하고, 순종할 때 하나님이 우리에게 복을 주신다는 것을 알 수 있다.

"청년이 무엇으로 그의 행실을 깨끗하게 하리이까 주의 말씀만 지킬 따름이니이다 내가 전심으로 주를 찾았사오니 주의 계명에서 떠나지 말게 하소서 내가 주께 범죄하지 아니하려 하여 주의 말씀을 내 마음에 두었나이다 찬송을 받으실 주 여호와여 주의 율례들을 내게 가르치소서 주의 입의 모든 규례들을 나의 입술로 선포하였으며 내가 모든 재물을 즐거워함 같이 주의 증거들의 도를 즐거워하였나이다 내가 주의 법도들을 작은 소리로 읊조리며 주의 길들에 주의하며 주의 율례들을 즐거워하며 주의 말씀을 잊지 아니하리이다"(9-16절).

하나님은 그분의 말씀이 우리 마음의 갈망이요 우리의 영적 양식이 되기를 원하신다. 우리는 오직 하나님의 말씀을 통해서만 하나님을 안다. 하나님이 우리의 삶에서 최우선 순위가 되려면 그분의 말씀이 최우선 순위를 차지해야 한다. 하나님이 말씀에서 자신을 계시하셨기 때문에 우리는 말씀을 통해 늘 그분과 소통할 수 있다. 말씀을 통해 성령님은 우리의 혼과 영을 찔러 쪼개며 변화를 가져다주신다.

개인의 영적 성장은 교회 몸의 전반적인 영적 성장을 뒷받침한다. 개개인의 멤버들이 영적으로 성장하지 않으면 교회가 성숙할 수 없다. 따라서 교회는 성령님이 듣는 자들의 마음에 영적 변화를 일으킬 유일한 도구로 사용하실 수 있도록 말씀을 가르치고 전해야 한다.

말씀의 사람들

어떤 교회 사역을 탁월하게 만드는 것은 무엇인가? 복음전도든,

선교나 구제이든, 아니면 청소년사역이든, 우리는 그저 사역의 규모나 예산만 보고 그것을 평가할 때가 있다. 우리는 또한 그것의 효율성과 효과를 보고 판단할 것이다. 우리는 이제 사역을 평가하는 적절한 기준에 좀 더 가까이 다가갈 것이다. 하나님의 목적을 염두에 둘 때, 교회 사역과 관련하여 "효과적"이라는 것이 영적 성장을 가져오는 것 외에 무엇을 의미할 수 있겠는가? 그런데 영적 성장이 일어나려면 사역의 내용과 목적이 성경의 영향력을 반영해야 한다. 성경이 우리가 가르치고 설교하는 모든 것뿐 아니라 계획하고 시행하는 모든 것에 영향을 끼쳐야 한다. 또한 성령님에 대한 우리의 의존은 모든 면에서 계속해서 더 깊어져야 한다. 그러할 때에만 사역은 탁월함을 보유한 채 건강하게 성장할 수 있을 것이다.

교회가 받을 수 있는 가장 고귀한 칭찬은 "말씀의 사람들"이라고 불리는 것이다. 이것은 우리가 성경을 공부할 뿐만 아니라 그것을 우리의 삶과 사역과 문화에 적용하려고 애쓰며, 그것도 성령을 의지하여 그렇게 행하는 것을 의미한다.

우리 교회의 사역 속에서 어떻게 하면 성경을 충실하게 사용할 수 있겠는가? 이와 관련하여 교회 지도자들이 채택할 수 있는 몇 가지 구체적인 목표가 있다.

교회의 모든 새 프로그램은 성경에서 이끌어 낸 구체적인 목표나 목적을 가지고 시작해야 한다. 그리고 프로그램의 목적, 의미 등을 규정한 문서를 작성할 때 성경구절을 사용하는 것이 바람직하다. 프로그램은 해마다 평가되어야 한다. 이러한 연간 평가를 통해 프로그램은 올바른 궤도를 유지할 수 있게 된다. 연간 평가시 우리는 그 프로그램이 목적을 달성하고 있는지, 성경 말씀을 따르고 있는지 질문해야 한다. 이를 통해 계속해서 성령을 의지하면서 프로그램을 행해 나가게 된다. 이러한 평가를 하지 않으면 성령께서 이끄시는 사역이 아니라 사람이 이끄는 사역이 될 것이다. 그리고 해당 사역이 사람들의 필요와 영적 은사들로부터 점점 더 멀어져 가는 것을 깨닫지 못하고, 그저 프로그램 자체만을 위해 프로그램을 행하게 될 것이다.

사람들이 사역과 성경 말씀을 연관지어야 할 필요성을 인식하기 전에 시작된 기존 프로그램들 또한 성경적 방향성을 명시하여 사역의 목적이나 사역의 의미 등을 재정립하는 문서들을 작성해야 한다. 사역을 순조롭게 이어가려면 그것을 올바로 평가하기 위한 기준이 있어야 하기 때문이다.

우리는 또한 성경의 진리들에 의거하여 모든 프로그램을 형성해나가야 한다. 또한 평가를 위한 절차도 성경에 따라 형성되어야 한다.

또한 가능한 한 모든 프로그램의 모든 부분에서 성경을 사용하도록 힘써야 한다.

우리의 예배에서, 특히 설교 시간에 성경 말씀이 예수 그리스도를 생생하게 나타내도록 해야 한다. 우리의 가르침은 멤버들이 성경을 잘 알 수 있게 해주어야 하며, 성경 말씀에 순종하도록 도전해야 한다. 그들이 성경 말씀의 객관적인 의미를 찾고 적용할 수 있도록 준비시키고, 선별적이고 주관적인 적용을 하지 않도록 말려야 한다. 그러나 무엇보다도 듣는 자들이 단지 책망이나 명령을 받고, 더 많은 성경 내용을 듣고 떠나는 것이 아니라, 그리스도를 새롭게 만나 그분의 용서와 공급과 능력을 받아야 한다.

장로들은 어떤 결정을 내리는 것에서부터 사람들의 영적 필요를 다루는 것에 이르기까지 그들의 목양 사역의 모든 면에서 성경을 기준으로 삼아야 한다.

당신이 무엇을 시도하든, 항상 성경에 충실하고 성령님께 민감하게 행하고 있는지 거듭 평가하라. 하나님의 기준을 떠나 방황하지 말라.

교회 문 너머의 말씀

신자들과 항상 함께하시고, 그들이 전하는 말씀에 능력을 부어주시겠다는 성령의 약속은 오로지 교회 문 안에서만 적용되는 것이 아니다. 개인적인 신자로서나 회중으로서나 우리가 영적으로 성장하기를 바란다면 성령의 검을 칼집에 넣어두는 것이 터무니없는 일인 것처럼, 성령님이 교회 밖의 세상에서 말씀을 떠나 일하실 것이라고 기대하는 것은 큰 착각이다.

바울이 우리에게 하나님의 말씀인 성령의 검을 가지라고 명한 이유는 마귀의 책략에 맞서게 하기 위해서이다. "우리의 씨름은 혈과 육을 상대하는 것이 아니요 통치자들과 권세들과 이 어둠의 세상 주관자들과 하늘에 있는 악의 영들을 상대함이라"(엡 6:12).

우리가 맞서야 할 마귀의 책략에는 우리 자신의 삶 속에 있는 마귀의 책략뿐 아니라 우리 사회에 만연한 사상들도 포함되어 있다. 성경은 사회적 이슈들과 철학들을 도외시하지 않는다. 성령님은 우리에게 이 더 큰 문제들에 성경을 적용하도록 촉구하신다.

최근 몇 세기 동안 여러 철학 사상들이 사람들의 세계관에 영향을 미쳤다. 계몽주의, 합리주의, 낭만주의, 실용주의, 실존주의, 포스트모더니즘 등이 우리 문화에 영향을 미쳤다. 예를 들면, 우리는 인간의 위대한 능력에 의해 문화가 점점 더 개선된다는 계몽주의 주장의 결과들을 지금도 볼 수 있다. 미국인은 아직도 이런 사고방식을 갖고 있다! 그런 사상에 의하면, 사람들에게 좋은 교육을 제공하면 모든 문제가 해결된다. 그러나 이러한 사상은 타락 이후 인간의 마음이 뒤틀리고, 삶이 파괴된 것을 전혀 고려하지 않는다.

또 다른 예로서, 포스트모더니즘은 더 이상 인생에 대한 한 가지 해석만을 진리로 고집할 수 없다고 주장한다. 그리고 진리에 대한 다양한 견해들을 단지 문화적 산물로 간주한다.[1]

포스트모더니즘은 우리로 하여금 더 이상 객관적 지식이란 있을 수 없으며 우리 자신이 현실을 창조한다고 믿게 한다. 성경은 이러한 진리의 사유화에 직접적으로 도전한다. 구원의 좋은 소식인 복음은 진리의 존재 가능성에 관한 좋은 소식을 포함한다.

교회는 말이나 행동을 통해 희석되지 않은 명확한 메시지를 주변 문화에 전달해야 하는 도전에 직면한다. 우리는 결코 하나님의 말씀을 배제하고 인간의 생각에 의존하지 않을 것이다. 때때로 불신자들의 사상이 하나님의 진리에서 너무 멀어져 있어서, 그들에게 성경 말씀이 이해할 수 없거나 혐오스러운 것이 되었음을 느끼지만, 우리는 우리의 대화에서 하나님의 말씀을 생략하려는 압박감에 저항해야 한다.

왜 그런가? 성경만이 공인된 말씀이며, 사실에 대한 공식적 해석이요, 인증된 하나님의 자기 계시이기 때문이다. 그 말씀 안에서 성령께서 능력으로 함께하시고 언제나 영적인 효력을 나타내실 것을 약속하신다.

바울은 아덴에서 철학자들에게 말할 때 중요한 본보기를 보여준다(행 17:16-34). 당시 아레아바고는 사실상 서구 문명의 요람과 같았다. 그곳에서 "모든 아덴 사람과 거기서 나그네 된 외국인들이 가장 새로운 것을 말하고 듣는 것 이외에는 달리 시간을 쓰지 않"았다(21절).

그곳에서 바울은 그가 전하던 새로운 가르침을 설명해달라는 요청을 받았다. 바울은 자신이 그들의 생각을 이해하고 있다는 걸 보여주었다. 바울은 '알지 못하는 신에게'라고 새긴 단을 비롯하여 그들의 많은 종교적 시도들을 보고, 그들의 종교적 갈망을 인지했고, 그들의 종교적 추구에 대한 해답으로 그리스도의 복음을 소개했다.

아덴 사람들이 성경이나 유대인의 문화적 성향에 친숙한지는 중요하지 않았다. 바울은 여전히 성령의 검을 직접적으로 사용했다. 그는 하나님이 창조주이심을 가르치기 위해 창세기를 언급하고, 하나님이 생명의 근원이심을 선언하기 위해 이사야 42장 5절을 언급하고, 하나님이 역사를 통해 인간들과 열방을 통치하시는 분임을 가르치기 위해 창세기 11장 8절과 신명기 32장 8절을 언급하고, 하나님이 인간에 관한 모든 것을 자신의 손 안에 두셨음을 가르치기 위해 예레미야 10장 23절과 다니엘 5장 23절을 사용했다. 바울은 그리스도께서 모든 인간을 심판하실 것이라는 자신의 주장을 정당화하기 위해 부활이 부인할 수 없는 역사적 사실임을 지적했다. 바울은 하나님의 말씀으로 그 시대의 철학을 다루었다.

문화가 무엇을 말하는지, 우리의 이웃이 무엇을 말하고 있는지 이해하는 것은 중요하다. 우리가 이를 이해하지 못하면, 사람들이 이해할 수 있게 하나님의 말씀을 전할 수 없을 것이다. 또한 문화적 사상들이 미치는 영향을 인식하지 못하면, 그 사상들이 성경에 대한 우리의 해석을 얼마나 교묘하게 왜곡했는지 인지하지 못할 것이다. 우리는 우리의 말이 적절하고 이해할 수 있는 것인지 확인하는 과제를 수행하지 않고서 단순히 성경만 인용하려고 해서는 안 된다. 과제를 하라. 즉 말씀을 적용해야 하는 주어진 상황을 이해하려고 노력하라. 그리고 나서 말씀을 적용하라. 성령의 검을 뽑으라. 권위 있는 하나님의 말씀으로 그 상황을 향해 말하라.

교회는 하나님의 말씀을 충실하게 사용해야 한다. 하나님의 말씀이 우리의 가르침에서 우선순위를 차지하고 있는지, 우리를 조명해 주시고 자라게 하시는 성령님께 계속 의존하고 있는지 확인해야 한다. 우리의 개인적인 삶에 말씀을 충실하게 적용하고 있는지 살펴보아야 한다. 교회 사역들에 말씀을 적용하려고 노력해야 한다. 세상을 향해 말씀을 사용해야 한다.

이렇게 함으로써 교회는 건강을 위한 하나님의 방식을 따른다. 계속해서 성령님께 의존하며 하나님의 말씀을 충실히 사용하는 교회는 영적 변화를 가져오는 유일한 원천에 계속 연결되어 있는 것이다.

장로들이 선두에 있다

하나님의 도움으로 당신이 지금 당신의 교회에서 성경이 아닌 다른 것이 우세하다는 것을 깨닫게 된다고 하자. 이 상황을 어떻게 반전시킬 것인가?

변화는 성령에 의해, 교회 장로들 안에서, 장로들을 통해 일어나야 한다. 아무리 성경적인 것이라도 평신도들에게 국한된 움직임은 교회를 변화시키지 못할 것이다. 교회의 공식적인 리더십이 그 변화를 위해 헌신하지 않으면 어떠한 현저한 변화도 일어날 수 없다.

당신이 장로라면 임직식에서 서약할 때 자신이 무엇을 하고 있다고 생각했는가? 성경에 동의하고 말씀의 무오성에 헌신할 때 무슨 생각을 했는가? 어떤 장로들은 깨어서 말씀의 권위에 대한 그들의 공적 헌신의 의미를 진지하게 생각해볼 필요가 있다. 당신은 말씀에 대한 복종을 어떻게 드러내는가? 이 영역에서 당신의 리더십은 교회 생활과 사역에 어떻게 나타나야 하는가? 장로들의 공적인 서약은 성경이 그들의 교회 안에서 의심없이 받아들여지는 인증마크로서 유지되어야 한다는 것을 의미하지 않는가?

앞으로 몇 장에 걸쳐, 장로들의 중요한 역할에 대해 살펴볼 것이다. 지금은 이 정도만 말해두겠다.

토론을 위한 질문

1. 당신의 교회에서 오직 성경만이 가져야 할 권위를 빼앗으려고 위협하는 어떤 헌신들이 있는가? 이 잠재적 찬탈자들에 대해 생각해보고 당신이 생각하는 것을 목록에 추가하라.

   · 신학적 체계
   · 신학적 교리
   · 예배 양식
   · 어떤 사람의 가르침
   · 행동 수칙
   · 사회적, 윤리적 기준
   · 교회 성장 철학
   · 특정한 사역
   · 정치적 어젠다
   · 기타 : _____

2. 위에서 선택한 어떤 잠재적 찬탈자들을 놓고 생각해볼 때, 성경이 여전히 이들 중 어느 것보다 더 중요하게 여겨지고 있다는 증거가 있는가? 또는 이들 중 하나가 당분간 주도권을 잡아 왔다는 증거가 있는가?

3. 우리가 이 장에서 논의한 어떤 영역들에 대해 특별히 논의할 필요가 있는가?

4. 당신의 교회 장로들의 리더십은 교회에서 성경이나 찬탈자들이 하고 있는 역할을 어떻게 이해하는가?

4장
영적인 삶과 사역을 위한 거룩한 동기부여

모든 멤버가 교회의 중요한 부분이 되기 원하고, 기꺼이 어려움을 헤쳐 나가려고 하며, 교회 건강을 위해 필요한 일을 할 것이라고 기대할 수만은 없다. 모든 사람들이 생기 넘치는 교회 유기체를 이루는 것은 아니다. 교회는 현 상태를 넘어선 무언가를 향해 성장하고 변화해야 마땅하다. 교회는 비전을 추구하는 그룹이어야 한다. 우리는 건강이 개인으로서, 그룹으로서 그리스도를 닮아가는 것이라는 사실에 동의했다. 앞으로 살펴보겠지만, 리더십은 사람들이 현 상태에 안주하지 않도록 자극을 주고, 변화를 추구하도록 유도하는 것을 포함한다.

그런데 변화하기 위해서는 또한 변화의 동기가 필요할 것이다.

사람들로 하여금 지속적으로 변화와 성장을 추구하게 만들려면 무엇이 필요할까? 교회처럼 무형적인 요소가 가장 중요한 실체인 곳에서 단호한 노력 없이 변화와 성장이 저절로 이루어질 수 있다고 생각한다면 그것은 큰 착각이다. 그렇다면 무엇이 우리에게 변화를 추구하도록 동기를 부여하는가?

인생의 큰 동기부여 요인 중 하나가 돈이다. 우리는 누군가가 우리에게 대가를 지불하면 온갖 일들을 한다. 그러나 교회는 거의 전적으로 자원봉사자들로 구성되며, 보수를 받는 스탭들은 굳이 돈이 주된 이유가 되어서 그 일을 하지는 않을 만큼 적은 보수를 받는다. 확실히 우리의 동기부여 요인은 돈이 아닌 다른 것이어야 한다.

비성경적인 다른 동기들이 많다. 자기 세력의 확대, 내적 평안, 물질적 번영, 죄책감, 위협, 외양의 보존 같은 것이 동기가 될 수 있다. 성경적으로 건강한 교회가 되려면 반드시 올바른 동기부여가 필요하다. 성경에 의하면 하나님은 우리에게 어떻게 동기를 부여하시는가?

예를 들어, 결혼이나 자녀양육, 직업적 소명 같은 평생의 과업들을 살펴보자. 이러한 책임들은 오직 사랑으로 동기를 부여받을 때에만 성공적으로 수행될 수 있다. 여기서 말하는 사랑은 누구에 대한 사랑인가? 자신에 대한 사랑도 아니고, 관련된 사람에 대한 사랑도 아니다. 그리스도인들에게 신실하고 건강한 섬김과 성장을 위한 동기를 부여하는 것은 다름 아닌 하나님을 향한 사랑이며, 더 근본적으로는 우리를 향한 하나님의 조건 없는 사랑이다.

물론 이 동기부여는 교회 생활 및 사역과 관련이 있다. 모든 동기 중에 가장 좋고 효과적인 것, 생명보다 나은 것은 바로 살아 계신 주님을 만나고, 알고, 사랑하고, 사랑받는 것이다.

교회가 건강해지려면 이 동기의 원천에 다가가야 한다. 이것을 가리거나 대신하려는 모든 시도를 거부해야 한다. 최고의 것을 대신하는 간편한 동기나 심지어 좋은 동기에도 만족하지 말아야 한다. 하나님을 향한 사랑과 하나님의 사랑의 "파도타기"를 잘하는 교회는 하나님이 주시는 가장 부요한 복을 알 것이다. "하나님을 가까이하라 그리하면 너희를 가까이하시리라"(약 4:8).

나는 종종 교회의 건강에 대해 사람들을 가르칠 때 사랑이 건강한 교회의 중요한 특성이나 증거 중 하나로 꼽혀야 하는 것 아니냐는 질문을 받는다. 실제로 개별적인 그리스도인의 삶과 몸된 교회의 삶에서 사랑은 건강을 나타내는 궁극적인 증거이다. 기독교의 핵심에는 하나님의 주권적인 사랑에 대한 점점 더 커지는 경탄, 사랑에서 우러나오는 예배와 순종, 그리스도 안에서 서로를 향한 형제자매들의 사랑이 있다. 이와 관련하여 당신이 이미 생각하고 있을 놀라운 성경 구절을 인용해보겠다.

"사랑하는 자들아 우리가 서로 사랑하자 사랑은 하나님께 속한 것이니 사랑하는 자마다 하나님으로부터 나서 하나님을 알고 사랑하지 아니하는 자는 하나님을 알지 못하나니 이는 하나님은 사랑이심이라 하나님의 사랑이 우리에게 이렇게 나타난 바 되었으니 하나님이 자기의 독생자를 세상에 보내심은 그로 말미암아 우리를 살리려 하심이라 사랑은 여기 있으니 우리가 하나님을 사랑한 것이 아니요 하나님이 우리를 사랑하사 우리 죄를 속하기 위하여 화목 제물로 그 아들을 보내셨음이라 사랑하는 자들아 하나님이 이같이 우리를 사랑하셨은즉 우리도 서로 사랑하는 것이 마땅하도다"(요일 4:7-12).

이러한 특성들을 나타내는 교회는 틀림없이 건강의 증거를 보여주고 있는 것이다. 어떤 면에서 이 능동적이고 3차원적인 사랑은 건강한 교회의 실천사항들의 동기이자 결과이다. 하지만 그렇다고 해서 우리가 구체적인 실천사항들을 명시할 필요가 없다는 것을 의미하지는 않는다. 사랑에 대해 이야기하는 것은 멋진 일이다. 그러나 때로는 사랑에 대해 이야기하면서, 우리가 그 사랑을 어떻게 나타내고 있는지, 또는 어떻게 나타내지 못하고 있는지 구체적으로 살펴보는 일을 소홀히 할 수 있다. 물론 우리는 모두 서로 사랑해야 한다. 그러나 실제로 그 일이 일어나고 있지 않다면, 단지 우리가 그렇게 해야 한다고 선언하는 것만으로는 문제를 해결하지 못할 것이다. 때때로 회중은 그들이 사랑과 동일시하는 일시적인 행복감을 경험할지도 모른다. 그러나 우리가 이 책에서 이야기하는 그런 기반이 없다면, 허니문은 곧 끝난다. 아마도 우리는 건강한 교회의 구체적인 실천사항들을 조사하는 것을 사랑의 해부학적 구조를 면밀히 살피는 것으로 간주할 수 있을 것이다. 실천하는 건강은 단지 일시적인 행복감이 아니라 평생의 사랑을 낳을 것이다.

나는 이 장을 '사랑과 그 건강한 실천'이라고 명명할 수도 있었다. 우리를 향한 하나님의 사랑이 실제로 모든 영적인 삶과 사역의 신성한 동기가 되기 때문이다. 하지만 나는 이 '건강한 실천'을 '예배'와 동일시하는 것을 택했다. 예배는 하나님의 주권적인 사랑을 늘 의식하고, 그분의 사랑을 우리의 지속적인 영적 성장의 주된 동기로 유지하기 위해 우리가 실천하는 구체적인 활동이기 때문이다.

나는 하나님의 말씀을 공부하고 교회 생활을 평가하면서, 활력이 넘치는 공예배가 하나님의 사랑으로 말미암는 동기부여의 핵심 열쇠라는 결론에 이르렀다. 성도의 교제와 개인의 영적 성취는 이차적인 동기부여 원천이다. 그 밖에 여러 가지 단기적 동기부여 요인들도 있다. 이 모든 것을 살펴보자. 우리는 하나님의 사랑 외에 다른 동기들은 하나님의 사랑이라는 주요 원천을 활용할 때에만 효과가 있다는 것을 알게 될 것이다.

나는 이 궁극적인 동기가 결핍된 교회들을 보았고, 이를 소유한 교회들도 보았다. 이것이 결핍된 교회들은 힘든 시간을 거치는 동안 그들을 연합시켜 줄 '접착제'가 없다. 이것을 가진 교회들은 서로 하나가 되어 모든 역경을 딛고 성장한다. 하나님의 사랑에 의해 능동적으로 동기를 부여받는 교회는 사람들을 교회의 삶과 사역에 동참시키는 것이 비교적 쉽다는 것을 알게 된다. 이 동기가 가장 중요한 위치에 있지 않은 교회들은 멤버들을 봉사에 참여시키기가 비교적 어렵다는 것을 알게 된다.

화재로 교회 건물이 완전히 파괴되어 재건 중이던 교회가 있었다. 그 교회는 회중이 교회 사역에 크게 개입하고 있었다. 나는 무엇이 그런 역할을 하는지 곰곰이 생각해보았다. 재건 프로그램이 사람들에게 동기를 부여했을 수도 있고 실제로 그러했지만, 나는 더 깊은 원동력을 감지했다.

화재 후 처음 2-3주 동안, 하나님이 예전보다 더 큰 일들을 행하실 거라는 믿음이 열정적으로 쏟아져 나왔다. 그러나 그 후에는 자기를 돌아보는 힘든 몇 달이 뒤따랐다. 교회가 나아갈 방향에 대한 의견 차이, 화재 전부터 존재했던 불화가 이제 공개적으로 드러났던 것이다. 그렇지만 가슴이 미어지는 많은 기도에 대한 응답으로, 하나님은 온 교회가 예배 안에서 기쁨을 경험하게 허락해주셨다. 이를 통해 교회는 하나님을 섬길 수 있는 이 새로운 기회 속에서 하나님의 인도하심을 느낄 수 있었다. 교회는 다시 살아났다. 모든 사람이 하나님의 뜻을 이루기 위해서라면 뭐든지 하겠다는 열정과 자발성을 보여주었다.

표면상으로는 건축 프로그램이 그들에게 동기를 부여했다. 그런데 실제로 그것은 더 큰 것의 일부분에 불과했다. 즉 그들은 활력이 넘치는 예배 안에서 회복되어 영적으로 헌신하게 되었고, 하나님을 섬길 특별한 기회를 살리기 위해 건축 프로그램을 사용하게 된 것이다.

건강한 교회는 예배 안에서 정기적으로 하나님을 만나고 하나님께 능동적으로 응답하는 교회이다.

행사와 활동

많은 교회 행사들이 참여를 북돋우는 역할을 한다. 그런데 그런 것들은 합법적이기는 하지만 단기적인 효과만 있는 동기부여 요인들로 보아야 한다. 크리스마스와 부활절 특별 예배, 가끔 있는 초청 연사 집회, 가정생활 컨퍼런스, 공동 식사 모임, 건축 프로그램 등은 모두 분명한 목적을 제공하며, 그 목적을 달성하도록 사람들을 격려하고, 연합과 영적 성장을 촉진한다. 그러나 이런 것들은 장기적으로 동기를 부여하지 못한다. 교회 생활에 진지하게 참여하는 사람이라면 단지 이런 활동들 때문에 참여하지는 않을 것이다. 이내 살펴보겠지만, 단기적인 동기부여 요인들은 더 깊고, 만족을 주는 요소들을 포함하고 있지 않다.

어떤 프로그램과 활동들은 어느 정도 지속되는 동기를 제공해준다. 활기찬 청년 그룹, 동네 성경 공부 모임, 주일학교, 뛰어난 교회 음악은 그 전형적인 예들이다. 당연히 우리는 이런 활동들을 격려하고, 그것들이 제공하는 동기부여의 활력을 활용해야 한다. 그러나 이런 것들만으로 하나님이 사람들을 살아 있는 유기체로 결합시키기 위해 사용하시는 더 깊은 동기를 대신할 수 없다(고전 12:24).

더 깊은 원동력 : 성도의 교제와 성취감

단기적인 것이든 장기적인 것이든, 우리가 여태까지 언급한 모든 동기의 원천은 두 가지 더 깊은 원동력을 활용한다. 그것은 **성도의 교제와 성취감**이다. 이 사실이 놀라움으로 다가와서는 안 된다. 우리는 활동을 하기 위해 교회에 가지 않는다. 우리가 교회 안의 여러 활동과 프로젝트에 참여하는 이유는 그것을 통해 더 깊은 것을 누리기 때문이다.

많은 교회의 교인들은 그들 교회의 가장 큰 장점으로 교제를 꼽는다. 우리는 매 예배 전에 있는 인사와 대화 시간, 거의 모든 교회 행사 뒤에 따라오는 사교적 활동들, 교회의 가족들과 함께하는 피크닉, 여행 등을 좋아한다. 그런 가벼운 교제는 참으로 축복이며 마땅히 추구해야 하는 것이다. 그런데 때때로 우리는 이것을 교회의 전부로 착각하고, 교회가 관여하는 모든 일이 그런 교제를 가능하게 해주어야 한다고 오해한다.

가벼운 교제의 가장 큰 혜택은 성령께서 몸 안에 더 깊고 영적인 결합을 이루실 기회를 만든다는 것이다. **교제**(fellowship)라는 단어에 해당하는 헬라어는 코이노니아인데, 그것은 깊고 성취감을 주는 관계(요일 1:3), 하나 된 몸(고전 1:9), 소통(갈 6:6), 성만찬(고전 10:16)이라는 네 가지 개념을 담고 있다.

성만찬을 생각해보면 참된 교제의 본질을 엿볼 수 있다. 다음은 사도 바울의 말이다.

"우리가 축복하는 바 축복의 잔은 그리스도의 피에 참여함이 아니며 우리가 떼는 떡은 그리스도의 몸에 참여함이 아니냐 떡이 하나요 많은 우리가 한 몸이니 이는 우리가 다 한 떡에 참여함이라"(고전 10:16-17).

우리는 성찬식을 할 때마다 "그리스도께서 왜 나를 위해 죽으셨나?"라는 질문을 새롭게 하지 않을 수가 없다. 성찬식은 우리를 위해 죽으신 예수님의 동기를 탐구하게 만든다. 나 자신의 마음을 더 깊이 들여다보며, 그리스도께서 나를 위해 돌아가실 만한 가치가 내 안에 없다고 울부짖게 만든다. 이를 통해, 우리는 하나님의 사랑과 은혜에 다시금 놀란다. 우리는 그저 나를 향한 주님의 완전하고 무한하신 사랑 때문에 주님이 죽으셨다는 결론을 내릴 수밖에 없다.

이렇게 주님의 동기를 더 민감하게 느낌으로써 나는 교회 안에서 형제자매들과 맺는 더 깊은 관계에 참여하도록 동기부여를 받는다. 나는 이제 다른 멤버들과 서로를 잘 알고, 그들의 필요와 문제들에 관심을 갖고, 서로 돕고 용납하며 사랑을 베풀 만큼 그들과 함께하는 삶을 살기 전에는 온전한 만족을 누리지 못한다는 것을 알게 된다. 교제는 살아 있는 그리스도의 몸을 경험하는 것이다.

두 번째 원동력은 바로 영적인 성취감이다. 이는 우리에게 강력한 동기부여 요인이며, 우리로 하여금 삶과 사역에 능동적으로 임하게 만든다. 영적인 성취감은 능동적으로든 수동적으로든 하나님 나라에 참여하는 데서 비롯된다. 즉, 하나님이 나의 삶 속에서 수동적으로 역사하시는 것을 목도할 때, 또는 나를 통해 다른 사람들의 삶 속에서 능동적으로 역사하시는 것을 목도할 때, 나는 성취감을 얻는다. 우리는 우리가 하는 일들이 하나님 나라를 위해 변화를 일으키는 것을 보면서 성취감을 경험한다.

우리는 때때로 성취감의 개념을 피상적인 것들로 제한한다. 우리는 주일학교에서 가르치거나 환영식을 위해 쿠키를 구우면서, 이런 일들이 우리가 쓸모 있다고 느끼게 해준다고 생각한다. 리더십이 이러한 피상적인 접근을 촉진할 수 있다. 회중 가운데 어떤 사람들이 아직 교회에서 어떤 직책을 맡지 못했다면, 우리는 그들이 직책을 맡을 때까지 계속 권면해야 한다고 생각한다. 우리는 성취에 대해 그런 식으로 생각하는 경향이 있다. 그 이유는 더 깊은 원동력보다는 그런 것들이 더 쉽게 측정될 수 있기 때문이다.

실제로 우리는 자신이 그리스도의 이름으로 다른 사람들을 섬기는 데에 쓰임 받는 것을 볼 때 하나님 나라에 적극적으로 참여하고 있다고 느낀다. 하나님께 쓰임 받는 의미 있는 일을 했다고 느끼며, 그에 대해 하나님이 "잘하였도다!"라고 말해주실 것이라고 믿는다. 하나님은 우리의 사역을 통해 다른 사람들이 혜택받은 것을 우리가 듣게 해주신다. 이 경험은 경건하고 성경적인 자신감을 가져다준다. 성령께서 주신 은사가 하나님의 손에서 사용되고 있지 않은가! 섬기면 섬길수록 우리는 더 담대함을 얻게 되며, 이러한 제반 과정은 사역에 큰 자유를 가져다준다.

수동적으로, 우리는 하나님이 우리의 경건 시간이나 교회 활동들을 통해 우리를 보살피고 계신다고 느낄 때 영적 성취감을 경험한다. 우리는 그리스도를 닮아가는 기쁨을 알게 되고, 그분의 뜻을 더 쉽게 분별하고, 즐겁게 순종하며, 그분의 계획이 우리를 위한 최선임을 인식하게 된다. 우리는 삶의 문제들과 씨름하며 하나님 안에 유일하고 완벽한 해답이 있다는 것을 알게 된다. 특히 공예배에서 설교를 듣고, 함께 기도하고, 찬양하며, 죄를 자백하고, 함께 우리 자신을 하나님께 드리면서, 하나님이 어떤 분이신지를 점점 더 알아간다.

능동적인 영적 성취감과 수동적인 영적 성취감은 서로 보완하고 보충한다. 영적 성취감에는 한계가 없으며, 이것은 하나님이 무한하신 만큼 무한하다. 영적 성취감은 나에게 강력한 동기를 부여하여 "더 높이 더 깊이" 나아가게 한다.[1] 그리고 교회의 응집성을 자극하고 하나님의 뜻을 이루도록 이끈다.

내가 처음 단독 목회를 했을 때 성취감이 깊은 동기를 가져다준다는 것을 알게 되었다. 처음 4년 반 동안 교회는 성장의 기미가 보이지 않았다. 영적 성숙을 향한 어떤 움직임도 보이지 않았고, 교인 수도 33명 정도에 정체되어 더 늘지 않았다. 심지어 땅을 구입하고 건물을 지었지만 아무런 영적 활력이 나타나지 않았다.

그래서 나는 장로들을 한 분씩 만났다. 그들은 나의 사역의 문제점에 대해 진지하게 이야기했다. 긴장감이 있었지만 우리는 뜨거운 기도로 각 만남을 마무리했다. 나는 겸손을 배우고 있었고, 그들도 그랬다.

그 다음 1년 반 동안, 우리는 많은 사람들이 그리스도께 나아오는 것을 보았다. 교인 수는 100명을 넘게 되었다. 교제의 깊이가 날로 깊어졌고, 성만찬에 나타나는 주님의 임재의 능력은 너무도 분명했다. 나는 하나님이 내 안에서 나를 통해 역사하시는 것을 보면서 성취감을 얻었다. 하나님께 쓰임 받는 것을 느낄 때 사역 속에 담대함과 자유가 있다는 것을 점점 더 깨닫게 되었다.

교제와 성취감은 신자들을 동기부여하여, 개인적으로나 집단적으로 그리스도를 닮기 위해 오랫동안 적극적으로 헌신하게 한다. 그러나 나는 교제와 성취감이 중요하고 필수적이긴 해도, 이것들은 여전히 이차적인 동기부여의 원동력이라고 믿는다. 우리가 탐색해야 할 더 깊은 차원의 동기부여가 남아 있다.

주요 동기부여 요인 : 활력이 넘치는 예배

성취감과 교제의 핵심 요소는 역사하시는 하나님이다. 하나님은 우리를 하나 되게 하시고, 사랑으로 묶으신다. 하나님은 우리 각자의 삶 속에서 우리를 사용하고 계신다. 그러나 단도직입적으로 말해서, 하나님 자신이 우리에게 중요하지 않다면 이런 것들은 우리에게 큰 의미가 없을 것이다! 하나님이 우리를 하나 되게 하신다? 그래서 뭐 어떻단 말인가? 하나님이 우리를 사용하고 계신다? 그분이 누군데? 우리가 하나님에 대한 보잘것없는 견해로 고통받고 있다면 교제나 성취감은 그저 인간적인 의미밖에 없을 것이다.

결론적으로 나는 성도들을 교회 생활과 사역에 참여하게 하는 주요 동기부여 요인은 정기적으로 함께 드리는 활력이 넘치는 예배라고 주장한다. 예배 안에서 우리는 살아 계신 하나님을 만나기 때문이다. 하나님을 아는 것은 철저히 변화되는 것이다. 그것은 언제나 행동을 암시한다. 즉 하나님께 아무 반응을 하지 않으면서 하나님을 안다고 할 수는 없는 것이다. 이 만남은 모든 것의 동기를 부여하는 것이며 항상 그래야만 한다. 다른 동기부여 요인이 이것과 충돌한다면 우리는 우상숭배자가 될 것이다.

또한 이 만남이 그렇게나 중요하다면, 활력이 넘치는 예배를 현실로 만드는 것은 교회의 임무가 아니겠는가? 그것이 우리의 주된 책임이라고 할 수 있지 않겠는가?[21] 고의든 고의가 아니든, 활력이 넘치는 예배를 방해하는 것은 중대한 실수이며, 심대한 악영향을 끼친다.

핵심 요소 : 영적인 갈증

무엇이 예배를 활력 있게 만드는가? 교제와 성취감이 전부라면, 예배를 평가하기가 더 쉬울 것이다. 이를테면 음악이나 설교 같은 유형적인 항목들로 평가할 수 있을 것이다. 그러나 이런 것들은 문제의 핵심이 아니다.

우리 내면에는 하나님이 우리에게 자신을 계시하실 때 비로소 충족되는 깊은 갈망이 존재한다. 이것을 달리 말하자면, 하나님을 향한 갈증이라고 할 수 있을 것이다. 예배의 본질은 이러한 갈망 내지 갈증과 관련되어 있다.

시편 42편 1-3절은 하나님을 향한 신자의 갈망을 분명히 보여준다.

"하나님이여 사슴이 시냇물을 찾기에 갈급함 같이 내 영혼이 주를 찾기에 갈급하니이다 내 영혼이 하나님 곧 살아 계시는 하나님을 갈망하나니 내가 어느 때에 나아가서 하나님의 얼굴을 뵈올까 사람들이 종일 내게 하는 말이 네 하나님이 어디 있느뇨 하오니 내 눈물이 주야로 내 음식이 되었도다."

이렇게 간절하게 하나님과 함께 있길 바라는 사람은 불굴의 에너지로 하나님을 찾을 것이다. 이러한 영적 갈망을 가진 사람은 하나님 앞에 나와 그분을 예배하기를 갈망할 것이다. 이런 정도의 갈급함을 가진 사람이라면 예배의 경험에서 깊은 만족감을 얻을 것이다.

형제자매들이여, 이러한 갈망은 우리가 하나님이 찾으시는 예배자들이 되기 위해(요 4:23), 그리고 우리의 예배가 활력이 넘치는 예배가 되기 위해 꼭 필요하지만 실제로 가장 자주 결여되어 있는 부분이다. 많은 그리스도인들이 교회 안에 있는 것을 즐거워하지만 동시에 진정으로 하나님을 갈망하지는 않는다. 그들은 매일의 삶 속에서 이 갈급함을 경험하지 않으며, 따라서 공예배로 나아올 때 갈급함을 가지고 나아오지 않는다. 그들은 공예배를 일상의 예배 안에서 하나님과 동행하는 삶의 정점으로 여기지 않는다.

그들은 교제와 가르침과 만족을 기대하고 공예배로 나아온다. 그들은 전통적인 예배 형식을 기대한다. 그들은 심지어 말씀을 그들의 삶에 적용하라는 도전을 기꺼이 받아들이려는 자세로 나오며, 그들을 변화시켜주실 성령을 찾아 나온다. 그러나 한 가지 부족한 것이 있다. 그들의 목표는 개인적인 필요와 갈망들을 채우는 것이다. 이에 반해 영적 갈증은 하나님을 만나고, 하나님을 알고자 하는 순수한 열망이다.

계시록 4장에서 24명의 장로들이 살아 계신 하나님을 만날 때 그들은 "보좌에 앉으신 이 앞에 엎드려 세세토록 살아 계시는 이에게 경배하고 자기의 관을 보좌 앞에 드렸다"(10절). 헬라인들은 제자들에게 단순히 "선생이여 우리가 예수를 뵈옵고자 하나이다"(요 12:21)라고 말했다. 마리아는 단지 주님의 발 앞에 앉아 있다가 구주로부터 "마리아는 이 좋은 편을 택하였으니 빼앗기지 아니하리라"(눅 10:42)라는 칭찬을 들었다. 여러 불가능한 일들을 수행하기 위해 하나님의 도우심이 필요했던 모세는 하나님께 궁극적인 복을 구했다. "주의 영광을 내게 보이소서"(출 33:18).

하나님이 우리에게 무엇을 해주시길 기대하든, 우리가 그분을 위해 무엇을 하길 기대하든 간에, 하나님이 충족시켜주실 더 큰 기대, 더 큰 갈망은 하나님을 만나고자 하는 순수한 갈망이다. 이 갈망은 인간 내면의 가장 깊은 갈망이다. 아우구스티누스는 "주님은 주님 자신을 위해 우리를 만드셨으니, 우리의 마음은 주님 안에서 쉼을 얻을 때까지 불안합니다"[3]라고 기도했다.

당신의 영혼은 이러한 영적 갈증을 나타내고 있는가? 그렇지 않다면, 그러한 갈증을 어떻게 얻을 수 있겠는가? 이러한 영적 갈증은 마법처럼 하룻밤 사이에 얻을 수 있는 것이 아니다! 어쩌면 그 갈증을 갈망하는 것에서부터 시작될 것이다. 그것을 우리가 일구는 것이자 하나님이 우리 안에 이루시는 것으로 생각하라. (인간의 사랑도 그러하지 않는가?)

하나님을 향한 열망은 두 가지를 아는 것, 그리고 어쩌면 세 번째 사실을 아는 것으로부터 자라간다. (1)하나님은 누구신가, (2)우리는 누구인가, (3)전자와 후자는 서로 완전히 상응한다. 존 칼빈은 어떤 지식이 우선인가를 두고 고민하다가 《기독교강요》를 쓰기 시작했다. 그는 우리가 둘 중 하나 없이 나머지 하나만 가질 수 없다는 결론에 이르렀다. 즉 하나님을 아는 것은 곧 우리 자신을 정확히 아는 것이고, 우리 자신을 안다는 것은 우리에게 하나님이 필요하다는 사실을 아는 것이다. 주기적으로 개인 경건 시간에 하나님께 나아가 하나님과 우리 자신에 대해 알게 해달라고 구하라. 그리고 하나님이 우리의 모든 필요를 채워주시는 것을 경험하길 기대하라. 이것이 우리의 경건 시간을 넘어 매일 매순간 되어지도록, 우리 삶을 그렇게 형성해 나가야 한다. 하나님과 나 자신을 더 알수록 하나님을 만나기를 더 열망하게 된다. 하나님의 깊이를 헤아리기엔 영원한 시간도 길지 않을 것이다. 즉 예배는 영원히 계속될 것이다. 영원 안에서 우리의 영적 갈증은 결코 다함이 없을 것이며, 또한 언제나 충족될 것이다.

이것을 사랑에 빠진 남자와 비교해보라. 그는 "상대를 알아가는 것"에 대해 말하는 데 싫증이 나지 않는다. 그는 그녀를 자기 자신과 비교한다. 둘은 공통점이 아주 많고, 신기한 차이점들도 많다. 그는 점점 더 많은 것을 갈망하며, 그것을 추구할 때 행복하다.

활력이 넘치는 공예배는 활력 넘치는 개인 예배로부터 연료를 공급받을 뿐 아니라, 반대로 개인 예배에 연료를 공급해주어야 한다. 사람들이 우리 예배에 참석하는 것을 막지 않고 그들을 예배에 데려오려고 노력한다면, 몇몇 사람들이 우리 공예배에서 그들 생애 처음으로 하나님을 대면하는 경험을 할 것이다. 예배에 온갖 다양한 사람들이 참석하는데, 이는 인류에게 미치는 하나님의 은혜의 광범위함을 나타낸다. 우리는 성찬식에서 함께 떡을 뗄 때 우리를 하나 되게 하는 능력을 경험하며, 성도의 교제에서 흘러나오는 기쁨과 소속감을 알게 된다. 우리는 성례전 안에서 하나님의 공급하심을 경험하며, 말씀이 선포될 때 하나님이 강력하게 나타나시는 것을 본다. 하나님의 이름을 찬양할 때 우리의 마음은 떨린다. 함께 기도로 하나님께 부르짖으며 그룹 안에서 하나님의 임재를 느낀다(마 18:20). 우리는 예수님이 얼마나 귀한 분인지를 점점 더 알게 된다. 이렇게 공예배는 우리를 갈급하게 만들고, 또 그 갈증을 해소해준다.

그러나 그 갈증은 반드시 해소되어야 한다. 갈증 자체는 결코 만족 줄 수 없다! 우리의 열망은 우리가 바라는 대상의 실체로 충족되어야만 한다. 우리는 하나님을 만나야 하며, 그것도 그분의 충만하심 가운데 만나야 한다.

말할 필요가 있을지 모르겠지만, 우리는 어떻게 하나님에 대해 알게 되는가? 하나님은 성경 속에서 자신을 계시하신다. 그것이 우리가 매일 성경을 읽는 이유이며, 공예배에서 설교가 중심 위치를 차지하는 이유이다. 단지 성경을 읽거나 듣는 것만으로는 충분하지 않으며, 신자는 들은 말씀을 깊이 깨달아 자신의 것으로 만들어야 한다.

신자가 말씀을 자신의 것으로 삼았다면 그는 하나님의 성품을 마치 인간의 성품처럼 분명하게 인식하게 된다. 창세기 1장과 2장은 하나님이 우리를 자기 형상대로 창조하셨다고 말한다. 하나님은 우리를 자기 형상대로 창조하셔서 우리 안에 자신의 형상을 심어두셨다. 서로 비슷한 것끼리 반응을 하는 법이다. 따라서 우리가 예배 중에 하나님의 다양한 성품을 인지할 때, 우리 안에 있는 동종의 형상이 확대되고 흥분된 반응을 보인다. 우리 안에 있는 하나님의 형상은 우리가 자연스럽게 하나님께 순종과 경배를 드릴 수 있게 해주는 통로와 같은 역할을 한다. 이런 방식으로 우리는 예배 안에서 살아 계신 하나님을 만나고, 예배를 통해 그분 안에서 성장하게 된다.

하나님은 지적인 분이시며, 우리에게도 지성이 있다. 하나님은 도덕적이시며, 우리에게도 양심이 있다. 하나님은 감정을 드러내시며, 우리 역시 감정이 있다. 하나님은 의지를 나타내시며, 우리도 그렇다. 하나님은 거룩하시며, 우리는 거룩함을 인식한다. 하나님은 아름다움의 본질이시며, 우리는 아름다움을 인식한다. 하나님은 소통하는 분이시며, 우리도 기도를 통해 하나님과 소통할 수 있다. 하나님은 창조와 섭리에 있어 활동적이시며, 우리 안에 일할 의욕을 만드시고 그 일의 자리로 우리를 부르셨다.

예배에 활력이 있으려면, 하나님의 본성의 이 모든 면들을 예배 가운데 쉽게 식별할 수 있어야 한다. 우리는 하나님의 지성과 감정, 거룩하심과 아름다움을 보아야 한다. 우리 자신의 지성과 감정, 거룩함과 아름다움에 대한 감각이 사용되어야 한다. 우리는 하나님의 다면적인 성품 안에서 그분을 알게 되며, 그 과정에서 우리 자신을 알게 되고, 비슷한 점과 다른 점을 깨닫게 된다. 하나님을 보고, 경배와 복종으로 그분께 반응한다. 그리고 그분은 우리를 철저히 변화시켜주신다.

이러한 관점에서, 우리는 불완전한 예배 경험이 어떻게 믿음과 실천의 일탈로 이어질 수 있는지 쉽게 알 수 있다. 예를 들어, 공예배가 감정을 지나치게 강조하면 교회는 하나님이 우리를 축복하고 계시다는 것을 입증하기 위해 예배 시간 동안 하나님의 역사의 물리적 징후들을 찾기 시작한다. 교회가 지적인 면을 지나치게 강조하면, 인간 논리의 힘에 의해 성령의 능력이 무색해지고, 예배는 낡은 형식에 둘러싸인 강의가 될 수 있다. 만일 교회가 오로지 인간편에서의 적극적인 반응에만 치중한다면 하나님의 주권적 은혜의 메시지를 놓칠 수 있다. 예배 중에 하나님의 성품의 어떠한 면도 분명히 드러나지 않는다면 그 교회는 곧 오직 인간적 충성과 재정적 의무로 결속된 죽은 조직이 되고 만다.

활력이 넘치는 예배가 되려면 적어도 세 가지 요소가 필요하다. 첫째, 성령께서 교인들 안에서, 교인들을 통해 일하셔야 한다. 둘째,

성경적이고 의미 있는 학식, 오늘날의 문화를 이끄는 원동력에 대한 이해, 현대의 삶에 대한 목회적 통찰을 겸비한 설교자가 필요하다. 말씀이 설득력 있게 선포되고 통찰력 있게 적용되어야 한다. 셋째, 살아 계신 하나님을 예배하는 활력이 넘치는 예배가 되는 데 예배 의식의 중점을 두어야 한다.

마지막 요구사항에 관해서는 여러 이야기를 할 수 있으며, 이 주제에 대한 논의가 완결되는 것을 기대할 수 없다. 이 주제는 문화적, 시대적 맥락이 변함에 따라 발전할 것이기 때문이다. 그러나 목회자가 단순히 예배 의식을 인도하는 것만이 아니고 그 자신이 예배를 드리고 있다는 걸 회중이 인식할 때, 예배의 경험은 상당히 강화된다. 예배를 배우는 것은 기술을 익히는 것과 비슷하다. 즉 우리는 그것이 어떻게 행해지는지 직접 봐야 한다. 단지 말만 듣는 것으로는 불충분하다.

몇 가지 예

하나님이 정기적인 공예배 안에서 무엇을 성취하실 수 있는가? 나는 여러분의 교회가 어떻게 행하고 있는지 여러분 스스로 분석해 보게 하기 위해 몇 가지 질문들을 여러분과 나누려 한다. 여러분의 교회는 예배자들이 살아 계신 하나님과의 생생한 만남을 갖게 해주는가? 하나님의 성품을 그 다면적 풍성함 가운데 보여주어, 예배자들이 그들 안에 있는 다면적인 하나님의 형상으로부터 하나님께 반응할 수 있게 해주는가? 아니면 하나님의 성품의 어느 한 면만 부각시켜 다른 면들을 무색하게 만드는가? 말씀을 기쁘고 제한없이 선포하고, 듣는 자들이 이 말씀을 받아들이는 것을 방해할 만한 요소들을 모두 제거하였는가? 우리는 예배 스타일에 집중하거나 그것에 대해 엄격하게 제한하거나 옥신각신하느라 정작 하나님에 대한 갈망을 키우고 이를 만족시키는 것을 방해하는 실수를 범하고 있지는 않는가?

나는 빵집에서 예배 모임을 가졌던 한 교회에서 누렸던 인상 깊은 공예배 경험에 대한 기억을 나누어보겠다! "우리가 주는 유일한 빵은 생명의 빵이다!"라는 것이 그들의 모토였고, 실제로 그들은 "생명의 빵을 내놓았다!" 교회의 지도자들은 말씀과 하나님에 대한 온전한 헌신을 보여주었다. 그들의 마음속에 어떠한 두 마음도 없다는 걸 알 수 있었다. 즉 그들은 하나님과 사람들에게 마음을 터놓았고, 권위를 가지고 말씀을 전했다. 그 공예배는 성경에서 명시하고 있는 예배의 모든 요소들을 포함했고, 하나님의 성품의 모든 면들을 다루었다. 교회는 집중을 방해하는 것들을 최소화하여 예배 경험을 모든 사람이 누릴 수 있도록 하기 위해 최선을 다했다. 그 결과 우리는 빵집에 있다는 사실을 잊어버렸다. 살아 계신 하나님의 임재와 위엄을 너무도 강력하게 경험했기 때문이다.

아름다운 시설은 예배의 질을 분명히 향상시킨다. 하지만 우리는 그것을 필요조건이나 충분조건으로 여겨서는 안 된다. 생명이 넘치는 예배의 핵심 요소는 다른 데 있다. 즉 영적인 갈증을 함양하고 만족시키는 데 있다.

잘못된 요소. 어떤 교회들은 다른 요소를 지나치게 강조하고, 그렇게 함으로써 살아 계신 하나님과의 만남에 수반되는 풍성함을 회중이 누리지 못하게 만든다. 어떤 교회에서는 예전 곧 예배 순서가 더 이상 이 만남을 돕는 도구가 아니라 교회가 모이는 목적의 본질로 여겨지게 되었다. 당신은 목수가 자신의 망치를 너무도 사랑하여 망치와 대화를 나누거나 그것을 저녁식사 자리에 가져가는 것을 상상할 수 있는가? 이 얼마나 어리석은 모습인가! 마찬가지로, 우리는 특정한 절차들 대신에 살아 계신 하나님께 초점을 두어야 한다. 절차는 도구이며 목적을 이루는 수단일 뿐이다. 절차에 집중하다 보면 정작 이 절차를 통해 섬겨야 할 실체가 가려진다. 절차에 초점을 두다 보면 비성경적인 요소가 도입된다. 즉 우리는 하나님의 말씀에 무언가를 더함으로써 경직되고 건조한 예배를 경험하게 된다.

한번은 작은 흑인 교회에서 예배를 드렸다. 예배 도중에 모든 참석자들이 헌금함에 헌금을 넣기 위해 앞으로 나왔다. 그리고 예배 중에 헌금 액수를 계산하여 총액을 발표했다. 그 금액이 부족하다고 여겨지면 이러한 과정들이 되풀이하여 진행되었다. 점점 더 많은 돈이 요구되었다. 예배 안에서 이 회중이 느끼는 하나님의 임재와 능력은 지도자들의 반복되는 요구 아래 그들이 모을 수 있는 헌금의 액수와 연관되어 있다는 사실이 명백해졌다. 그들은 하나님의 말씀 속에서 하나님의 임재와 능력을 보는 일에 실패했다.

나는 매우 감정적인 사람이 기도를 인도했던 한 예배를 기억한다. 기도 중에 그는 자신의 안경을 쳐 강단에서 떨어뜨리고는 그것을 알아차리지도 못하고 밟아 버렸다! 그는 하나님의 임재의 능력이 예배를 인도하는 데 쏟는 에너지의 양에 정비례한다고 생각하는 듯했다. 이 경우에도, 앞의 경우처럼 지나치게 강조된 요소가 그 자체로 악한 것은 아니었다. 그보다는 그 에너지를 지나치게 강조한 결과 활력이 넘치는 예배의 진정한 핵심인 '살아 계신 하나님을 향한 점점 더 커지는 갈망을 만족시키는 것'을 배제하는 잘못을 저질렀다.

경험을 지나치게 강조하는 것. 예배자들을 지나치게 강조하여 예배 받으시는 분을 가릴 수 있다. 내가 참석했던 어느 한 현대적인 예배에서는 전통적인 '예배로의 부름'(invocation)이 '예배를 위한 준비'(preparation for worship)로 대체되어 있었다. 나는 그 회중이 하나님께서 그들을 위해 무언가를 해주셔야 할 필요성보다 그들 자신이 하나님을 위해 무언가를 하는 일에 더 관심을 갖고 있다는 걸 느꼈다. 그러나 우리의 개인적인 준비가 우리 가운데 계신 하나님의 임재와 능력을 대신할 수는 없다! 그것은 회심에 있어서도 마찬가지다. 우리가 개인적으로 그리스도를 선택하는 것은 필수이지만, 일단 그리스도인이 된 후에 우리는 우리의 구원에 중요한 것이 우리가 그분을 선택한 것이 아니라 그분이 우리를 주권적으로 선택하신 것임을 이해하게 된다. 전자가 후자를 대신하게 하는 것은 심각하고

치명적인 복음의 와전이다.

'예배로의 부름'은 살아 계신 하나님께 그분의 모인 백성들을 만나 달라고 요청하는 것이다. 이것은 전능하신 하나님께 이 예배에서 우리와 함께하실 것을 선택해 달라는 공식적이고 의식적인 탄원이다. 하나님은 경의로우시고, 장엄하시며, 무한하시다. 그리고 은혜로 구원받은 우리 죄인들은 예배 중에 그 하나님을 만난다. 우리는 자격이 없으나 하나님의 임재를 간구한다. 하나님이 자비롭게 자신을 낮추어 우리를 만나주시지 않는다면, 이 모임은 다른 모임과 구별되지 않을 것이다. 하나님의 임재가 없으면, 우리는 활력이 넘치는 예배를 경험하지 못하며, 예배를 통해 지속적인 영적 성숙의 동기부여를 받는 일에도 실패할 것이다.

때때로 우리가 선택하는 찬송가와 그리스도를 증거하는 방식은 구원자보다 구원받는 자들에게 더 초점을 두고 있다. 내가 청년이었을 때 우리 아버지는 하나님이나 교회에 관심이 없어 보이셨는데 한번은 나에게 이런 말씀을 하셨다. "네가 말하고 찬양하는 걸 들으니 온통 하나님께 들어달라고 네가 요구하는 내용들뿐이구나." 나는 그 말을 듣고 정신이 번뜩 들었다! 그 후 몇 년이 지나 아버지의 비판을 마음에 새기고, 우리가 사용한 찬송가들을 면밀히 살펴보았다. 선택된 곡들 가운데 하나님 자신에 관한, 혹은 기독교 신앙의 위대한 진리들에 관한 찬송가는 단 하나뿐이었다. 그 곡은 바로 "거룩 거룩 거룩"이었다. 나머지 곡들은 아버지께서 복음성가 가수들의 기독교적 경험에 관한 것이라고 날카롭게 비판한 것들이었다. 살아 계신 하나님이 아니라 나와 나의 경험에 초점을 두면 예배는 한쪽으로 치우친다!

엔터테인먼트적 요소가 예배를 가릴 때 우리는 온당치 않게 그리스도보다 신자들에게 초점을 두게 된다. 나는 한 가지 극단적인 예를 잊지 못할 것이다. 내가 참석했던 한 예배에서 여러 개의 특별 음악 연주와 간증들이 계속 이어졌다. 강단으로 불려나온 초청 연사는 회중을 보더니, 믿기지 않겠지만 이렇게 말했다. "여러분 모두 너무 피곤해서 어떤 말씀도 들을 수 없을 것 같네요. 아멘!"

말씀 선포를 방해하는 것. 우리는 하나님의 말씀이 하나님의 권위 아래 선포되도록, 할 수 있는 모든 것을 다 해야 한다. 구도자에게 친화적으로 다가가려는 일부 현대적인 예배에서 나는 잠재적으로 위험한 현상을 보았다. 설교자들은 "주께서 이와 같이 말씀하십니다"라고 말하기를 꺼린다. 청중들에게 하나님이 우리에게 무엇을 행하며 어떤 사람이 되라고 명하시는지 권위를 갖고 선언하지 않고 논리로 설득할 뿐이다. 하나님의 말씀이 선포되고 있다는 느낌이 없다. 논리가 하나님의 말씀 선언을 확인하고 지원해야 하는 것은 맞지만, 결코 논리가 권위 있는 말씀 선포를 대신해서는 안 된다. 성령 하나님은 그분의 권위 있는 계시를 통해 우리 안에서 역사하신다. 말씀 선포를 설득이나 논리로 완전히 대체하는 것은 청중들의 삶에서 하나님의 능력이 나타날 가능성을 빼앗는 것이다.

비판 또한 설교를 방해할 수 있다. 목사가 일부 회중으로부터 제기되는 잠재적 비판에 의해 위협을 느낀다면 그의 말씀 사역은 방해를 받을 것이며, 살아 계신 하나님의 임재와 능력이 그만큼 제한을 받을 것이다. 나는 한 교회에서 그러한 현상을 목격한 적이 있다. 그곳에서 나는 예배의 표면 아래 모종의 두려움이 존재하는 것을 감지할 수 있었다. 나중에 그 교회의 목사와 이야기를 나누면서, 그 교회의 당회원 중 3분의 1이 (그 목사가 동의하지 않는 구약성경의 해석방법인) 신율주의(theonomy)를 지지한다는 것을 알게 되었다. 그는 강단에 설 때마다 그들의 비판이 두려웠다. "그들은 내가 성경을 잘못 해석했다고 지적할 것이다." 그가 예배를 인도할 때 두려워하고 주눅든 모습이 보였고, 그만큼 강력하고 적극적인 하나님의 사역이 가려졌다.

물론 하나님 말씀의 권위적인 역할을 이해하지 못하는 교회는 그만큼 신자들의 마음속에서 하나님의 강력한 역사를 제한할 것이다. 극단적인 예를 이야기하자면 다음과 같다. 나는 한 교회를 방문한 적이 있다. 그 교회는 내가 "복음주의" 교회로 분류할 만한 교회는 아니었다. 그곳에선 회중을 둘러싼 일련의 게시판들이 설교를 대신하고 있었다. 멤버들은 모든 게시판 주위를 돌다가 특별히 마음이 끌리는 것 앞에 멈추라는 지시를 받았다. 그 다음에 그들은 그 게시판 앞에 모인 사람들과 함께 자신의 생각을 나누었다. 그 교회에서는 사람들의 사회적, 개인적 생각이 위엄 있고, 살아 있고, 초월적인 하나님의 계시의 선포를 완전히 대신했다.

집중을 방해하는 요소들. 예배자들이 하나님과의 생생한 만남을 가질 수 있도록 지도자들은 예배자들의 집중을 방해하는 잠재적 요소들을 최소화하는 데 힘써야 한다. 예배자들이 큰 어려움 없이 하나님과의 만남에 집중할 수 있도록 말이다. 이것은 미리 조치를 취하고 만일의 사태에 대비해 조력자들을 준비해두는 것을 포함한다. 예배 참석자들을 최대한 편안하게 해주는 것이 중요하다. 여기에는 온도를 맞추는 것부터 아기를 능숙하게 돌봐줄 스탭을 두는 것까지 모든 것이 포함된다.

모든 예배 전에 목사와 예배 인도자들이 장로들을 만나는 대신에 집사들과 안내위원들을 만나는 것은 일리가 있다. 내가 이렇게 말하는 이유는 집사들이 편안한 환경을 위해 신경을 쓰고 예배 도중 집중을 방해하는 것들을 다루기 때문이다. 그들은 무슨 일이 일어날지 알고 있어야 하며, 이 모든 문제들에 대해 하나님의 손길을 구하는 그들의 기도로 인해 모든 사람이 혜택을 받을 것이다. 예배 인도자는 주일 아침에 일어날 수 있는 잘못된 상황들을 잘 알고 있다. 사탄은 하나님이 어떻게 일하시는지 알고 그것을 방해하려 하기 때문에, 사탄의 방해공작을 예상하는 것은 비성경적인 것이 아니다. 그리고 지원팀이 여러분과 함께 기도하게 하는 것보다 더 나은 대응법이 있겠는가? 그리고 장로들과 함께 기도하지 않는 이유는 무엇인가?

예배의 목적은 회중이 살아 계신 하나님을 만나게 하는 것이다. 우리는 핵심 요소에 노력을 집중해야 한다. 그것은 하나님을 향한 인간의 마음의 갈망을 키우고 만족시키는 일이다. 이를 위해, 모든 성경적 예배의 요소들, 곧 예배로의 부름, 기도, 찬송, 죄의 고백, 설교, 성례전이 있어야 한다. 그리고 비본질적인 요소들은 최대한 축소되어야 한다. 하나님은 그분의 모든 면들을 통해 드러나셔야 하고, 그럼으로써 그분의 형상을 지닌 자들에게 적절한 영적 자극이 있어야 한다. 그리고 모든 예배에는 하나님과 그분의 말씀에 자신의 마음을 드리는 리더들과 예배자들의 기쁨과 감사가 드러나야 한다.

하나님은 언제나 예배를 통해 행동의 동기를 부여하셨다

인간의 역사를 통틀어, 하나님은 영광을 받으시고 우리에게 동기를 부여하기 위해 예배, 즉 하나님 자신과의 만남을 사용하셨다. 이사야 선지자의 경험(사 6:1-8)이 그 전형적인 예다. 그는 환상을 보았다. "주께서 높이 들린 보좌에 앉으셨는데 그의 옷자락은 성전에 가득하였다." 천사들이 하나님을 둘러싸고 하나님의 거룩하심에 대해 증거하자 문지방의 터가 요동하며 성전에 연기가 충만하였다.

이사야가 외쳤다. "화로다 나여 망하게 되었도다 나는 입술이 부정한 사람이요 나는 입술이 부정한 백성 중에 거주하면서 만군의 여호와이신 왕을 뵈었음이로다!" 그는 거룩하신 하나님 앞에서 자신의 죄 때문에 죽어야 한다는 것을 알았다.

하지만 하나님은 은혜를 베푸셔서 그를 치유해주셨다. 하나님은 핀 숯으로 이사야의 부정한 입술을 정하게 해주셨다.

그 후 하나님은 자신을 섬기는 사역자로 그를 부르셨다. "내가 누구를 보내며 누가 우리를 위하여 갈꼬?"

당신이 이사야처럼 살아 계신 하나님을 대면했다고 상상해보라. 당신은 이제 자신이 죄 때문에 계속 살아 있을 자격이 없다는 것을 알았다. 하지만 하나님은 당신을 무조건적으로 용서해주셨다. 당신은 이제 **하나님의 소유**이다. 그런 경험을 했다면, 하나님이 명하신 일이라면 뭐든지 하지 않겠는가?

이사야의 고전적인 대답은 "내가 여기 있나이다 나를 보내소서!"였다. 살아 계신 하나님을 만난 후 이사야는 하나님의 뜻에 기쁜 마음으로 복종했다. 예배는 다른 어떤 것에 비할 수 없는 차원에서 이사야에게 행동의 동기를 부여했다.

모세는 불붙은 떨기나무에서 살아 계신 하나님을 만났다(출 3장). 그는 하나님이 자연 만물을 다스리시는 것을 보았다. 그리고 모세는 자신의 두려움에 대한 하나님의 자비로운 응답을 경험했다. 하나님은 모세에게 자신의 이름을 알려주셨다. "나는 스스로 있는 자이니라." 그 후 모세는 인간으로서는 할 수 없는 일을 시작했다. 그의 예배 경험이 그에게 동기를 부여한 것이다.

베드로와 요한은 감옥에 끌려가 심한 협박을 받고 풀려났다. 그들은 신자들에게 돌아가 자기들이 겪은 이야기를 들려주었고 공동 기도 모임에 참석했다. 영광스럽게 하나님을 찬양한 후 그들은 "주여 이제도 그들의 위협함을 굽어보시옵고 또 종들로 하여금 담대히 하나님의 말씀을 전하게 하여 주시오며"(행 4:29)라고 기도했다. 예배의 맥락 안에서 하나님은 온 무리가 하나님을 위해 굳게 서도록 동기를 부여하셨다.

우리는 신약 교회의 삶과 사역 속에서 이러한 패턴을 볼 수 있다. 바울은 데살로니가인들의 회심을 이렇게 묘사한다. "어떻게 우상을 버리고 하나님께로 돌아와서 살아 계시고 참되신 하나님을 섬기는지"(살전 1:9). 하나님은 은혜를 베푸셔서 데살로니가인들에게 거듭남을 허락하셨다. 그에 대한 반응으로 데살로니가인들은 하나님을 예배했고, 그 후에 공공연히 주님의 재림을 기다리며 주님을 섬기기 시작했다.

우리가 살아 계신 하나님을 예배할 때마다 하나님은 우리의 마음을 황홀하게 해주신다. 이는 하나님의 사랑의 선물, 즉 예수님의 희생제사를 통해 우리를 구원해주신 은혜를 떠올리기 때문이다. 생명력 있는 예배 속에서, 하나님은 그분의 무한한 사랑으로 우리를 압도하신다. 교회는 그리스도의 신부이다. 그래서 우리는 우리의 예배가 결혼식, 즉 신랑과 신부가 만나는 기쁨과 사랑의 축제처럼 되기를 기대할 수 있다. 그들의 얼굴에 나타난 행복한 기쁨은, "나는 그분께 속하였고 그분은 나에게 속하였다!"라고 선언한다. 우리는 공예배 속에서 하나님의 사랑을 새롭게 알게 된다. 그리고 궁극적인 동기부여를 받는데, 그것은 바로 하나님의 주권적인 사랑이다. 우리가 보일 수 있는 유일한 반응은 데살로니가인들의 길을 따라 하나님을 섬기는 것이다.

예배가 교제보다 더 깊이 동기를 부여하는 교회와 이 두 가지가 서로 뒤바뀐 다른 교회를 비교해보자. 예배가 동기를 부여할 때 회중은 어떤 대가를 치르더라도 예수님을 따르기로 헌신하면서 또한 깊은 교제를 경험할 것이다. "믿음의 주요 또 온전하게 하시는 이인 예수를 바라보자 그는 그 앞에 있는 기쁨을 위하여 십자가를 참으사 부끄러움을 개의치 아니하시더니 하나님 보좌 우편에 앉으셨느니라"(히 12:2).

그와 반대로, 주로 교제에 의해 동기를 부여받는 회중은 삶과 사역에 있어서 인간관계를 향상시키거나 보호해주는 대안들을 선택할 것이다. 예배는 차순위로 밀려날 것이다. 예를 들면, 그 교회는 회중의 편의에 맞게 예배 일정을 짤 것이다. 이러한 교회는 교제가 위협받지 않도록 교회의 권징을 회피할 것이다. 어려운 교리에 대해 입장을 분명히 밝히거나 사회의 불의에 항거하는 일을 피할 것이다. 교회 안의 파벌들(교제를 나누는 그룹원들로 구성됨)의 존재로 인해 교회를 방문하는 불신자들은 불편해할 것이다.

우리가 균형잡힌 성경적 행동을 취하기 위해서는 적절한 성경적 동기부여가 필요하다. 동기를 왜곡하면 행동도 그에 상응하는 왜곡된 모습을 띨 것이다. 주권적인 사랑으로 우리를 자신에게로 이끄시어 변함없이 돌보아주시고 붙들어주시는 살아 계신 주님, 우리가 사모하는 주님, 우리의 목마름을 해소시켜주시는 주님, 이 주님과의 생생한 만남인 예배는 개별 신자들과 그리스도의 몸된 교회가 신실하고 기쁨에 찬 섬김을 할 수 있도록 적절하게 동기를 부여해준다. 이것은 모든 동기 중에 가장 큰 동기이다. 건강한 교회는 이러한 동기부여를 사용한다.

토론을 위한 질문

이 질문들을 사용하여 당신의 교회를 평가해보라.

1. 교회는 예배자들에게 살아 계신 하나님과의 생생한 만남을 제공해주는가?

2. 교회는 하나님의 속성을 다면적으로 풍성하게 드러내어 예배자들이 하나님을 닮은 자신의 다면적 모습으로 하나님께 반응할 수 있게 해주는가?

3. 예배의 한 면이 나머지 면들을 다 가릴 정도로 강조되고 있는가?

4. 기쁘고 전폭적인 말씀의 선포나 듣는 자들이 그 말씀을 받아들이는 것을 방해할 만한 모든 요소들이 제거되었는가?

5. 우리는 예배의 구체적인 스타일에 잘못 초점을 두거나, 그것을 엄격하게 규제하거나 옥신각신함으로써 예배의 주요 요소, 즉 하나님을 향한 신자들의 갈망을 키우고 충족시키는 일을 가리는 잘못을 범하고 있지는 않는가?

2부

건강한 성경적
리더십을 위한 전략

5장
교회 생활을 형성하는 성경적 지침

교회가 건강해지려면 건강한 리더십이 필요하다. 나의 경험상, 리더십은 교회에 하나님의 복이 임하는 몇 가지 비결 중 하나이다. 바로 이러한 이유로, 나는 이 책의 많은 분량을 교회 지도자들에 관한 내용에 할애하였다. 나는 컨설팅 일을 할 때도 교회 지도자들을 직접 상대한다.

그러나 무엇이 "좋은 리더십"인가? 건강한 교회에 대한 성경의 비전과 일치하는 지도자의 역할(그렇지 않은 지도자의 역할과 대조되는)이란 것이 있는가? 만일 있다면 건강한 리더십은 어떤 모습인가? 우리 교회에 그러한 리더십이 있는지 어떻게 알며, 만약 없다면 우리는 무엇을 해야 하는가?

분명히 말하지만, 성경과 일치하고 교회의 건강을 증진시키는 리더십이 존재한다. 교회의 건강을 위해서는 그저 전통적인 리더십 유형만으로는 충분하지 못할 것이다. 내가 이후의 장들에서 제시할 구체적인 전략들을 주의 깊게 생각해보고 시행해야 한다.

이 장에서 우리는 성경이 교회 생활에 대해 무엇을 말하는지, 그것이 교회의 리더십에 어떤 의미가 있는지 살펴볼 것이다. 6장과 7장에서는 장로 직분에 대해 논한다. 앞으로 알게 되겠지만, 장로의 역할은 '목자'라는 단어로 가장 잘 요약된다. 8장에서는 교회가 교회 생활과 목양 사역에 관한 성경의 이상을 실현하는 구체적인 방법을 다룬다.

성경적 지침 1 : 각 멤버들의 은사를 제대로 다루라

수년 동안 목회를 하는 중에, 나는 교회를 향한 하나님의 비전, 그분의 성전에 대한 그분의 청사진, 그분의 신부를 위한 그분의 드레스를 찾기 위해 줄곧 하나님의 말씀을 찾아보았다. 내가 이것을 알기 원했던 이유는 하나님이 내가 목회자로서 무엇을 하기 원하시는지, 어떤 목회자가 되기 원하시는지를 알고자 함이었다. 나의 일은 하나님의 비전에 맞게 하나님의 교회를 세워가려고 노력하는 것이었다. 나중에 교회 개척 사역을 감독하는 일로 부르심을 받았을 때에도 나는 여전히 교회를 향한 하나님의 비전을 추구했다. 나는 다른 목회자들과 교회들이 하나님의 계획을 이해하도록 도왔다.

나는 성경이 두 개의 상호보완적인 지침들을 제시하고 있다는 것을 깨닫기 시작했다. 그 지침들은 사뭇 명확한 리더십 구조를 시사한다. 이 리더십 구조를 떠나서는 그 두 가지 지침들을 시행하는 것이 거의 불가능하다. 그러한 리더십 구조가 없으면, 둘 중 하나의 지침이 희생되어야 하기 때문이다.

그 두 가지 성경적 지침 중 첫 번째는 교회가 신자들의 모임이며, 각 신자들은 그 모임의 영적 유익을 위해 자신의 은사를 발휘해야 한다는 것이다. "각 사람에게 성령을 나타내심은 유익하게 하려 하심이라"(고전 12:7). 바울은 로마 회중에게 이렇게 권면한다. "우리에게 주신 은혜대로 받은 은사가 각각 다르니 혹 예언이면 믿음의 분수대로, 혹 섬기는 일이면 섬기는 일로, 혹 가르치는 자면 가르치는 일로, 혹 위로하는 자면 위로하는 일로, 구제하는 자는 성실함으로, 다스리는 자는 부지런함으로, 긍휼을 베푸는 자는 즐거움으로 할 것이니라"(롬 12:6-8). 사도 베드로도 이 지침을 지지한다. "각각 은사를 받은 대로 하나님의 여러 가지 은혜를 맡은 선한 청지기 같이 서로 봉사하라"(벧전 4:10).

이보다 더 분명할 수는 없다. 각 멤버는 성령님이 주신 특별한 은사를 갖고 있다. 교회는 각 사람이 자신의 은사를 사용하게 함으로써 성령님이 역사하시게 해야 한다. 서로의 삶 속에서, 전체의 유익을 위해 우리 각 사람을 사용하시는 것이 하나님의 뜻이다.

하나님은 우리 각 사람이 성령님에게서 받은 개별적인 은사들을 진지하게 여기기를 원하신다. 만일 하나님이 존 스미스에게 관리의 은사를 주셨다면, 하나님은 존이 그 은사를 발휘하는 것이 우리 교회에 꼭 필요하다고 생각하시는 것이 틀림없다(주의 : 단지 그 은사의 발휘가 아니라, 존이 그 은사를 발휘하는 것이 핵심이다!) 어떤 은사도 남아돌거나 중복되어 필요없는 것이 아니다. 모든 신자가 중요하다. 이것은 어제 교회에 나온 새 멤버가 나의 사역을 필요로 하는 것만큼 나 역시 그의 사역을 필요로 한다는 뜻이다. 바울은 인간의 몸을 그리스도의 몸에 비유하며 이렇게 말한다. "눈이 손더러 내가 너를 쓸 데가 없다 하지 못하리라"(고전 12:21).

다음의 구절은 어려움을 겪고 있는 교회나 개척 교회의 목사와 핵심 그룹에게 크게 위로가 되는 구절이다. "그러나 이제 하나님이 그 원하시는 대로 지체를 각각 몸에 두셨으니"(18절). 즉 모든 은사는 중요할 뿐만 아니라, 하나님은 당신이 오늘 행하기 원하시는 일을 위해 필요한 모든 은사와 모든 사람을 당신의 교회에 이미 주셨다는 것이다.

당신은 불가능하다고 말하는가? 당신의 교회에 대한 당신의 특정한 비전이 항상 멤버들이 할 수 있는 역할들을 좌지우지한다면, 그것은 불가능한 일이 맞다. 그러나 우리가 필요로 하는 모든 은사를 주셨다는 하나님의 말씀을 그대로 받아들인다면, 멤버들이 우리의 비전에 의해 영향을 받기보다는 하나님이 현재 주신 그 멤버들에 의해서 우리의 비전이 구체화되어 나가야 한다. 이에 대해서는 3부에서 더 자세히 이야기하겠다.

하나님은 우리가 다른 멤버들의 은사를 진실하게 존중하기를 원하신다. 그렇게 하지 않는 것은 하나님의 영을 속이는 것이고, 하나님의 뜻을 좌절시키는 것이다. 그런 교회는 건강할 수가 없다! 신자들의 은사를 진지하게 받아들이는 것은 교회가 어떤 일을 하는 방식에 일대 전환을 가져오는 것을 의미할 수 있다. 그것은 사람이 언제나 프로그램보다 우선임을 의미한다. 이에 대해 우리는 3부에서 더 살펴볼 것이다. 우리는 하나님이 우리 멤버들에게 주시는 변화무쌍한 은사들을 고려하여 우리의 프로그램들을 계속해서 조정해야 한다.

다른 멤버들의 은사를 존중하고 활용하라는 성경의 명령의 가장 근본적인 의미는, 성경적 리더십은 이 일이 일어나도록 허용해야 한다는 것이다.

이것을 행할 방법을 찾는 것이 어쩌면 가장 어려운 일일 것이다. 즉각적인 답을 찾기는 쉽지 않다! 그러나 그것은 아마도 교회 건강의 가장 중요한 비결일 것이다. 이 책에서 말하고자 하는 내용의 전체 그림을 완성하는 데 없어서는 안 되며 다른 모든 것을 뒷받침하는 한 가지를 지목해야 한다면, 그것은 리더들이 감독 책임을 행사할 때에도 각 멤버들의 은사를 진실하게 다루어야 한다는 것이다. 리더들이 그렇게 할 때, 교회의 건강은 상당히 향상될 수 있다.

안타깝지만 미국의 여러 교회들을 경험하면서, 나는 많은 리더들이 멤버들의 은사를 존중하지 않는다고 생각하게 되었다. 실제로 많은 리더들은 자기들이 그렇다는 것을 인식하지도 못하고 있다. "강한 리더십"을 가진 많은 교회에서, 장로들은 이사회로, 즉 사람들의 할 일을 지시하는 리더들로 인식되고 있다. 이는 교회가 멤버들의 은사를 존중하고 활용하라는 성경적 책무를 이행하는 데 실패했음을 나타낸다.

나는 종신 장로들을 임명하고 세운 어느 큰 교회를 알고 있다. 그 교회의 50-60명 가량 되는 장로들 중에 절반 이상은 나이가 지긋하여 더 이상 활발하게 교회 일에 참여할 수가 없었다. 장로들의 일부가 참여하는 소그룹이 집행위원회 같은 기능을 하였고, 전체 회의에선 그들의 결정을 승인만 하였다. 회중의 관점에서 볼 때, 이 소수의 장로들이 교회 일을 수행하고 있었다.

우리는 보통 그런 리더십을 "강한 리더십"으로 분류한다. 그런 리더십은 의사 결정과 관련하여 일반 멤버들을 배제한다. 그 결과 사람들은 자신들의 적극적 참여가 중요하다고 느끼지 못한다. 성도들의 영적 은사는 성실하게 다루어지지 않는다. 따라서 은사를 주시고 사용하시는 성령님이 높임을 받지 못하며, 교회의 영적 건강은 증진되지 못한다.

이것이 강한 리더십이라면, 우리는 분명히 구별하는 것이 좋을 것이다. 소수의 사람들이 힘으로 밀어부쳐 통제권을 얻거나 원래부터 통제권을 가지고서 모든 명령을 내릴 때, 그것을 강한 리더십이라 부를 수 있을 것이다.

때로 교회는 일하고자 하는 사람을 그냥 자유롭게 방치한다. 그런 경우에, 더 나은 리더십의 유형이 필요하다는 것을 쉽게 알 수 있다. 즉 억압하거나, 배타적이거나, 독재적이지는 않으면서, 좋은 의미에서 더 강한 리더십이 필요하다.

이후에 살펴보겠지만, 성경의 리더십 모델을 보면, 장로들은 성도들이 자유롭게 자신의 은사를 최대한 발휘할 수 있게 해주어야 한다. 이 접근법은 훨씬 더 큰 힘과 더 많은 용기와 신뢰를 필요로 한다. 또한 애정 어린 참여와 많은 의사소통을 요구한다. 더 어려워 보일 수 있지만, 하나님은 우리에게 이러한 방식을 명하신다.

우리는 이후의 여러 장에서 어떻게 이러한 리더십을 구현할 수 있는지, 그런 성숙한 리더십은 구체적으로 어떤 모습을 띠는지 살펴볼 것이다.

매우 흥미롭게도, 교회 리더십의 실제 형태는 교회의 공식적인 정치 구조와 반드시 일치하지는 않는다.

모든 교회는 세 가지 기본적인 정치 유형 중 하나를 가지고 있다. 즉, 계층적 정치 형태(감독교회), 공화주의 정치 형태(장로교회), 회중주의 정치 형태(침례교회/독립교회) 중 하나를 갖고 있다. 당신은 회중교회의 멤버들이 가장 자유롭게 자신의 은사를 발휘할 것이라고 기대할지 모르겠다. 그러나 회중교회의 멤버들은 너무나 자주 목사를 따르는 데 갇혀 있어서 그들의 은사 발휘는 교회에서 거의 두드러지지 않는다. 내가 속한 장로교 교단에 소속된 꽤 많은 교회들이 기능상 계층적이다. 그런 교회에서는 선택된 지도자들이 모든 중요한 결정을 내리고, 회중은 그들을 "집단적 감독"으로 인식한다.

사실 성경이 요청하는 책임성 있는 리더십(accountable leadership)을 진지하게 받아들이는 어떤 교단이라도 이런 잘못된 개념의 영향을 받기 쉽다. 사람들은 리더십이 어떻게 추종자들의 기여를 중요하게 활용할 수 있는지 알지 못한다.

교회는 자주 두 가지 불균형을 보인다. 한편으로 교회는 장로들을 모든 사람들에게 해야 할 일을 지시하는 이사회로 여긴다. 다른 한편으로는 이와는 어울리지 않게, 교회는 회중이 모든 것에 대해 투표할 권리가 있다고 믿는다. 이것이 미국인들에게 더 친밀한 것이다! 그런 교회에서는 리더십과 평신도들이 동의하기만 하면 일이 진행된다. 그러나 리더십이 어떤 변화를 도입하면, 그것을 투표로 결정했어야 한다고 믿는 회중들을 자극할 수 있다.

내가 조사한 어느 교회는 이렇게 서로 상충되는 믿음을 분명히 드러냈다. 즉 회중의 95퍼센트는 그들의 교회에서 장로들이 교회 일을 지휘하고 있다고 믿었다. 65퍼센트는 또한 회중이 투표로 교회 일들을 지휘하고 있다고 말했다. 그러나 성경적인 리더십 모델은 서로 상반되고 결함 있는 양극단 사이의 불편한 긴장 관계를 넘어선다. 성경적 리더십은 이 작동 관계를 변화시켜, 두 가지 성경의 지침들이 조화롭게 시행되게 한다.

멤버들의 은사를 진지하게 받아들이는 교회는 개별 신자들 안에서 일어나는 성령의 역사를 존중하는 교회이다. 그곳에서 신자들은 자신이 하나님 나라에서 중요하고 가치 있는 존재라고 느낀다. 당연히 하나님은 우리가 그러한 지침을 따르기를 원하신다. 그것은 분명히 하나님을 영화롭게 하며, 성령의 능력을 불러일으키며 우리 안에 그리고 우리를 통해 하나님 나라를 진전시킨다. 그러므로 교회의 리더십은 개별 신자들의 영적 은사들을 존중해야 한다.

성경적 지침 2 :
장로들을 하나님께 설명 책임을 지는 자들로 여기라

그러나 멤버들의 은사를 존중하고 활용하는 것은 성경적인 그림의 절반만 보여준다. 극단적인 경우에 어떤 종류의 리더십도 없이 모든 멤버가 주도권을 갖고 행하면 어떻게 될까? 당연히 혼란이 발생할 것이다. 바울은 고린도 교회에서 그러한 상황을 다루었고, 그들에게 "하나님은 무질서의 하나님이 아니시요 오직 화평의 하나님이시니라"(고전 14:33)라고 말해주었다. 오늘날 복음주의 교회에서는 고린도 교회 같은 그런 혼란스러운 상황은 상당히 드물다. 성경적 리더십이 그것을 방지해준다.

성경의 다른 지침은, 교회의 지도자들을 멤버들에 대해 하나님께 설명 책임(청산 책임)을 지는 자들로(accountable to God) 여기라는 것이다. 히브리서는 이렇게 말한다. "너희를 인도하는 자들에게 순종하고 복종하라. 그들은 너희 영혼을 위하여 경성하기를 자신들이 청산할 자인 것 같이 하느니라 그들로 하여금 즐거움으로 이것을 하게 하고 근심으로 하게 하지 말라 그렇지 않으면 너희에게 유익이 없느니라"(히 13:17).

바울은 디모데에게 "잘 다스리는 장로들"에 대해 말한다. 그리고 그들 중에는 설교하고 가르치는 장로도 있고 그렇지 않은 장로도 있음을 지적한다(딤전 5:17). 장로들은 하나님이 맡기신 성도들에 대해 하나님께 설명 책임을 지는 자들로서 교회의 삶과 사역을 감독한다.

이것은 장로들이 교회의 모든 일을 한다는 의미인가? 그것은 불가능하다(비록 과중한 일을 떠맡은 리더십을 종종 목격하지만). 그렇다면 장로들이 모든 성도에게 무엇을, 어떻게 해야 하는지 일일이 말해주어야 한다는 뜻인가? 나는 성경이 결코 그러한 해석을 지지하지 않는다고 믿는다. 성경은 장로들이 어떤 책임을 수행할 것을 참으로 기대하지만, 교회 안에서 발생하는 많은 문제들을 누가 다뤄야 하는지에 대해서는 직접적으로 명령하고 있지 않다. 교회가 그 문제들을 어떻게 다루는지는 리더십과 멤버십의 역할에 결정적으로 달려 있다.

만일 교회의 지도자들이 모든 일을 책임진다면 멤버들의 기여는 비교적 중요하지 않게 될 것이다. 멤버들은 예스맨이나 일벌이 될 것이다. 그들은 장로들을 유일한 결정권자로 여기면서, 그들의 지시라면 어떠한 의견 개진도 없이 따라야 하는 관리자들로 인식할 것이다. 이런 상황 하에서는 각 멤버들의 은사를 존중하고 활용하라는 성경의 지침은 더 이상 실현되지 않는다.

설명 책임을 지는 리더십과 온전한 은사 발휘의 균형

그렇다면 교회 리더들이 책임성(accountability)을 발휘하는 동시에 멤버들의 은사를 존중하고 충분히 활용하려면 어떻게 해야 할까? 이것은 장로의 목자 모델(6장과 7장)과 내가 제안하는 조직 메커니즘(8장 참고)을 통해서 가능하게 된다.

앞에서 말했듯이, 우리는 장로들이 모든 결정을 해야 하는 것이 아님을 깨달을 때 조금씩 감을 잡기 시작한다. 하나님은 어떤 결정들은 전적으로 장로들에게 맡기신다. 예를 들면, 장로들은 하나님의 말씀이 정확하고 충분히 설교되고, 성례전이 적절하게 집행되며, 권징이 적절히 유지되도록 해야 한다. 하지만 어떤 결정들은 전적으로 회중의 몫이다. 예를 들면, 회중은 목회자를 청빙하고, 직분자를 선발하며, 토지와 시설물을 사거나 개발하거나 파는 일을 결정한다.

그러나 우리의 교회 생활이나 사역과 관련된 결정들의 대부분은 이들 중 어느 범주에도 속하지 않는다. 예를 들어, 우리는 우리 지역 사회의 특별한 필요를 충족시키기 위해 어린이집, 노인 회관, 또는 기독교 교육 서비스를 제공할 필요가 있는가? 누가 주일학교에서 가르칠 것인가? 교회의 출입문 옆에 모란이나 매화나무를 심을 것인가? 어떻게 하면 청소년들이 학교에서 친구들을 전도하도록 격려할 수 있을까? 우리 여성들이 자녀양육 과정에서 가장 필요로 하는 것은 무엇일까? 그것을 어떻게 공급해줄 것인가?

다음 단계는 책임성(accountability)과 책임(responsibility)의 차이를 아는 것이다. 어떤 구체적인 일에 대해 책임을 진다는 것(responsible)은 그 일이 당신의 직무 범위에 포함된다는 뜻이다. 책임성이 있다는 것(accountable)은, 당신이 직접 하든 다른 사람을 시키든 어떤 일이 완수되게 할 것을 하나님이 기대하신다는 뜻이다. 하나님은 장로들에게 교회의 모든 삶과 사역에 대해 책임성(accountability)을 부여하시지만, 이것은 장로들이 그 모든 일에 대한 책임(responsibility)을 부담한다는 뜻은 아니다. 당신은 자신의 책임이 아닌 사역들에 대해 책임성을 행사할 수 있다.

적극적으로 말하면, 장로들은 교회의 일들에 대해 책임성(accountability)을 유지하는 동시에 교회 생활과 사역에 있어 중요한 결정들에 대한 책임(responsibility)을 평신도들에게 맡길 방법을 찾아야 한다(responsibility는 구체적인 일이나 역할에 대한 책임을 의미하며, accountability는 총체적인 사업 성패에 대한 궁극적인 책임을 의미하는 용어이다-편집주).

이것은 우리 중 많은 사람들이 직장에서 경험하는 리더십 스타일을 암시한다. 어떤 상사들은 직원들이 해야 할 모든 일들을 하나하나 지시한다. 생각하거나 책임지기를 싫어하는 직원들에게는 이것이 좋다. 그런데 주도적으로 일하고 싶어 하는 직원들은 짜증이 난다. 다른 상사들은 회사 활동의 많은 부분을 직원들에게 위임하고, 그들이 제품이나 서비스에 중요한 영향을 미칠 수 있는 여지를 남긴다. 생각하기 싫어하는 사람들은 이런 환경에서 오래 살아남지 못하지만, 아이디어와 주도성을 가진 사람들은 잘해 나간다. 물론 당신은 상사가 자신의 역할을 완전히 포기하는 시나리오를 상상할 수 있다. 그 회사는 아마 발전하지 못할 것이다. 요지는 직원들의 재능을 억누르지 않고 직원들을 이끌며, 믿을 만한 직원들에게 중요한 책임을 맡기고, 그들의 능력에 의존하면서도 여전히 그 일의 성패에 대해 책임을 지는 것이 가능하다는 것이다. 일반적으로 과도한 관리는 생산성을 억제하지만, 분권적 관리는 생산성을 향상시킨다.

성령님이 모든 신자들에게 은사를 주시는 것은 공동의 유익을 위한 것이라는 성경의 주장을 고려해볼 때, 이 거룩한 사역을 하는 데에는 어떤 리더십 스타일이 더 좋을까? 분명 두 번째 유형이다. 즉 주도성과 책임감을 더 자유롭게 발휘하게 하는 리더십이다.

멤버들의 은사를 존중하는 것은 하나님이 그 은사들을 통해 그분의 목적을 이루려 하신다는 것을 교회의 지도자들이 믿어야 한다는 뜻이다. 그것은 멤버들을 믿는 것을 의미한다. 나는 장로들이 시시콜콜하게 세부사항을 알지는 못하더라도 교회의 어떤 사역에 대한 신뢰를 표현해도 괜찮다는 것을 장로들이 깨닫도록 도와주려 한다.

어떤 멤버가 장로인 당신에게 다가와 "청소년 지도자가 중학생들을 수련회에 데려간다는 사실을 아셨습니까?"라고 묻는다고 가정하자. 이것을 모른다고 해서 장로의 역할을 제대로 하지 못하거나 책임성을 다하지 못했다는 것을 나타내지는 않는다. 위 질문에 대한 적절한 대답은 "그 특정 세부사항은 몰랐습니다. 하지만 저는 청소년 지도자의 비전을 알고 있고 그의 사역을 지지하며 그의 선택을 전적으로 믿습니다."라고 말하는 것이다. 장로는 그 사역이 적절한 감독을 받고 있다는 것을 알 때 이런 확신을 가질 수 있다.

우리는 세상의 기업체에서 효과적인 리더십 모델을 제시해주길 바라지 않는다. 세상의 기업체는 리더십에 대한 원상의 모델인 하나님의 청사진을 확증해줄 뿐이다. 장로에 대한 성경적인 그림은 교회를 위한 하나님의 두 가지 지침과 완벽하게 들어맞는다. 이에 대해 살펴보자.

토론을 위한 질문

1. 이 장에서 논의한 개념에 비추어 당신 교회의 리더십을 묘사해보라.

   a. 당신 교회의 지도자들은 모든 일을 다 하는가?
   b. 지도자들이 모든 사람에게 해야 할 일을 지시하는가?
   c. 교회 안에 어떠한 리더십도 없는가?
   d. 지도자들은 멤버들의 은사 사용을 북돋워주는가?

2. 당신의 교회 멤버들 중 얼마나 많은 이들이 자신들의 영적 은사를 알고 있는가? 그들 중 얼마나 많은 이들이 교회의 공동 유익을 위해 그 은사들을 사용하고 있는가?

3. 당신의 교회에서 두 가지 중요한 성경적 지침들이 어떻게 균형을 이루고 있는가? 이 균형을 맞추기 위해 어떤 영역들을 개선할 필요가 있는가?

6장
목자 리더십

나는 거듭 강조한다. 성경적인 교회 건강은 사실상 장로들의 사역이 건강한지에 달려 있다! 당신은 이것을 이상하게 여길지도 모르겠다. 장로들과 관련된 요소들은 장로들에게만 영향을 미칠 뿐, 나머지 회중(당연히 교회 몸의 더 큰 부분을 뜻한다)에는 영향이 없다고 생각할 것이다. 그러나 이제 당신이 오직 두 조각으로 된 직소퍼즐을 갖고 있다고 하자. 당신은 한 조각을 보면서 다른 조각의 형태를 알아맞힐 수 있겠는가? 당신은 그것을 정확히 알 것이다. 요지는 장로의 사역이 어떠한지에 따라 회중의 사역이 어떠한지가 결정된다는 것이다.

예를 들어, 장로들을 독재자로 인식하는 회중은 자신들을 명령을 받는 자로 인식할 것이다. 리더십을 부인하는 회중은 자신을 초점과 통일성을 잃어버린 자들로 인식할 것이다. 장로들을 성경적 모델을 따르는 목자로 인식하는 회중은 자신들을 양으로 인식할 것이다. 즉 장로의 보살핌과 양육을 받으며, 강압이 아니라 자원함으로 따라가고, 질서를 유지하면서도 독창적으로 섬기는 자유를 누린다.

당신은 이 시점에서 회중의 인식이 그들의 선택, 그들의 효율성, 그들의 만족 수준에 지대한 영향을 미칠 거라고 짐작할 수 있을 것이다. 내 생각에 회중의 인식은 그들이 교회가 하나님께 얼마나 많이 사용받고 복을 누릴지를 좌우하는 요소이다.

이 장에서(어쩌면 이 책 전체에서) 내가 가장 바라는 것은 장로가 목자가 된다는 것이 무슨 의미인지를 당신에게 전달하는 것이다. 성경은 명쾌하게 장로의 목자 모델을 표준으로 제시한다. 궁극적인 리더이자 교회의 머리이신 예수님은 자신을 선한 목자라 칭하셨다. 하나님은 교회의 지도자들에게 하나님의 양 떼를 보살피는 목자가 되라고 하신다. 분명 하나님은 우리가 이 모델을 진지하게 받아들이길 원하신다. 나는 교회 건강과 목자 리더십의 상관관계를 거듭 살펴보았다. 장로들이 멤버들을 목양하는 목양 관계를 형성하고 발전시키려고 노력함에 따라 그 교회의 인프라스트럭처가 형성된다. 이러한 인프라는 멤버들의 은사가 충분히 활용되고, 장로들의 책임성(accountability)이 질서정연하게 발휘될 수 있게 하여, 하나님이 이를 통해 역사하시게 한다.

독자들 저마다 서로 다른 레벨의 교회 사역 경험이 있을 줄로 안다. 나는 여러분 모두의 이해를 돕기 위해, 장로의 자격요건, 리더십 기술, 책임성(accountability)에 대해 먼저 살펴보면서 내 메시지의 핵심을 이야기하려 한다. 장로들의 실제적인 책임(responsibilities)에 대해서는 다음 장에서 살펴볼 것이다.

나는 담임목사와 관련하여 미리 이야기해둘 것이 있다. 이 책의 목차를 살펴본 독자라면 내가 장로들에게 중점을 두는 것에 의구심이 들었을 것이다. 목사에 대한 장은 없고 장로에 대한 장은 여러 개니 말이다! 한 명의 목사가 교회 리더십 전체를 대표하며 다른 리더들은 그저 목사의 결정에 동의하기만 할 뿐인 그런 교파나 지역 교회에 당신이 속해 있다면, 당신에게 있어서 교회 건강의 성경적 개념을 이해하기 위한 첫 단계는 하나님이 우리가 목사와 장로들을 세우고 그들을 하나님의 리더로 여기길 의도하신다는 것을 깨닫는 것이다. 바울이 디모데에게 "잘 다스리는 장로들은 배나 존경할 자로 알되 말씀과 가르침에 수고하는 이들에게는 더욱 그리할 것이니라"(딤전 5:17)라고 권면하였듯이, 하나님은 우리가 복수의 장로들을 세우기를 원하신다. 그들은 공식적으로 교회를 영적으로 감독하는 일을 맡으며, 그들 중에 일부 장로는 설교와 가르치는 일을 맡는다.

따라서 우리는 장로들을 대수롭지 않게 여기는 잘못을 범하지 말아야 한다. 다른 한편으로는, 목사를 장로들과 완전히 다른, 더 우월한 존재로 여기는 잘못을 범하지 말아야 한다. 나는 장로들을 격려하고, 하나님이 그들을 부르셨다는 의식을 더 고조시키고, 그들이 성경적으로 건강하게 그것을 인식하도록 돕기 위해 이 글을 쓰고 있다. 그러나 여기서 내가 장로들에 관해 하는 모든 말은 목사에게도 차별없이 적용된다. 목사는 장로들 중의 장로이기 때문이다. 뒷부분에서 목사들에게 전하는 말이 있지만(목사들이 다른 장로들과 구별이 없어서는 안 된다), 이러한 것들은 목사가 장로들과 공유하는 **목양** 사역을 더 구체화할 뿐이다.

따라서 이 책의 모든 내용은 장로뿐 아니라 목사에게도 관련된 것이다. 목사가 혼자 사역하지 않는 것은 심히 중요한 의미를 갖는다. 그는 한 팀의 일원으로 목양을 하며, 성령의 은사를 받은 양 떼 가운데 목양을 한다.

첫 커트라인 : 장로가 되기 위한 성경적 자격요건

하나님이 당신을 장로로 섬기도록 부르셨는지 당신과 당신의 교회는 어떻게 알 수 있는가? 성경은 하나님이 찾으시는 사람을 이렇게 묘사한다.

"그러므로 감독은 책망할 것이 없으며 한 아내의 남편이 되며 절제하며 신중하며 단정하며 나그네를 대접하며 가르치기를 잘하며 술을 즐기지 아니하며 구타하지 아니하며 오직 관용하며 다투지 아니하며 돈을 사랑하지 아니하며 자기 집을 잘 다스려 자녀들로 모든 공손함으로 복종하게 하는 자라야 할지며 (사람이 자기 집을 다스릴 줄 알지 못하면 어찌 하나님의 교회를 돌보리요) 새로 입교한 자도 말지니 교만하여져서 마귀를 정죄하는 그 정죄에 빠질까 함이요 또한 외인에게서도 선한 증거를 얻은 자라야 할지니 비방과 마귀의 올무에 빠질까 염려하라"(딤전 3:2-7; 딛 1:5-9 참조).

이 목록의 어떤 항목들은 목양에 반드시 필요한 은사, 기술(skill), 태도를 나타낸다. 이를테면 가르치는 능력과 가정을 온화하게 이끌어 정돈되고 공손한 순종을 이끌어 내는 능력 같은 것이다. 이러한 것들은 우리가 곧 논의할 목자 모델과 일치한다. 그러나 여기에 나열되어 있는 대부분의 항목은 부정적으로 표현되어 있으며("다투지 아니하며", "새로 입교한 자도 말지니"), 우리로 하여금 이 목록을 "첫 커트라인"의 기준으로 삼게 만든다. 당신이 이런 자질들을 나타낸다면 교회는 당신을 장로로 세울지 고려할 수 있다. 당신이 이런 자질들을 나타내지 않는다면 이 사역의 적임자로 고려될 수 없다.

이 타락한 세상에서, 지금 장로로 섬기는 모든 사람이 이 자격요건을 충족하는 것은 아니다. 몇 년 동안 나는 성경적 자격을 갖춘 장로들, 자격을 갖추지 못하였으며 스스로도 그 사실을 인정하는 직분자들, 자신에게 자격이 없다는 것을 인식하지 못하는 직분자들, 자격도 없고 그것을 인식하지도 못하며 그것이 무엇을 의미하는지도 모르고 신경도 쓰지 않는 직분자들을 보았다!

물론 그리스도 외에는 아무도 이 자격요건들을 완벽히 충족시킬 수 없다. 이것은 완벽하라는 조건이 아니라 일반적인 행동 양식을 묘사하고 있다는 걸 기억하면 도움이 될 것이다.

당회는 개최될 때마다 지속적인 개인 영적 훈련 및 그룹 영적 훈련을 위한 계획을 세우는 것이 중요하다. 우리 모두는 말씀과 교회를 통한 성령님의 지속적인 역사를 떠나선 영적으로 쇠퇴하기 쉽기 때문이다. 당회 안에 덜 바람직한 부류들이 포함되어 있다면 정기적인 영적 유지관리가 좋은 출발점이 될 것이다.

반드시 성경의 자격요건을 충족시키는 자들이 장로로 선택되게 하기 위한 절차를 개발하는 것 또한 중요하다. 나는 이를 위해 다음의 방식을 따를 것을 추천한다. 이것은 내가 목회 사역을 하면서 실천했던 방식이며 컨설턴트로서 추천하는 것이다.

- 멤버들이 장로 후보자들을 지명하게 하라.
- 몇 달 동안 이 후보자들을 훈련시키고, 현장 경험을 시키며, 다음 선거를 하나님이 인도해주시도록 온 교회가 함께 기도하라.
- 훈련 기간을 마치면서 당회(현재 세움을 받아 일하고 있는 장로들 전체의 모임)가 각 후보의 자격과 성숙도를 자애로우면서도 세심하게 평가하라. 회의에서 긍정적으로 평가한 후보들에 대해서만 회중의 승인을 구하라.
- 후보자를 추가로 지명할 권한이 없는 회중은 이 훈련받고 자격을 갖춘 후보들 중에서 장로들을 선출한다.
- 이 시스템은 성경적 자격요건에 맞는 리더십을 효과적으로 공급해준다.

리더십 기술 연마하기

장로는 성경적 자격요건을 충족시켜야 할 뿐 아니라, 리더십의 기술(skill)을 보여주어야 한다. 목양은 사람을 이끄는 것이기 때문이다. 성경은 장로들을 리더(leader)라 부른다. 히브리서 저자는 "하나님의 말씀을 너희에게 일러 주고 너희를 인도하던 자들(leaders)을 생각하라"(13:7), 또 "너희를 인도하는 자들(leaders)에게 순종하고 복종하라"(17절)고 말한다. 바울은 젊은 목사 친구인 디모데에게 "잘 다스리는 장로들"(딤전 5:17)에 대해 말한다.

"저 친구는 타고난 리더야."라고 우리는 말한다. 그리고 어떤 사람은 리더로 타고나지 않았기 때문에 리더가 될 수 없다고 암묵적으로 결론을 내린다. 사실 거의 모든 사람은 어떤 상황과 관련하여 다른 사람들을 이끈다. 그리고 리더십은 여느 기술과 마찬가지로 분석과 실습을 통해 배우고 향상시킬 수 있다.

장로의 직분은 남자들에게 한정되어 있지만 리더십은 그렇지 않다. 중요한 것은 교회가 남녀 불문하고 모든 멤버들의 영적 은사를 활용하는 것이다. 남자와 여자, 모든 멤버들이 자기 역할의 중요성을 느끼는 것이 중요하다. 모든 멤버의 은사가 잘 활용되는 시스템이 어떻게 작동하는지는 8장에서 명백해질 것이다.

나는 나의 성경 연구, 경험, 현장 사역, 그리고 독서를 기반으로 다음과 같은 리더십의 측면들을 제시한다. 이 목록 자체는 성경에서 발견하지 못할 것이다. 그러나 성경에 나오는 지도자들과 탁월하신 예수님은 이런 특성들을 드러내셨다.

좋은 지도자가 되려면 내가 **개인적인 훈련들**이라고 일컫는 다음의 요소들을 발전시켜 나가야 한다.

- 당신은 상황과 목표와 투입할 수 있는 자원과 전략들을 **객관적으로 분석**하는 법을 배워야 한다. 이것은 당신이 모든 측면을 빠뜨리지 않고 고려하고, 그것도 당신 자신의 관점이 아닌 다른 관점들에서도 고려해보는 것을 의미한다.
- 모든 상황에 대한 **피드백 체계를 개발해야 한다.** 당신의 견해를 긍정하거나 부정하는 의견을 제시하는 합법적인 경로가 마련되어 있어야 한다는 뜻이다. 이렇게 피드백을 해주는 일은 지혜를 요구하고 또 이를 통해 당신은 지혜를 얻게 된다. 또한 원활한 피드백 경로가 형성되기 위해서는 리더로서 당신이 신뢰할 만한 인물일 것을 요구하며 피드백 시스템은 당신의 신뢰성을 높여준다.
- **다른 사람들에게 당신 자신을 투자해야 한다.** 특히 잠재적 리더들에게 당신의 시간과 노력을 투자해야 한다.
- **당신의 통찰을 기꺼이 실행에 옮겨야 한다.** 단지 통찰력이 있다고 해서 리더십이 있는 것은 아니다. 통찰이 효력을 발휘하려면 실행되어야 한다.
- 당신은 **확신**을 가져야 하며 그렇게 비춰져야 한다.
- 당신은 하나님이 지금 당신에게 맡기신 **구체적인 임무와 전략**에

대한 확신이 있어야 한다.

- 이 일로 섬기고자 하는 당신의 **갈망**에 대한 확신이 있어야 한다. 장로의 경우, 당신이 장로가 되기를 갈망하는 것을 확신한다는 의미이다. 이는 하나님이 당신을 그 직분으로 부르신다는 증거이 다(딤전 3:1).

- 당신이 일을 할 때 **성령님이 지대한 역할을 하시며** 모든 결과를 가져오신다는 것을 확신해야 한다. 당신은 초자연적인 개입에 대한 확신에 찬 기대를 가지고 행동하며 사람들을 인도한다. 하나님은 만유의 주님이시므로, 모든 인간 조직체에서 이것을 인식해야 한다.

- 당신이 **자격이 있고**, 그래서 하나님이 당신의 리더십과 은사를 사용해 오셨으며 앞으로도 사용하실 거라는 확신이 있어야 한다. 목사에게 이것은 당신의 설교와 가르침의 영적 효능에 대한 확신을 포함한다. 이 확신은 교회의 확언에 의해 확증된다.

교회에는 자신이 합당한 자격을 갖추었다고 확신하는 리더들이 매우 필요하다. 우리는 오만하고 미성숙한 리더십의 예들을 얼마든지 떠올릴 수 있지만, 이 확신은 오만이 아니다. 하나님은 그분이 택하신 지도자들에게, 그들을 사용하여 하나님 나라의 일을 이루실 거라는 확신을 직접 심어주신다. 모든 영적 은사는 교회를 위해 주어진 것이다. 그러나 각 은사는 하나님이 그분의 목적을 이루기 위해 초자연적인 방법으로 그 사람의 사역을 사용하고 계신다는 확신을 수반한다.

훌륭한 지도자가 되는 것은 다음과 같은 요소들을 자연스럽게 나타내는 것과 관련된다.

- 당신은 당신의 비전(그룹이 무엇을 하고 어떻게 되면 좋은지에 대한 당신의 생각)에 대한 **영감**을 심어준다. 사람들은 "그는 자기가 무엇을 말하고 있는지 알고 있다. 그 비전은 이해가 된다"고 말한다.
- 당신은 당신의 비전에 대한 **열띤 반응**을 자아낸다. 사람들은 "나도 이 비전에 동참하고 싶다!"고 말한다.
- 당신은 당신의 리더십에 대한 **확신**을 심어준다. 사람들은 "나는 이 사람의 리더십을 믿을 수 있다"고 말한다.
- 당신은 당신을 따르는 자들에 대한 **세심함**을 나타낸다. 사람들은 "이 사람은 나를 이해하고 내 말을 듣고자 한다"고 말한다.

지도자는 세상을 **움직이고 뒤흔드는 사람**이다.

- 당신은 **흔드는 사람**, 즉 사람들이 현 상황에 의문을 갖게 만드는 사람이 되어야 한다. 어떤 일을 이루려면 사람들이 그들의 현 상태로는 충분하지 않다는 것을 깨닫게 해주어야 한다. 당신은 또한 변화를 방해하는 모든 장애물들을 제거해야 한다. 불화나 불만을 용납한다는 뜻이 아니다! 다만 우리가 여전히 죄악된 사람들인 한, 우리는 성령으로 변화될 필요가 있으며, 당신도 거기에

동의할 것이다. 우리의 개인적인 삶에서나 교회 공동체의 삶에서나 현 상태는 언제나 개선이 필요할 것이다. 그러므로 리더십은 성령님이 이끄시는 "흔들기"에서 시작되어야 한다. 그때에야 어떤 목표를 향해 나아가야 할 필요성, 지도자가 그 방향으로 이끌어야 할 필요성이 생긴다. 그때 비로소 영적 성장이 이루어질 수 있다.

• 당신은 사람들이 목표를 향해 노력하도록 영향을 미칠 수 있다는 의미에서, **변화를 가져오는 사람**이 되어야 한다. 일단 사람들이 변화의 필요성을 인식하면, 지도자는 자신의 기술을 사용하여 사람들을 격려하고 그들이 목표를 향해 나아갈 수 있게 해준다.

훌륭한 지도자는 다음과 같은 **기술들**을 사용해야 한다.

• 사람들에게 **동기를 부여할** 수 있어야 한다. 사람들이 어떤 일을 하도록 동기를 부여받으려면 세 가지가 필요하다. 첫째, 자신의 기본적인 필요가 충족되었으며, 자신이 필요한 사람으로 여겨지고 있다고 느껴야 한다. 4장에서 보았듯이, 교회 안에서 가장 큰 동기부여의 원천은 살아 계신 하나님에 대한 활력이 넘치는 예배이다. 이것은 하나님의 임재와 능력에 대한 지속적인 느낌을 포함하며, 주목하지 않을 수 없는 말씀 설교를 포함한다. 둘째, 그들을 움직이게 하는 사람, 즉 동기부여자가 있어야 한다. 셋째, 변화를 이루기 위한 계획이 있어야 한다. 이것은 3부에서 다룰

주제이다.

- **의사소통**을 잘할 수 있어야 한다.
- **변화의 에이전트** 역할을 할 수 있어야 한다. 변화의 에이전트란 사람들이 계속해서 공동의 목표를 향해 나아가게 하는 사람을 말한다. 분명히 이것은 사람들에게 동기를 부여하는 일을 포함한다. 또 분명한 계획을 세우는 일을 포함한다. 그러나 동기 부여와 세심한 계획 외에 더 많은 것들이 필요하다. 나는 특히 두 가지를 염두에 두고 있다. 당신은 사람들 사이의 갈등을 해결할 수 있어야 하며, 책임을 위임할 수 있어야 한다.

이러한 리더십 자질과 기술들은 그리스도인이든 아니든 어느 지도자에게나 나타나는 특성이다. 그리스도인 지도자는 성령님을 의지하면서 리더십 자질과 기술을 향상시켜야 한다. 지도자가 사람들을 이끌려면 그러한 특성들을 나타내야 한다.

좋은 소식은 훌륭한 리더십 기술들이 상당 부분 지속적인 훈련과 평가를 통해 습득될 수 있다는 것이다. 현명한 당회는 이 영역에서 지속적인 교육과 상호 격려를 위한 계획을 세운다. 지도자들은 리더십을 발전시키기 위해 계속해서 기술을 연마할 수 있고 연마해야만 한다.

장로를 장로로 만드는 것 : 책임성

장로는 특별한 종류의 지도자다. 장로가 되기를 갈망하는 사람, 혹은 교회가 장로로 세우기 원하는 사람은 이미 성경적인 자격요건들을 증명해 보이며 리더십 기술들을 사용하고 있을 것이다. 성경적 자격을 갖춘 지도자와 장로의 차이점은, 하나님이 장로에게 교회 멤버들의 영적 건강에 대해 공식적 책임(accountability)을 지우신다는 데 있다.

히브리서는 신자들을 향해 그들의 지도자들에게 순종하고 그들의 권위에 복종하라고 말한다. "그들은 너희 영혼을 위하여 경성하기를 자신들이 청산할(give an account) 자인 것 같이 하느니라"(13:17)는 것이 그 이유이다. 에스겔 선지자를 향한 하나님의 메시지는 설명할 책임이 있다는(accountable) 것이 무엇을 의미하는지를 극적으로 보여준다. 하나님은 에스겔에게 파수꾼이 되라고 하신다. 하나님은 에스겔이 백성들에게 그들의 죄의 심각한 결과들에 대해 경고하길 원하신다. 만일 에스겔이 사람들에게 경고해도 사람들이 그 경고를 듣지 않는다면 그들은 그들의 죄로 인해 죽을 것이다. 그런데 에스겔이 하나님의 경고를 전달하지 못한다면, 사람들은 그래도 죽을 것이나 하나님은 또한 그들의 피에 대한 설명 책임을 에스겔에게 물으실 것이다(겔 3:16-21).

나는 종종 책임성(accountability)을 외투나 망토라고 부른다. 하나님이 엘리야 선지자를 하늘로 데려가셨을 때 그의 겉옷이 떨어졌다. 이를 지켜보던 제자, 엘리사는 그 겉옷을 집어 들었다. 그것은 그가 엘리야의 사역을 떠맡고 하나님이 주시는 능력과 권위를 요구하고 있었다는 생생한 외적 표시였다(왕하 2장). 내가 설명 책임 혹은 책임성(accountability)을 엘리야의 외투 같은 것으로 여기는 이유는 하나님이 장로로 임명받는 자에게 그것을 부여하시기 때문이며, 또 그것이 내적 차원뿐 아니라 외적인 차원도 갖고 있기 때문이다.

내적으로, 성령님은 장차 장로가 될 사람의 마음속에서 역사하셔서 하나님의 교회를 섬기기를 갈망하게 만드신다. 장로직은 사람이 "얻으려 하는" 것이며 그것은 "선한 일을 사모하는 것"이라고 바울은 말한다(딤전 3:1). 내적으로, 하나님이 장로를 목자로 빚으신다. 행동으로 나타나는 책임성이 목양이다. 설명 책임 혹은 책임성이란 신자가 하나님의 뜻을 알고, 그 뜻에 따라 살고(마음속에서 일어나는 성령의 은혜로운 역사로 인해), 이를 즐거워하도록 신자를 인도하기 위해 하나님과 신자 사이에 서 있는 것이다.

장로는 믿음이 있는 교회 멤버들에게 하나님이 원하시는 사람, 즉 공동의 유익을 위해 은사를 사용하는(고전 12:7) 제사장(벧전 2:5)이 되어, 그리스도의 몸이 "각 마디를 통하여 도움을 받음으로 연결되고 결합되게" 하라고 권면한다. 그런 사람은 "항상 예수의 죽음을 몸에 짊어짐은 예수의 생명이 또한 우리 몸에 나타나게 하려 함이라"(고후 4:10)라는 구절이 묘사하는 사람이다. 바울은 하나님께로부터 받은 장로의 열정, 곧 교회의 경건 성장의 촉매가 되고자 하는 열정에 대해 말한다. "우리가 그를 전파하여 각 사람을 권하고 모든 지혜로 각 사람을 가르침은 각 사람을 그리스도 안에서 완전한 자로 세우려 함이니 이를 위하여 나도 내 속에서 능력으로 역사하시는 이의 역사를 따라 힘을 다하여 수고하노라"(골 1:28-29).

그러나 책임성은 또한 중요한 외적 측면을 갖고 있다. 장로의 직분은 하나님이 임명식을 통해 공식적으로 어떤 사람에게 수여하시는 직위이다. 이 점에서 장로직은 시민권, 결혼, 부모됨, 공직과 비슷하다.

결혼식은 사랑의 축하행사로 이루어진다. 사랑에 있어서는 결혼식 전후에 아무것도 달라지는 것이 없다(그러길 바란다!). 그러나 결혼식은 그 관계를 공식화하는 것이다. 결혼 후에는 이전에 없었던 법적, 영적 권리와 특전이 생긴다. 이는 그 부부가 얼마나 많이 사랑하는지와는 아무 상관이 없다. 마찬가지로, 부모의 지위는 공식적으로 한 아이에 대한 책임이 있는 사람으로서 여러 문서에 서명을 할 자격을 준다. 아이의 실제 부모가 아이를 실망시킬 때, 다른 어른이 아버지나 어머니처럼 행동할 수 있다. 그러나 그렇다고 해서 부모의 공적인 지위가 쓸모없거나 중요하지 않은 것은 아니다.

장로의 직분은 하나님이 자기 자녀들을 영적으로 돌보기 위해 공식적으로 지정하신 수단이 감독(oversight)임을 나타낸다. 결혼과 부모 역할에 대해서도 똑같이 말할 수 있다. 그것이 직분 서임(ordination)의 의미이다. 하나님이 어떤 사람을 장로로 섬기도록 공식적으로 임명하신다. 다른 이들도 목양, 자녀양육, 부양을 할 수 있으며, 공식적으로 임명된 장로들, 배우자들, 또는 부모들이 실패할 수도 있다. 그럼에도 불구하고, 그 직분을 맡은 사람은 여전히 하나님 앞에서 다른 사람들에 대한 엄숙하고 공식적인 관계를 맺고 있다. 장로들에게 있어 그 관계가 바로 책임성이다.

하나님이 어떤 사람을 장로로 임명하신다는 말은 결코 회중이 장로될 자를 결정하는 결정권을 부인하는 것이 아니다. 결혼 제도를 살펴보면 이것이 어떤 것인지 이해할 수 있다. 우리는 여러 요소들을 꼼꼼하게 따져본 후에 인생의 동반자를 선택한다. 야곱과 라헬, 룻과 보아스 같은 성경의 사랑 이야기들은 하나님이 이런 과정을 기대하고 사용하신다는 것을 보여준다. 성경은 또한 우리에게 하나님이 제도를 정하신다고 말한다. 남편과 아내는 하나님이 정하신 관계 속에 서 있으며, 하나님이 친히 그 관계에 특권과 의무를 부과하신다. 인간의 개입이 하나님의 임명을 무효화하지 않는다. 오히려 인간의 개입은 하나님의 도구 역할을 한다.

여기에 중요하고 결정적인 사실이 있다. 즉 장로는 바로 하나님이 그를 공적으로 지명하셨기 때문에 하나님이 그 임무를 수행하기 위한 실제적인 힘을 부여해주실 것을 기대할 수 있다. 엘리사가 엘리야의 겉옷을 가지고 엘리야의 하나님으로부터 능력을 끌어왔던 것처럼 말이다.

목양과 그것이 수반하는 모든 것을 좀 더 자세히 살펴보다 보면 자연히 책임성에 대해 다룰 수밖에 없다. 장로들은 책임 있게 감독하고 멤버들은 주도적으로 은사를 발휘하는 리더십 전략을 설명하면서, 우리는 책임성에 대해 다룰 것이다. 이러한 논의를 통해 공적인 리더십에 대한 복종이 무엇을 의미하는지 분명해질 것이다. 우리가 교회 생활에서 말씀과 예배가 맡고 있는 역할이 무엇인지 살펴보았을 때, 사실 장로들의 책임성에 대해 다루고 있었다. 사실상이 책 전체가 장로의 책임성에 대해 구체적으로 이야기하고 있다.

모든 것의 핵심 : 장로들은 목자처럼 생각해야 한다

나의 사역 초기에 하나님은 내게 장로직이 무엇인지를 보여주시기 위해, 내가 예전부터 갖고 있던 완전히 부적절한 개념들을 타개하신 적이 있었다. 나는 그 순간을 결코 잊지 못할 것이다. 하나님은 목자의 의미를 알고 있는 장로들의 모임을 사용하셨다. 그들 중에 테드라는 사람이 있었다.

내가 처음 그 교회에 갔을 때, 나는 나 자신을 목사로 보았고, 테드를 은행 직원인 장로로 보았다. 나는 그와 함께 교회 일들을 수행하면서 여러 일들이 처리되는 것을 보았다. 나는 목자로서 우리의 역할이 교회 멤버들의 가정을 공식적으로 심방하는 것이라고 생각했다.

우리 교회의 다른 장로 한 사람이 예기치 못한 죽음을 맞았을 때가 그런 경우였다. 테드와 나는 장례식장을 방문했다. 친구들과 가족들이 도착하고 있었고, 음식들도 마련되고 있었다. 나는 이 모든 상황 속에서 적절한 말을 하고 싶었다. 나는 올바른 단어와 구절들을 사용했다. 나는 하나님이 나의 행위를 통해 높임을 받으신다고 믿었다.

그런데 테드는 단순히 다가가서 미망인의 어깨를 두드려주며 그녀에게 "예수님이 보살펴주십니다"라고 말했다. 나는 하나님이 그의 단순한 말과 몸짓을 통해 나의 말보다 훨씬 더 많은 일들을 이루고 계신 것을 알았다. 이는 테드가 한 말이 그 교회 멤버와의 지속적인 교류의 바탕에서 나온 것이기 때문이었다. 나는 그 관계가 단지 그녀의 남편과의 단순한 친분이나 공식적인 관계가 아니란 걸 알았다. 그녀는 테드를 자신의 영혼을 보살펴주는 영적 역할을 하는 사람으로 여기고 의지했다. 그것은 그가 여러 해 동안 사역을 하면서 이미 자리를 잡은 지위였다. 나는 그것이 테드가 옳은 말을 했기 때문이 아니라, 그가 그녀를 개인적으로, 영적으로 보살펴주었기 때문이라는 걸 알았다. 그는 삶 속에서 자신의 역할을 수행하면서, 나에겐 그저 교리에 불과했던 것을 적극적으로 삶의 일부로 통합하였다. 그는 매우 오랫동안 그런 모습을 보여왔기 때문에 그것이 그의 존재 중심에서 자연스럽게 흘러나오는 듯했다. 따라서 충격에 빠져 있고 괴로움에 사로잡혀 있는 미망인에게 테드가 말을 건넸을 때, 하나님은 그의 단순한 반응을 사용하여 그녀의 마음의 문을 열어 위로와 치유의 사역을 시작하신 것이다.

하나님은 장로 직분의 본질이 공식적인 보살핌의 관계 속에서 나타나는 목양의 본보기를 내게 보여주고 계셨다. 장로가 어떤 말이나 행동을 하든, 어떤 일을 수행하든, 어떤 말을 내뱉고, 어떤 프로그램을 운영하고, 어떤 가정을 심방하고, 어떤 결정을 내리든, 하나님 앞에서 그의 삶의 방향과 사역의 중심은 하나님이 그에게 맡기신 사람들을 목양하는 데 있다.

목양의 본질은 프로그램화할 수 있는 무언가와 정확히 일치하지 않는다. 그것은 장로가 맡은 여러 일들이나 책임들과도(성경이 명하는 것들이라 할지라도) 같지 않다. 심지어 성경의 교리들을 특정 상황에 성실하게 적용한다고 해도 그것이 장로의 역할을 다한 것이라고 할 수 없다. 나는 이러한 것들을 무시할 마음이 없지만, 목양의 본질은 무형적인 것이다.

우리는 목양을 프로그램화할 수 없지만 확실히 달성할 수는 있다. 장로는 자기에게 맡겨진 목자의 역할을 삶 속에서 의식적으로 실천함으로써 목양을 해낼 수 있다. 그는 모든 일 가운데서 목자의 보살핌을 배우고 시행하는 데 노력을 집중해야 한다. 그러려면 지속적인 기도가 필요하고, 장로 임명과 함께 주어지는 하나님의 은사를 활용해야 한다. 장로는 예수님이 보여주신 목양의 본보기를 계속 묵상하고, 동료 장로들과 서로 격려도 하고 책망도 하는 관계를 형성해야 한다. 또한 자신의 생각을 재정렬하여 다음과 같이 생각해보아야 한다. '나는 이 사람들의 목자이다. 그 사실은 이 상황에서 나에게 무엇을 요구하는가?'

목양에 대한 회중의 반응도 마찬가지로 무형적이다. 그것은 장로들의 권위에 대한 공식적인 복종이나 장로의 지시에 대한 순종과 같지 않다.

그것은 가정에 걸려오는 전화의 횟수로 추산되지 않는다. 그것은 보살핌을 받고 있다는 확신과 위로, 그리고 영적 성장과 창의적인 봉사를 위한 자유를 얻게 하는 감정적, 영적 성장이다. 그것은 마지못한 인위적 추종이 아니라 자연스럽고 자발적인 복종이다.

분명히 말하자면, 나는 목자답게 살고 생각하는 장로가 양들을 평안과 확신으로 이끌 것이라고 믿는다. 장로가 얼마나 많은 가정에 전화를 거는지와 상관없이, 장로의 마음가짐에서 목자의 모습이 나타나고 회중은 보살핌 받고 있다는 확신을 경험하게 되는 것이다. 실로 장로들이 이런 마음가짐을 구체적 현실에서 드러낼 때에 비로소 회중은 목자의 리더십을 느낄 것이다. 이것은 다른 것으로 대체될 수 없다.

나는 테드와 함께했던 그 순간을 여러 해 동안 깊이 생각했다. 내가 테드에게서 보았던 것은 하나님이 규정하신 교회 리더십 모델을 복제한 것임을 알게 되었다. 나는 장로들이 희생적인 사랑의 동기로 성도들의 영적 성장을 위해 애쓸 때, 그 장로들 자신이 좀 더 온전히 하나님이 원하시는 지도자가 될 뿐만 아니라 회중도 하나님이 원하시는 방식으로 성장하고 섬기게 된다는 것을 확신하게 되었다. 멤버들은 장로가 그들의 영적 안녕을 위해 헌신하였다는 것을 감지하고서 그런 지도자를 존경하고 즐겁게 따를 것이다.

목양은 이렇게 무형적인 본질을 갖기 때문에, 말로 배우기보다는 본보기를 통해 배우는 것이 바람직하다. 목양은 가르칠 수 있고 배울 수 있는 것이다. 나는 목자의 마음가짐을 실현하는 것이 지역 교회의 건강에 절대적으로 중요하다고 생각한다.

나의 개인적인 열망은 장로들에게 그 중요성을 깨우쳐주고, 그 것을 달성할 수 있다는 희망을 주며, 그것을 달성하는 구체적 방법을 보여주는 것이다.

목양에 관한 안타까운 사실들

나는 많은 교회들이 목양을 장로의 심방 프로그램과 동일시하는 실수를 범하는 것을 발견했다. 장로들은 정기 교인 심방을 계획하면서 그것을 통해 장로로서 수행해야 할 목양의 의무를 완수할 수 있다고 넘겨짚는다.

그러나 목양을 프로그램화할 수 있는 무언가로 생각하는 것은 장로의 역할을 완전히 잘못 이해한 것이다. 장로는 무엇보다 우선적으로 목자이다. 그가 장로로서 행하는 모든 일들은 이 기본적인 방향에서 나오는 것이다. 성경적인 목양은 조직화된 심방보다 훨씬 더 많은 것을 포함한다. 그것은 목자의 마음에서 흘러나오는 삶을 사는 것이다.

뿐만 아니라, 교회의 교인수가 늘어나면 목양 프로그램은 실행 불가능한 것이 된다. 이를테면, 스무 가정 정도 모이는 작은 교회에서는 다섯 명의 장로들이 심방 프로그램을 유지하여 각 개인의 삶에 영적 영향력을 미치는 의미 있는 개입을 할 수 있다. 하지만 교회의 규모가 더 커지면 장로들의 수도 비례해서 증가할 때에만 그런 개입이 유지될 수 있다. 백 가정이면 스물 다섯 명의 장로가 필요할 것이고, 이백 가정이면 오십 명의 장로가 필요할 것이다. 이것은 비현실적인 숫자다. 우리는 분명히 목양과 심방을 동일시할 수 없다.

안타깝게도, 내가 테드와 그의 동료들에게서 보았던 목양은 일반적이기보다 예외적인 것이다. 나는 교회 컨설턴트로 사역하면서, 멤버들과 장로들에게 이런 질문을 던진다. "장로들은 멤버들의 신앙이 성장하도록 목양을 하고 있나요?"(나는 "당신이 기록해놓은 공식적인 심방 횟수가 얼마나 되나요?"라고 묻지 않는다.) 여러 해 동안 교회에 대해 연구한 끝에 내가 내린 기본적인 결론은, 교회 멤버들이 자신이 목양을 받고 있다고 믿는 경우가 매우 드물다는 것이다. 또한, 일부 장로들은 진심으로 자기들이 목양을 하고 있다고 믿으나 멤버들은 그렇게 받아들이지 않는다. 그리고 가장 흥미로운 결론은, 대부분의 장로들이 자신이 목양을 잘하지 못하고 있음을 인정한다는 것이다. 따라서 목양은 장로들이 교회의 몸을 높은 수준의 영적 성숙과 건강으로 이끌기 위해 반드시 필요하지만 가장 자주 놓치는 요소라고 할 수 있다.

하나님의 목자

언제나 좋은 소식은 있다. 일단 당신이 놓치고 있었던 요소를 확인했으면, 상황을 바로잡기 위한 첫걸음을 이미 뗀 것이다. 게다가 하나님은 지도자로 부르신 이들을 훈련시키기 위해 친히 청사진과

"전시품"을 제공해주셨다. 우리가 말씀 속에서 이 청사진을 보고, 또 주님의 개인적인 본보기를 볼 수 있다.

하나님은 이스라엘 자녀들에게 자기를 목자로 여기라고 말씀하신다. 다윗은 "여호와는 나의 목자시니"라고 말한다. 야곱은 "나의 출생으로부터 지금까지 나를 기르신 하나님"이라고 말한다(창 48:15; 비교구절, 49:24; 시 28:9; 80:1; 전 12:11; 사 40:11; 렘 31:10; 겔 34:12, 16). 또한 구약성경의 계시를 통해, 하나님은 목자를 인간 리더십의 본보기로 사용하신다. 하나님은 이스라엘의 목자였다가 왕이 된 다윗에게 "네가 내 백성 이스라엘의 목자가 되라"(삼하 5:2; 비교구절, 7:7; 대상 11:2; 17:6; 시 78:71; 사 63:11)고 명령하신다. 또한 성경은 사람들의 가장 심각한 곤경을 묘사하면서 그들이 "목자 없는 양" 같다고 말한다(민 27:17; 비교구절, 왕상 22:17; 대하 18:16; 사 13:14; 63:11; 겔 34:5, 8; 슥 10:2; 11:17; 13:7; 막 6:34). 하나님의 메시아이자 하나님의 자기 계시의 정점이 되시는 예수님은 목자 중의 목자이다. 구약에 그렇게 예언되어 있고, 예수님 자신이 스스로에 대해 그렇게 언급하셨고, 신약성경이 그렇게 묘사한다(겔 37:24; 미 5:4; 마 2:6; 26:31; 막 14:27; 요 10:1-18; 히 13:20; 벧전 2:25; 5:4; 계 7:17). 그리고 이 목자 비유 안에 놀라운 역설이 들어 있다. 위대하신 목자 중의 목자께서 바로 어린양이시다!

하나님은 장로들을 목양 사역으로 부르셨다. "너희 중 장로들에게 권하노니…너희 중에 있는 하나님의 양 무리를 치되…목자장이 나타나실 때에"(벧전 5:1-4). **장로들**은 **목자장**이 나타나실 때까지 **하나님의 양 무리**의 목자가 되어야 한다. 이스라엘의 왕들, 구주 예수님,

아버지 하나님에게 합류하여 하위 목자 역할을 한다는 것은 얼마나 놀라운 특권인가! 하나님은 공식적으로 그분의 하위 목자들인 교회의 장로들을 통해 그분의 양 떼인 교회를 보살피려 하신다.

우리는 개개의 "양"으로서 요한복음 10장에 나오는 목양에 관한 그리스도의 말씀을 귀 기울여 듣고 사랑했다. 주님은 자신이 선한 목자라고 말씀하시며, 우리 각 사람에게 영적 위로와 확신을 주신다. 그러나 장로들이 하나님의 목양을 최전선에서 수행하는 목자들이라는 사실이 명백해질 때 그리스도의 말씀이 새롭게 보인다. 우리는 양으로서 그리스도를 따를 뿐 아니라 견습생 목자로서 목자장을 따른다. "내가 그들을 대하듯이, 또 내가 너희들을 대했던 것처럼 그들을 대하라. 너희가 회중을 이끌길 원하느냐? 나를 본보기로 삼으라. 양들이 나를 인식하듯이 너희를 인식해야 한다."

이 "목회적" 소명에 비추어, 다음과 같은 목자장의 말씀을 생각해보라(요 10:1-18).

"내가 진실로 진실로 너희에게 이르노니 문을 통하여 양의 우리에 들어가지 아니하고 다른 데로 넘어가는 자는 절도며 강도요 문으로 들어가는 이는 양의 목자라 문지기는 그를 위하여 문을 열고 양은 그의 음성을 듣나니 그가 자기 양의 이름을 각각 불러 인도하여 내느니라 자기 양을 다 내놓은 후에 앞서 가면 양들이 그의 음성을 아는 고로 따라오되 타인의 음성은 알지 못하는 고로 타인을 따르지 아니하고 도리어 도망하느니라 예수께서 이 비유로 그들에게 말씀하셨으나 그들은 그가 하신 말씀이 무엇인지 알지 못하니라 그러므로 예수께서 다시 이르시되 내가 진실로 진실로 너희에게 말하노니 나는 양의 문이라 나보다 먼저 온 자는 다 절도요 강도니 양들이 듣지 아니하였느니라 내가 문이니 누구든지 나로 말미암아 들어가면 구원을 받고 또는 들어가며 나오며 꼴을 얻으리라 도둑이 오는 것은 도둑질하고 죽이고 멸망시키려는 것뿐이요 내가 온 것은 양으로 생명을 얻게 하고 더 풍성히 얻게 하려는 것이라 나는 선한 목자라 선한 목자는 양들을 위하여 목숨을 버리거니와 삯꾼은 목자가 아니요 양도 제 양이 아니라 이리가 오는 것을 보면 양을 버리고 달아나나니 이리가 양을 물어 가고 또 헤치느니라 달아나는 것은 그가 삯꾼인 까닭에 양을 돌보지 아니함이나 나는 선한 목자라 나는 내 양을 알고 양도 나를 아는 것이 아버지께서 나를 아시고 내가 아버지를 아는 것 같으니 나는 양을 위하여 목숨을 버리노라 또 이 우리에 들지 아니한 다른 양들이 내게 있어 내가 인도하여야 할 터이니 그들도 내 음성을 듣고 한 무리가 되어 한 목자에게 있으리라 내가 내 목숨을 버리는 것은 그것을 내가 다시 얻기 위함이니 이로 말미암아 아버지께서 나를 사랑하시느니라 이를 내게서 빼앗는 자가 있는 것이 아니라 내가 스스로 버리노라 나는 버릴 권세도 있고 다시 얻을 권세도 있으니 이 계명은 내 아버지에게서 받았노라 하시니라."

보살피기, 사랑하기, 구비시키기. 이 세 단어가 목양에 관한 그리스도의 교훈의 핵심이다. 선한 목자는 자신의 생명을 아끼지 않고 양들을 보살피는 마음으로 그들이 하는 일을 가장 잘할 수 있게 구비시킨다.

목자/장로는 자기가 맡은 자들을 보살핀다

목자는 자기 양 떼를 보살핀다. 나는 처음에 양 떼를 인도하는 목자의 모습을 마음속에 그려보았다. 몇몇 인기 있는 그림들이 이 장면을 담아내어 우리에게 시각적 이미지를 제공해준다. 그러나 하나님이 직접 목자상을 보여주셨다. 이사야 40장 11절은 하나님을 다음과 같이 묘사하고 있다.

"그는 목자같이 양 떼를 먹이시며 어린 양을 그 팔로 모아 품에 안으시며 젖먹이는 암컷들을 온순히 인도하시리로다."

이 장면은 누군가를 매우 극진히 보살피고 도와주는 이의 강함과 부드러움을 동시에 표현한다. 선한 목자에 대한 예수님의 묘사 속에서도 우리는 똑같은 자질을 발견한다. 여기서 지도자는 단지 의무를 수행하는 사람이 아니라 사랑을 행하는 사람이다. 이 장면은 우리가 목양에 대해 이야기할 때 추구하는 무형의 고귀한 자질을 나타낸다. 목양에 대해 묵상하면서, 온순히 인도하는 이미지를 마음속에 새겨두라.

하나님의 공식적인 승인을 받는다. 목자/장로는 "도둑과 강도"와

달리 "문으로 들어온다." 하나님은 그가 하나님의 양 떼를 돌보도록 승인하셨다. 앞에서 말한 책임성의 공식적인 외투는 하나님의 공식적인 승인을 전제로 한다.

관계를 시작한다. 목자/장로는 "자기 양들의 이름을 부른다." 창세 전에 하나님 아버지께서 일방적으로 우리와의 관계를 시작하셨듯이(얼마나 큰 은혜인가!) 하위 목자는 각 멤버들과의 목양 관계를 시작한다.

계획하고 보호한다. 목자/장로는 안전한 초장과 쉴 만한 물가로 "양들을 인도한다." 양들을 위해서는 양식과 물이요, 신자들을 위해서는 말씀과 영이다. 장로들은 이것들이 충분히 공급될 수 있게 돌본다. 그러자면 좋은 계획을 세워야 한다. 영적 양식과 물, 영적인 보호가 충분히 공급되는 것을 보장하려면 당회는 그것들을 공급하기 위한 계획을 세워야 한다.

나는 종종 장로들이 단기적으로나 장기적으로 계획 세우는 일에 실패하는 것을 발견한다. 그 결과, 멤버들은 약한 리더십 아래 불안해한다. 나는 당회에게 목표를 이루기 위한 실천적인 전략들을 세우는 것을 습관화하길 권한다. 나는 이 일을 정기 회의가 아니라 특별 회의에서 하기를 권한다. 우리는 이것에 대해 나중에 좀 더 이야기할 것이다.

하나님은 장로들이 신자들을 이리와 사탄으로부터, 즉 유혹과 이

단으로부터 보호하길 기대하신다. 나중에 살펴보겠지만, 장로들의 중요한 책임 중 하나는 멤버들을 지키는 것이다. 바울은 젊은 장로인 디모데에게 "네게 부탁한 것을 지키라"(딤전 6:20; 비교 딤후 1:14)고 말하는데, 이는 건전한 교리를 지키는 것과 맡은 자들의 영적 안녕을 계속해서 측정하는 것을 둘 다 가리킨다. 지키는 것은 성경에 충실하도록 보장하기 위해 설교와 가르침을 모니터하는 것을 포함한다. 또한 신자들이 유혹을 멀리하고, 계속해서 하나님을 가까이하게 하는 것을 포함한다. 때로는 교회의 권징을 포함하기도 한다.

이것은 영적 보살핌이다. 이 사역을 올바로 수행할 때 양들은 "들어가며 나오며 꼴을 얻으리라"는 것을 알게 된다. 장로들이 교회 생활의 핵심 요소들을 지키면, 멤버들은 그들의 영적 필요들이 순결한 교리와 생명력 있는 사역에 의해 충족될 것을 확신하며 기쁨으로 기대할 수 있다.

생명을 내어준다. 장로/목자는 필요한 양식, 물, 보호만 공급해주는 것이 아니다. 그는 생명 자체를 공급한다. "내가 문이니 누구든지 나로 말미암아 들어가면 구원을 받고…내가 온 것은 양으로 생명을 얻게 하고 더 풍성히 얻게 하려는 것이라." 그리스도만이 생명을 주신다. 오직 그리스도만이 그분 안에 생명의 능력을 갖고 계시기 때문이다. 그러나 장로/목자는 죄인이 그리스도를 바라보게 함으로써 자신의 공로에 기반하지 않고 은혜로운 말씀에 기반하여 풍성한 생명에 대해 확신할 수 있게 도와준다.

대외 사역을 이끈다. "또 이 우리에 들지 아니한 다른 양들이 내게 있어 내가 인도하여야 할 터이니 그들도 내 음성을 듣고 한 무리가 되어 한 목자에게 있으리라." 이 구절을 보고 나는 기쁨의 함성을 외친다. 왜냐하면 내가 그 "다른 양들" 중 하나였기 때문이다. 위대한 목자께서 자신의 양 떼에 만족하지 않으시고 적극적으로 양떼를 늘리셨다는 것이 우리 각 사람에게 얼마나 기쁜 일인가! 목자/장로의 관심은 아직 양 무리에 속하지 않은 사람들에게까지 미친다. 이것은 우리를 보호해주는 관계를 우리끼리 간직하고 다른 사람들과 나누려 하지 않는 유혹에 대해 말한다. 종종 우리는 다른 사람들이 이 공동체에 들어오면 우리가 받는 혜택이 줄어들까봐 두려워한다. 그러나 건강한 공동체는 그 수가 늘어날수록 사랑이 더 깊어진다는 것을 안다. 장로들은 다른 양들을 우리 안으로 데려오기 위해 손을 내미셨던 주님의 본을 따라야 한다.

내가 목회했던 교회는 메시아 센터(Messianic Center)의 지역 책임자를 강사로 초청했다. 나는 그의 이야기에 감동과 도전을 받았다. 그는 우리에게 다른 부류의 사람들에게 복음이 전해질 수 없다고 생각하지 말라고 권면했다. "모든 사람이 그렇게 생각했다면 아무도 내게 복음을 전해주지 않았을 거예요"라고 그는 말했다. 주님은 우리 생각에 도저히 복음을 받아들일 것 같지 않은 사람들에게 역사하신다.

장로/목자들은 회중을 독려하고 구비시켜 하나님이 그분의 교회를 완성하기 위해 일하고 계신다는 확신 아래 잃어버린 자들에게

다가가게 한다. 또한 그들은 회중을 독려하여 새 신자들을 몸 안으로 동화시키게 한다. 이것은 새 신자들이 몸의 생명의 그물망 안으로 완전히 들어와서, 영적 사역을 받고 또 스스로도 사역을 시작하게 되는 것을 의미한다. 하나님은 **하나의** 양 무리의 비전을 제시하신다.

하위 목자들은 멤버들에게 대외 사역이 선한 목자의 본보기를 따르는 삶이라는 것을 보여줄 수 있다. 예수님은 영원한 그림을 보신다. 예수님은 다른 양들을 택하셨다. 예수님은 우리에게 그분의 생명을 주신 것처럼 다른 양들을 위해서도 그분의 생명을 주셨다. 주님은 우리에게 그분의 관점과 사명을 공유하라고 명하신다. 주님은 우리가 충성스럽게 섬길 때 추수를 약속하신다.

스가랴는 이렇게 예언한다. "만군의 여호와가 이와 같이 말하노라 그 날에는 말이 다른 이방 백성 열 명이 유다 사람 하나의 옷자락을 잡을 것이라 곧 잡고 말하기를 하나님이 너희와 함께 하심을 들었나니 우리가 너희와 함께 가려 하노라 하리라 하시니라"(슥 8:23). 그리스도 안에서 세상이 당신의 발 아래 있는데 피난처에 모여만 있을 것인가?

행복한 복종을 불러일으킨다. 이 부분은 우리에게 리더십 스타일에 대해 구체적으로 알려준다. 장로/목자가 리더로서 자격을 갖추고 인정을 받는 것은 보살핌의 관계에서 비롯된다. 양들은 "목자의 음성을 알기 때문에" 목자를 따른다. 그들은 목자가 부르는 것은 아무 걱정 없이 맘껏 먹고 편안히 자라는 신호이며 다정한 보살핌을 나타내는 것이라고 믿는다. 목자는 양들을 앞으로 보내지 않는다. 양들이 뒤에서 자발적으로 따라간다. 양들은 강압에 따라 움직이지 않으며, 자유롭게 기쁨으로 선택한다. 교회 안에서 멤버들은 장로들의 인도를 따라야 한다. 이는 장로들이 그들에게 무엇을 하라고 말해주기 때문이 아니라, 그들을 보살펴주었기 때문이다. 멤버들이 느껴야 하는 것은 강요가 아니라 보살핌이다.

신뢰를 불러일으킨다. "나는 내 양을 알고 내 양은 나를 안다." 성공적인 장로 목양의 본질은 마음과 마음이 이어지는 것이다. 이것은 서로를 친밀하게 아는 데서 비롯하며 완전한 상호 신뢰로 이어진다. 하위 목자가 회중을 개인적으로 친밀히 아는 것은 회중의 신뢰를 불러온다. 회중이 자신에 대한 목자의 깊은 헌신을 경험하기 때문이다. 멤버들은 단지 그를 지도자로 아는 것이 아니다. 그들은 그를 인격적으로 알고 온전히 신뢰한다. 장로는 멤버들을 단지 영적 영양공급을 받는 자들로만 여기지 않는다. 그는 그들을 인격적으로 알며, 하나님이 그의 삶과 교회의 삶 속에서 그들을 사용하시기에 그들을 의지한다. 그 결과, 모든 사람이 매우 가치 있고 즐거운 삶을 살 수 있게 된다.

목자/장로는 희생적으로 사랑한다

목자/장로가 자신에게 맡겨진 자들을 제대로 돌보려면 반드시 자기 희생이 수반되어야 한다. 희생적인 사랑은 관심이 n제곱까지 증가하는 것이다. "선한 목자는 양들을 위하여 목숨을 버리거니와"(요 10:11). 장로는 하나님이 자신에게 맡기신 자들을 마음을 다해 보살피므로 양들을 결코 포기하지 않는다. 그는 자기에게 큰 희생이 따르더라도 계속 섬긴다. "사랑은 언제까지나 떨어지지 아니하되"(고전 13:8). 희생적인 사랑은 장로와 멤버 간의 가장 바람직한 관계를 나타낼 뿐만 아니라, 가장 바람직한 결혼생활과 가족관계를 나타내기도 한다. 실제적 의미에서 우리는 전자가 후자와 비슷해지길 기대할 수 있다. 보통 목자에 대해 "나는 그를 알고 그도 나를 안다"고 말할 수 있는 사람들은 희생적인 사랑을 목격한 사람들이다.

종종 이 희생적인 사랑은 몇 년 동안 지속되어야 하며, 그 후에도 포기하지 말아야 한다. 우리 교회에는 교단 관련 대학교에 다니는 딸을 둔 가정이 있었다. 그런데 안타깝게도 그 대학교의 지도자에 의해 야기된 갈등으로 사실상 그 딸의 교육이 엉망이 되어 버렸다. 우리 교회의 집사였던 그녀의 아버지는 이를 심히 원통해 했다. 나는 일주일에 세 번씩 그를 찾아가 그와 함께 기도하기 시작했다. 결국 몇 년 동안 그 일을 하게 되었다. 하나님은 마침내 그의 비통함을 허무셨다. 당신이 포기하지 않으면 성령께서 그분의 때에 그분의 일을 하신다. 당신의 일은 포기하지 않고 당신의 일을 계속하는 것이다. 사랑은 결코 실패하지 않는다.

목자/장로는 성장과 사역을 위해 멤버들을 구비시킨다

양들을 위한 이 모든 노력이 더해져 결국 양들의 성장과 그들에 의한 효과적인 사역의 밑거름이 된다! 양들은 목자/장로의 보살핌과 사랑의 사역이 바로 자신들의 영적 번성을 위한 일이라는 것을 알게 된다. 양들은 하나님이 공적으로 임명하신 목자이자 사랑과 돌봄을 통해 인증된 지도자를 즐겁게 따르기로 선택한다. 그들은 신뢰하며 목자/장로의 잘 계획된 방책을 따른다. 목자/장로가 그들을 위험으로부터 지켜주기 때문에 그들은 편히 쉰다. 그들이 그의 리더십을 믿는 것은 그를 알고 또 그가 그들을 알기 때문이다. 그들은 다른 사람들에게 다가가는 일에 있어서 그에게 합류한다.

그렇다고 해서 양들이 스스로 해야 하는 일을 대신 해주는 것이 아니다. 목자/장로의 보살핌은 양들이 성장하고 번성할 수 있는 최적의 환경을 제공해줄 뿐이다. 꽃이나 식물이 풍성한 정원을 갖기 원한다면 잘 경작된 토양, 알맞은 산도, 수분, 비료, 잡초 제거 등으로 보살펴주어야 한다. 그러나 이런 것들이 실제 성장을 궁극적으로 가져오는 것은 아니다. 하나님의 기적이 필요하다. 당신은 장미나 순무가 억지로 자라게 할 수 없다. 당신이 하는 일은 당신이 알고 있는 최고의 환경을 마련해주는 것이다. 양 떼에게도 동일한 원리가 적용된다. 목자는 안전한 환경을 제공해준다. 그러면 그 안전한 환경 속에서 양들은 양털과 고기와 새끼들을 생산한다. 다시 말해서, 장로들은 교회 생활을 보살피지만, 결과를 산출하지는 않는다. 그들의 목표는 멤버들이 영적으로 성장하고 스스로 사역을 행하는 것이다. 그들이 이를 격려하고 향상시킬 수 있지만, 프로그램화할 수는 없다. 나는 '구비시키다'(equip)라는 용어를 좋아한다. 그것은 구비시켜준 사람이 스스로 할 수 없는 일을, 구비된 사람이 시작하는 것을 나타내기 때문이다. 건강한 교회는 이러한 상호 관계를 계속 염두에 둔다.

이 논의를 시작할 때 나는 장로들의 사역의 형태가 교회의 몸 전체에 영향을 미친다고 말했다. 장로들은 목자의 본보기가 보여주는 균형점을 넘어 과잉이 될 수도 있고 이에 못 미칠 수도 있다. 교회의 장로들이 계획을 세우거나 교리의 순수성을 모니터링하거나 비공식적으로 성도들을 양육하는 일을 거의 하지 않는다고 하자. 그것은 멤버들을 목자 없는 양같이 만들 것이다. 물론 양들이 주도권을 행사할 수 있으나, 목자의 선견지명이 없을 때 그 결과는 처참할 것이다. 체계적인 발전이 없을 것이고, 기껏해야 느린 진전을 보일 것이다.

또 다른 극단을 가정해보자. 즉, 목자들이 양들을 위해 모든 일을 해줄 수 있고 또 해야만 한다고 잘못 생각하는 경우이다. 이 슬픈 시나리오는 장로들이 하나님에 대한 책임을 다하려면 교회 생활에 영향을 미치는 모든 결정을 그들이 해야 한다고 믿을 때 발생한다. 어떤 교회들은 당회가 영성을 프로그램화할 수 있고, 그 영성은 사실상 교회의 모든 프로그램에 참여하는 것과 동일한 것이라는 인상을 준다.

이 양 극단은 우리가 5장에서 교회 리더십에 대한 하나님의 두가지 지침과 관련해서 본 것과 일치한다. 한 극단은 장로의 설명 책임 혹은 책임성(accountability)에 관한 지침을 배제하고, 다른 극단은 영적 은사를 발휘하는 일에 있어서의 멤버들의 주도성에 관한 지침을 배제한다. 이미 말했듯이, 성령님으로부터 받은 은사들을 보유하고 있으며 성령님이 모으고 한 데 섞으신 무리를 장로들이 인도하는 것이다. 장로들은 하나님이 친히 그 은사 혼합체를 만드셨다는 사실을 기억하고, 절대 자신들의 사역으로 교회의 사역을 대신하려 해서는 안 된다. 장로들의 사역을 위한 목자 모델은 두 가지 지침의 자연스러운 균형을 유지해야 한다. 내 생각에 그것은 교회의 건강, 성령님의 사역, 하나님의 축복을 충분히 촉진시킨다. 이런 것이 사람들이나 스탭이 이끄는 것이 아닌 성령님이 이끄시는 사역이다. 교회는 양 극단 사이에서 중용을 지켜야 한다.

내가 이 목양의 개념을 소개해주었던 한 교회에 빛이 비추었던 때를 기억한다. 내가 장로들과 집사들을 같이 만나고 있을 때였는데, 집사의 사역은 근본적으로 구제 사역이며 집사 직분은 교회의 유기적인 삶 속에서 없어서는 안 될 역할을 한다는 것을 강조하고 있었다. 그 교회는 집사들이 재정 담당자이자 잔디 관리자들이라는 흔한 오해 때문에 어려움을 겪어 왔다. 그들은 내 말을 듣고 집사들에게 다른 종류의 영적 소명이 있다는 것을 깨닫기 시작했다. 집사들 스스로 영적으로 중요한 일을 하고, 결정을 내리며, 사람들을 돕는 자라는 새로운 인식을 갖게 됨으로써, 그들은 자유롭게 사역을 하게 되었다. 집사들은 돈을 관리하는 것보다 더 많은 일을 해야만 한다. 그들은 사람들과 그들의 문제들을 다루어야 한다.

그 교회에서는 장로들이 모든 것을 지시해 왔고, 집사들의 일을 재정 관리로 제한해 왔다. 이제 장로들은 집사들에게 그들의 성경적 직분을 수행하도록 격려하기 시작했다. 이 일은 교회가 멤버들의 은사를 활용하는 것으로 확대되었다. 이를 통해 그 교회의 영적 활력도는 지속적으로 개선되었다.

명백한 사실은, 많은 교회에서 집사들이 실제로 어떤 일을 한다는 생각이 장로들을 몹시 두렵게 만든다는 것이다! 성경적인 모델을 향해 가려면 기도와 용기, 그리고 믿음이 필요하다. 하나님에 대한 믿음, 그리고 모든 멤버들의 은사를 통해 하나님이 일하신다는 믿음이 필요하다.

이런 변화를 시도하는 모든 교회가 성공하는 것은 아니다. 내가 함께 있을 때 올바른 방향으로 나아갈 준비가 되어 있고 또 나아갈 수 있을 것 같아 보였던 한 교회가 있다. 그러나 장로들은 오랫동안 형성되어 온 틀을 깰 준비가 되어 있지 않았다. 이런 문제는 종종 더 작은 당회에서 나타난다. 한 사람이 그런 변화를 통제하고 거부하는 것이다. 나머지는 그에게 반대하려 하지 않는다. 더 많은 다양성을 가진 큰 당회에서는 변화에 대한 이런 식의 반대가 덜 자주 발생한다.

목자의 관점을 실현하는 법

다른 장로들의 사역이 이 목자 모델에 부응하지 못할 경우 당신은 무엇을 할 수 있을까? 첫째, 앞에서 말했듯이 용기를 내라. 당신은 이미 자신의 부족함을 인식하지도 못하는 장로들보다 훨씬 멀리 와 있다! 그 필요를 인식하는 것이 문제를 바로잡기 위한 큰 첫걸음이다.

이러한 마음가짐을 형성하려면 그것을 유지하는 것과 똑같은 활동들이 필요하다. 이것은 목자로서의 성숙도에 있어 여러 단계에 있는 모든 장로들이 같은 일들을 해야 한다는 뜻이다. 간단히 말하면 다음과 같다.

- 개인적으로, 그리고 당회 차원에서 그리스도의 목자 모델에 대해 묵상한다. 각 사람이 하나님의 백성들을 돌보기 위해 하나님으로부터 받은 개인적인 소명이 그의 모든 삶에 어떻게 스며들어 삶을 이끌고 있는지를 종이에 적어서 제출하는 것이 가장 큰 도움이 된다. 그리스도인으로서 삶의 모든 면에서 믿고 순종하며 살 때, 사람들에게 그리스도인의 삶의 본을 보여주고 그들의 행함을 독려하고 있는 것이다. 부모들과 교사들은 이에 대해 잘 이해하고 있어야 한다. 즉 삶과 다른 사람들을 인도하는 것은 동시에 일어난다.
- 개인적으로, 그리고 당회 차원에서 성령님께서 당신의 삶과 사역

의 모든 면에서 목자 모델을 실현해주시길 기도한다.

- 목자답게 생각하고 사역하기 위해 서로를 감독하는 책임성을 부담하기 위한 전략을 개발한다.

- 이러한 마음가짐과 사역을 실현하기 위한 계획들을 강구하고 시행한다. 예를 들면, 이런 활동들을 위해 정기적인 모임을 가진다. 목자 리더십이라는 무형적인 현실에 집중할 수 있도록 장로들과 멤버들 모두의 다른 공식적인 활동을 제한한다.

- 당신의 노력들을 평가할 방법을 고안한다. 당신이 목양을 잘하고 있는지 어떻게 알 수 있는가? "양들"이 자신들이 선한 목자이신 주님의 인도를 받고 있다고 보고한다면 당신은 성공적인 목자일 것이다. 그들은 하나님의 사랑과 신실하심을 더욱더 알아가야 한다. 그들은 시편 기자와 같이 "무릇 주의 인자는 커서 하늘에 미치고 주의 진리는 궁창에 이르나이다"(시 57:10)라고 증언해야 한다. 당신의 당회는 양들의 이런 간증을 정기적으로 듣기 위한 실제적인 방법을 생각해내야 한다.

나는 교회들에게 주말에 심도 있는 성경 공부와 기도를 통해 이런 노력을 시작하도록 조언해 왔다. 지금 장로들은 서로 짝을 지어 서로를 감독하며 책임지는 책임 파트너 관계를 맺고 있다. 각 사람은 서로를 위해 기도한다. 또한 각 사람이 목자의 관점을 실행에 옮기려고 노력하고 워크숍에서 제시한 단계들을 밟아갈 때 3개월 내에 자기 파트너에게 보고하도록 되어 있다. 1년 이내에 온 그룹이 함께 모여서 나누어야 한다. 이러한 상호적인 책임은 지속될 수 있다.

나는 이것을 진지하게 받아들인 교회들로부터 매우 호의적인 반응을 얻었다. 이 일을 하고 있는 사람들의 역량을 생각하면 겸손해지고 용기를 얻는다. 어느 병원 체인의 부원장, 유명한 건축가, 대학교 법학 교수, 전기 공학 컨설턴트, 그리고 몇몇 사역자들이 있다.

목자를 세우고 유지하려면 이런 훈련들을 사용해야 하는데, 한정된 훈련 기간 동안만 훈련하고 말 것이 아니라 이것을 하나의 생활양식으로 만들어야 한다. 당신과 당신의 당회가 성장 그래프상 어느 위치에 있든, 회중이 현재 당신의 사역을 어떻게 인식하든, 지금 이런 훈련들을 실행에 옮기라.

토론을 위한 질문

1. 당신의 교회가 가진 목양의 관점을 조사하라.

    a. 멤버들은 그들이 목양을 받고 있다고 생각하는가?
    b. 장로들은 그들이 목양을 하고 있다고 믿는가?

2. 1번 질문에 대한 당신의 평가를 뒷받침하기 위해 어떤 증거를 제시할 수 있는가?

3. 현재 당신의 교회가 더 풍성한 목양 사역을 발전시키지 못하게 방해하는 요소들은 무엇인가?

4. 목양 사역에 대한 하나님의 부르심을 따르기 위해 당신은 어떤 조치들을 취할 수 있는가?

7장
장로의 공적 책임

　지금까지 우리는 장로가 되기 위한 기본적인 자격요건들과 기본
적인 리더십 기술에 대해 이야기했다. 우리는 장로들이 교회 멤버
들에 대해 하나님 앞에서 설명 책임을 진다는 것이 무슨 의미인지
를 논의했다. 나는 목자 모델이 장로 됨의 근본부터 그가 하는 말과
행동과 모든 사역에 영향을 미쳐야 하며, 당회는 회중이 영적으로
성장하고 스스로 사역을 하기 위한 최적의 환경을 조성하는 역할을
담당해야 한다고 주장했다.

　성경은 장로들이 해야 할 일을 분명하게 지시한다. 나는 여러
당회들과 함께 일하면서 장로들이 자신의 책임을 명확하게 인식
할 수 있도록 장로의 책임을 보호자(guadian), 감독(overseer), 본보기
(example), 목자(shepherd)로 구분하고, 기억하기 쉽게 두문자 약어
G-O-E-S를 사용하였다.

　우리는 이제 성경이 말하는 장로의 목자 모델을 깊이 살펴보았

기에 이런 공적 활동들이 내적 성향의 자연스러운 외적 표현이라는 것을 안다. 우리는 목자의 비유를 살펴보면서 이미 이런 책임들에 대해 어느 정도 논하였다. 그러나 하나님은 우리가 오로지 비유만을 기반으로 그것을 이해하게 하지 않으신다. 다시 살펴보겠지만, 이 네 가지 임무에 대한 하나님의 직접적인 명령이 존재한다. 장로의 내적인 면을 말해주는 목자 모델과 그의 외적 활동을 구체적으로 지시하는 여러 명령들 간의 연관성은 성경의 진실성을 나타내고 장로의 사역에 관한 이 개념이 옳다는 것을 확증해준다.

G-Guardian (보호자)

"여러분은 자기를 위하여 또는 온 양 떼를 위하여 **삼가라** 성령이 그들 가운데 여러분을 감독자로 삼고⋯내가 떠난 후에 사나운 이리가 여러분에게 들어와서 그 양 떼를 아끼지 아니하며 또한 여러분 중에서도 제자들을 끌어 자기를 따르게 하려고 어그러진 말을 하는 사람들이 일어날 줄을 내가 아노라 그러므로 여러분이 **일깨어**"(행 20:28-31).

"네가 네 자신과 가르침을 **살펴** 이 일을 계속하라 이것을 행함으로 네 자신과 네게 듣는 자를 구원하리라"(딤전 4:16).

"디모데야 망령되고 헛된 말과 거짓된 지식의 반론을 피함으로 네게 부탁한 것을 **지키라** 이것을 따르는 사람들이 있어 믿음에서 벗어났느니라"(딤전 6:20-21).

"너는 그리스도 예수 안에 있는 믿음과 사랑으로써 내게 들은 바 바른 말을 본받아 **지키고** 우리 안에 거하시는 성령으로 말미암아 네게 부탁한 아름다운 것을 **지키라**"(딤후 1:13-14).

예수 그리스도의 교회는 분명 어떤 진술이 사실임을 믿는 사람들의 모임이다. 어떤 집단이 그 진술을 바꾸어, 그것에 무엇을 더하거나 빼거나 일부를 부인하거나 "수정"한다면, 그들은 더 이상 예수 그리스도의 교회가 아니다. 성경은 교회에 대해 이 단호한 정의를 내세운다. 성경과 그리스도 안에서 주어진 하나님의 말씀이 무엇보다 중요하기 때문이다. 그 말씀은 생명 자체이다(요 1:1-5; 시 119:105, 116). 위에서 인용한 구절들은 분명한 진술이다.

교리적으로 순수하지 못한 교회는 온전한 생명력을 누리는 예수 그리스도의 교회가 될 수 없다. 교회가 하나님의 말씀과 일치되지 않는 오류가 있을 때, 그로 인한 손상을 막는 것이 장로의 가장 중요한 책임이 된다. 교회가(개인과 마찬가지로) 성령님의 도움으로 지속적으로 개혁되는 일 없이, 본래의 정통적인 상태를 유지할 수 있을 것이라는 생각은 착각이다. 죄의 저류가 계속해서 우리를 잘못된 믿음과 행실로 끌어당기기 때문이다. 하나님은 장로들에게 교회와 그 멤버들의 교리적 진실성을 보존하는 임무를 맡기신다.

신약의 교회는 일반적으로 두 개의 창구를 통해 몰래 들어오는 거짓 교리를 경계하라는 사도적 경고를 받았다. 그 두 개의 창구는 바로 거짓 설교자와 설교의 거짓된 적용이었다. 예수님은 "거짓 선지자들을 삼가라"(마 7:15)고 경고하신다. 그리고 사도들은 반복해서 이 미묘한 영적 죽음의 원인에 대해 경고한다(벧후 2장; 유 4절; 갈 4:17). 그들은 또한 교회들에게 영적, 교리적 성숙을 요구한다. 이는 그들이 "사람의 속임수와 간사한 유혹에 빠져 온갖 교훈의 풍조에 밀려 요동하지 않게 하려" 함이다(엡 4:14). 그들은 "부르심을 받은 일에 합당하게 행하여", "새 사람을 입고", "하나님을 본받는 자가 되어야" 한다(엡 4:1, 24; 5:1). 또한 교회들은, 성령의 은사를 받아 복음전도자, 목사, 교사가 된 지도자들의 도움을 받는다(4:11).

어느 시대든지 교회는 이 두 개의 창구를 조심해야 한다. 장로들은 교회가 성경을 하나님이 계시하신 진리대로 가르치고 있는지 확인해야 하며, 멤버들이 말씀대로 살고 있는지 계속해서 확인해야 한다.

말씀을 지키라. 설교와 가르침에 관하여, 장로들은 멤버들이 진리만을 받아들이고 있는지 확인해야 한다. 한편으로는 "하나님의 뜻을 다"(행 20:27) 전하는 것이 필수이다. 성경에 포함된 전체적인 교리 체계뿐 아니라 성경의 모든 책의 내용을 가르치는 것이 중요하다.

목사는 세 가지 덫 중 하나에 빠지기 쉽다. 첫째, **그들은 하나님의 말씀을 깊이 연구하지 못할 수 있다.** 게으름, 바쁜 일상, 성경구절을 잘 알고 있다는 생각 때문에 설교자나 교사가 충분히 준비하지 않을 수 있다. 그때 필연적으로 피상적이고 생명이 없는 설명의 결과가 초래된다. 최악의 경우, 하나님의 뜻을 불균형하게, 심지어 틀리게 묘사할 수 있다. 말씀을 깊이 이해하려면 시간과 공부가 필요하다. 장로들은 목사가 시간을 내어 성경의 온전한 진리를 전달하는 데 필요한 공부를 하도록 만들어야 한다.

둘째, **목사는 오직 구원의 메시지만 전달하려는 덫에 빠질 수 있다.** 그렇게 되면 멤버들의 영적 성숙을 위해 반드시 필요한 균형 잡힌 영적 식단을 제공해주지 못하게 된다. 성숙함은 우리의 분명한 목표다. 바울은 하나님이 목사와 교사들에게 은사를 주신 이유를 이렇게 설명한다. "성도를 온전하게 하여…우리가 다 하나님의 아들을 믿는 것과 아는 일에 하나가 되어 온전한 사람을 이루어 그리스도의 장성한 분량이 충만한 데까지 이르도록"(엡 4:12-13). 장로는 목사의 설교가 성경의 모든 가르침과 그리스도인의 삶의 모든 면을 다루는지, 주일학교와 소그룹이 성경을 순차적으로 다 다루는지 살펴보아야 한다.

셋째, **목사는 자신이 좋아하는 주제만 반복하는 덫에 빠질 수 있다.** 우리는 자신의 개인적인 영성에 혁신을 일으킨 한 가지 교리와 사랑에 빠지기 쉽다. 때로는 우리가 다른 진리들을 배제하면서 한 가지 진리에 대해서만 말하지 않도록, 다른 사람들의 객관적인 시각의 도움이 필요하다. 장로들은 공식적으로 객관적인 관점을 제공해주어, 하나님의 말씀의 가르침을 지켜야 한다.

몇 년 전 서부 펜실베니아의 한 교회에서 목사가 하나님의 주권에 대해 설교하기 시작했다. 그는 그 설교를 하면서 성경의 가르침을 충실히 설명했다. 사람들은 모두 그가 전하는 메시지에 동의했고 기쁜 마음으로 그들의 삶에 적용했다. 그런데 안타깝게도 그는 1년 내내 주일마다 같은 주제로 설교를 했다! 1년 내에 회중의 거의 절반이 멀지 않은 곳에서 또 다른 교회를 시작하기 위해 떠났다. 그들에게 교회를 떠난 이유를 물었더니, 그들은 말씀을 충분히 공급받고 있지 못하다고 느낀다고 대답했다. 그 후 몇 년 동안 어느 교회도 잘 성장하지 못했다.

다른 한편으로, 오직 진리만을 설교하는 것이 필수이다. 따라서 장로들은 이단을 경계해야 한다. 목사나 교사를 포함한 모든 신자는 여전히 영적으로 성장하는 중이다. 이것은 목사의 지식에도 적용되며, 따라서 어떤 구절이나 본문에 대한 목사의 이해가 완전히 정확하지 않을 수 있다. 또한 목사가 그리스도와 성경에 진심으로 헌신했음에도 불구하고 자기도 모르게 서서히 잘못된 것을 지지하게 될 수 있다. 장로들은 지속적인 "품질 관리"를 공급해주어야 한다.

역사적으로, 교회는 지배적인 세계관과 문화적 헌신에 부응하는 가르침을 전하고자 하는 유혹을 늘 받아 왔다. 성경의 가르침과 우리가 속해 있는 우리 사회의 사고방식을 분리하는 것이 극히 어려운 일일 수 있다. 이것을 경계하려면 문화적, 역사적 동향에 대한 인식뿐 아니라, 성경에 깊이 뿌리를 둔 지혜가 필요하다. 신학은 하나님의 진리를 적용하는 것이며, 그러자면 적용 대상에 대한 올바른 인식이 필요하다.

이 모든 것은 확실히 장로들이 성경과 교리를 잘 알아서 오류뿐 아니라 불균형까지 포착할 정도의 수준에 올라 있다는 것을 전제로 한다. 장로가 될 만한 사람들을 준비시키는 교육은 성경과 교리에 대한 깊이 있는 공부를 포함해야 한다. 이 목표는 장로감들에게 신학 수업을 제공함으로써 자동적으로 달성되지 않는다. 비록 그런 수업이 훌륭한 수단이 될 수는 있지만, 성경이 제시하는 목표는 장로가 "가르치기를 잘하게" 되는 것이다(딤전 3:2). 장로는 성경과 성경의 교리 체계를 잘 알고, 여러 실제적 문제들을 분별할 수 있으며, 성경 말씀을 그런 일들에 정확하게 적용할 수 있어야 한다.

또한 이것은 누군가가 장로들이 이런 문제들에 있어 올바르게 행하고 있는지 감독할 책임을 부담할 필요가 있음을 나타낸다. 우리 교단에서는 각 장로가 성경의 가르침에 대한 어떤 이해(웨스트민스터 신앙 고백)에 동의하는 서약을 한다. 장로들은 또한 자신의 관점을 지속적으로 점검하여 자신이 "이 체계의 근본 원칙"에서 벗어난 부분이 있다면 서로에게 알리기로 서약한다. 게다가 가르치는 장로들(목사들), 치리 장로들, 그리고 그들이 대표하는 교회가 노회라는 더 큰 그룹을 구성하며, 그 그룹은 그들을 감독할 책임을 진다. 이 더 큰 조직은 교회의 가르침을 순결하게 유지하기 위한 또 하나의 안전장치 역할을 한다.

양 떼를 지키라. 장로들은 멤버들의 영적 성장을 돕는다. 이것은 목자의 양육 사역에 해당하며, 가르침과 훈련, 예배, 교제, 성례전, 집사의 보살핌과 위로, 그리스도의 몸에 참여함으로 인한 모든 유익들을 얻게 한다.

또한 장로들은 멤버들이 악한 행위를 따르지 못하게 한다. 이것은 교회의 권징에 해당한다. 불행히도 우리는 교회의 권징을 가장 극단적이고 공식적인 결과인 출교와 동일시하는 경향이 있다. 그러나 실제로 교회 권징은 양들을 보호하는 여러 단계를 포함하는 양육 사역이다.[1] 보호의 첫 단계는 가장 중요하고 일반적으로 모든 교회에 필요한 것으로서, 의를 권하고 죄를 멀리하게 하는 비공식적인 대인 관계들로 구성된다. 교회의 지도자들은 이런 비공식적인 관계들이 융성하도록 촉진할 수 있다.

교회는 또한 멤버들이 사람들 사이에서 벌어지는 죄에 효과적으로 대처하여 그 확산을 막을 수 있도록 구비시켜야 한다. 예수님은 우리에게 범죄를 다루는 법을 가르쳐주신다. 내가 누군가에게 잘못을 범했고 그 사실을 인식할 수 있었다면, 나는 상대방에게 먼저 다가가서 화해해야 한다(마 5:23-24). 다른 사람이 나에게 잘못을 범한 경우에도 내가 먼저 화해하기 위한 대화를 시도해야 한다(마 18:15-18). 만일 교회 멤버들이 이러한 방법들을 성실하게 실천한다면 많은 상처와 반목을 없앨 수 있을 것이다! 개인들이 이렇게 화해를 시도했음에도 실패했을 때에만 비로소 공식적인 교회 권징 절차를 시작해야 한다.

따라서 장로들이 해야 하는 가장 중요한 일들 중 하나는 그들이 맡은 자들을 가르쳐 이런 비공식적인 사역을 실행하게 하는 것이다. 그들은 이런 사전 조치들이 취해지지 않은 경우, 공식적 조치를 취하는 것을 거절할 수 있다. 심지어 그런 사전 조치들을 취하려 하지 않는 개인에게 공식적인 권징을 집행할 수도 있다!

어느 경우든, 장로/목자의 태도는 온유해야 하며(갈 6:1), 그의 목표는 회복이어야 하고, 그의 동기는 결코 개인적 원한 갚기이어서는 안 된다(고전 10:31).

요약하면 이렇다. 하나님은 교회의 장로들에게 말씀과 멤버들을 지키라고 명하신다. 전자는 교리적 순수성과 균형을 지키는 것이며, 후자는 영적 성장을 독려하고 죄를 짓지 않게 권면하는 것이다.

O–Overseer(감독)

"미쁘다 이 말이여, 곧 사람이 **감독**의 직분을 얻으려 함은 선한 일을 사모하는 것이라 함이로다"(딤전 3:1).

"**감독**은 하나님의 청지기로서"(딛 1:7).

"여러분은 자기를 위하여 또는 온 양 떼를 위하여 삼가라 성령이 그들 가운데 여러분을 **감독자**로 삼고"(행 20:28).

"잘 **다스리는** 장로들은 배나 존경할 자로 알되 말씀과 가르침에 수고

하는 이들에게는 더욱 그리할 것이니라"(딤전 5:17).

"너희를 **인도하는 자들**에게 순종하고 복종하라 그들은 너희 영혼을 위
하여 경성하기를 자신들이 청산할 자인 것 같이 하느니라 그들로 하여
금 즐거움으로 이것을 하게 하고 근심으로 하게 하지 말라 그렇지 않
으면 너희에게 유익이 없느니라"(히 13:17).

장로의 역할은 주로 감독하는 일로 이루어진다. 신약성경은 종종
장로를 감독이라 부른다. 전에도 말했듯이, 장로를 장로 되게 하는
것은 하나님이 그에게 신자들의 영적 안녕에 대해 공식적인 책임성
을 부담하게 하셨다는 데 있다. 감독과 책임성은 나란히 함께 간다.
히브리서 저자는 독자들에게 그들의 지도자에게 기꺼이 복종하
며, 하나님께 설명 책임을 지는 그들의 일을 쉽고 즐겁게 만들어주
라고 요청한다. 인도하는 자들은 행정명령에 의해서가 아니라 자유
롭게 인정되는 권위를 행사함으로써 인도한다. 장로의 권위는 맡은
자들에게 보여주는 보살핌과 희생적인 사랑에서 생겨나는 것이다.
권위와 권력을 구분하는 것이 유용하다. 권위는 순종을 받을 권
리이다. 권력은 다른 사람의 뜻에 반하더라도 따르게 만드는 힘이
다. 신약성경에서 "권력"을 뜻하는 그리스어 단어는 '뒤나미스'이
다. 이 단어는 예수님의 부활과 우리의 삶 속에 나타나는 성령의 역
사 같은 강력한 기적적 역사들 안에 나타나는 하나님의 능력을 가
리키는 데 사용된다. 한편 권위에 해당하는 헬라어는 '엑수시아'이

다. 하나님은 장로들에게 그분의 백성들을 보살피기 위한 권위를 주신다. 하나님은 그분의 백성들이 강압에 의해서가 아니라 자발적으로 리더십에게 복종하길 원하신다. 교회 내에서 유일하게 정당한 권력은 그리스도의 권력으로서, 그것은 멤버들과 직분자들을 모두 합친 하나님의 백성들 안에서 그리고 그들로 말미암아 역사한다. 직분자들의 권력이 멤버들 위에 있지 않다. 권력은 하나님의 일이다. 너무나 자주 사람들은 그들이 회중을 강제로 따르게 해야 한다고 잘못 알고 있다. 장로들이 목자다운 감독을 하고 멤버들이 자발적인 복종을 실천할 때, 성령의 능력이 나타나 하나님의 뜻이 성취된다.

어떤 장로들은 권력과 권위를 혼동한다. "원초적인 권력"을 행사하지 않기로 결심한 그들은 권위 있는 리더십마저 피하거나, 적어도 과단성 있게 인도하지 못한다. 반대로 어떤 이들은 맡은 자들에 대해 자신이 하나님 앞에서 회계해야 하는 책임성(설명 책임)을 다하기로 결심하고, 억지로 그들을 순종하게 한다. 권위와 권력의 혼동은 우리가 5장에서 논의한 책임성(accountability)과 책임(responsibility)을 구분하지 못하는 것과 평행을 이룬다.

감독을 수행하는 업무와 불가분의 관계에 있는 것이 바로 교회의 영적 전쟁에 대한 계획을 세워야 할 장로들의 책임이다. 히브리서 13장 7, 17, 24절의 "인도하는 자들"에 해당하는 그리스어 단어는 '헤고마이'인데, 이는 '인도하다, 안내하다, 통치하다'라는 뜻을 갖는다. 비슷하게, 디모데전서 5장 17절에서 바울은 장로들을 교회 일을 지휘하는 자들로 묘사한다. (이 구절은 복수의 장로들이 함께 다스리며, 그 그룹 안에는 설교와 가르침을 담당하는 이들도 포함되며, 그들에게 어떤 보상이 주어지는 것이 마땅하다고 가르친다.) 목자가 앞을 내다보고 최적의 양식과 물과 안전을 제공하기 위해 양 떼를 인도하는 것처럼, 장로들은 계획하고 관리해야 한다.

분별 있고 세심한 계획 세우기. 여기서 계획 세우기에 대해 이야기할 많은 내용들은 교회의 구체적 비전을 글로 명확하게 표현하고 실현하기 위한 전략과 관련된 것이다. 3부에서 이것들을 다루겠지만, 몇 가지는 여기서 이야기하겠다.

첫째, 이미 보았듯이 계획과 관리가 무엇을 포함하든 간에, 이것은 장로들이 멤버들의 영적 은사들을 의미있게 사용하지 않고 자신들이 모든 사역을 하고 모든 결정을 내리는 것을 의미하지는 않는다. 다음 장에서 나는 균형을 유지하기 위한 구체적인 전략을 제시할 것이다.

둘째, 당회는 단기 계획과 장기 계획을 세워야 한다. 하지만, 이러한 계획 수립을 정기 회의에서 하려고 시도해서는 안 된다. 정기 회의는 기도와 목양, 운영상의 결정을 내리는 일에 할애하고, 오로지 계획 세우는 일에 집중하기 위한 특별 회의를 소집하라.

셋째, 어떤 계획들을 발표하자마자 사람들에게 가부간의 투표를 하게 해서는 안 된다. 당신의 제안을 알리고 나서 멤버들이 그것에 대해 기도하고 논의할 시간을 가질 수 있게 하라. 가치 있는 제안들은 이 과정을 거치면서 살아남을 것이며, 단점은 이 과정에서 명백하게 두드러지면서 수정의 대상이 될 수 있다.

넷째, 커뮤니케이션에 노력과 시간을 들이라. 당신의 계획을 발표할 때 세세한 부분들을 되도록 여러 번 이야기하고, 가능하면 말과 글을 모두 사용하여 전달하라. 그렇게 해도 필요한 커뮤니케이션의 겨우 반 정도를 끝낸 것이다. 멤버들이 들은 것을 확실히 이해할 수 있도록 추가적인 조치를 취해야 한다.

이 마지막 두 전략은 구체적인 성경 구절에서 나온 것이 아니다. 그것은 훌륭한 리더가 시행하는 것으로서, 추종자들에 대한 존중을 나타내는 리더십 스타일의 전형이다. 성경은 분명히 추종자들을 무시하는 것보다 이런 접근법을 상상한다. 이러한 접근법은 설명 책임을 다하는 리더십에 관한 지침과 멤버들의 은사를 무시해서는 안 된다는 지침을 존중하는 것이다.

성령을 따르는 좋은 리더십 전략들은 학습하여 습득할 수 있는 것이며, 장로들은 "지속적인 교육"을 받고, 상호 독려함으로써 리더십 기술들을 잘 연마하고 유지할 수 있다.

적극적인 관리. 관리는 사람들 조직하기, 일정 관리하기, 지연되지 않게 관리하기, 완결하기, 평가하기를 포함한다. 나는 뒤에서 관리에 대해 더 많이 이야기할 것이나, 여기서는 교회의 삶에 변화를 가져오는 동인으로서의 장로의 역할에 대해 다시 한 번 이야기하겠다.

리더십에 속한 사람은 다수의 사람들과 함께 일하는 과정에서 변화의 동인이 되는 법을 알아야 한다. 때로는 두려움이나 안일함이 변화를 방해하며 때로는 실제적, 심리적 장애물이 앞을 가로막고 있다. 지도자는 자애롭고 애정 어린 방법을 사용하여 사람들에게 현 상태가 만족스럽지 않다는 걸 깨우쳐줌으로써 변화의 동인이 될 수 있다. 나는 이것을 "흔드는 것"이라고 표현한 바 있다.

변화의 동인은 또한 "움직일" 준비가 되어 있어야 한다. 장로는 상황을 개선하기 위한 전략이나 제안을 내놓아야 한다. 그것은 문제에 대한 충분한 조사, 그 제안을 따랐을 때의 결과에 대한 충분한 인식, 걸릴 시간에 대한 합리적인 예상을 반영해야 한다. 어떤 제안을 내놓을 때는 그것을 충분히 설명하고, 반대 의견에 대답하고, 필요한 행동을 격려해야 한다. 변화를 일으키는 능력은 리더가 가진 중요한 도구이다.

E-Example(모범)

"너희 중에 있는 하나님의 양 무리를 치되…맡은 자들에게 주장하는 자세를 하지 말고 양 무리의 **본이 되라**"(벧전 5:2-3).

"범사에 네 자신이 선한 일의 **본을 보이며**"(딛 2:7).

"누구든지 네 연소함을 업신여기지 못하게 하고 오직 말과 행실과 사랑과 믿음과 정절에 있어서 믿는 자에게 **본이 되어**"(딤전 4:12).

장로가 그의 교회에 행할 수 있는 가장 효과적인 사역은 그 자신 스스로 그리스도를 닮은 모습을 보여주는 것일 수 있다. 사람들이 구체적이고 유형적인 본을 통해 그리스도인이 어떤 모습이어야 하는지를 직접 볼 수 있다면, 사람들은 그리스도 안에서 성장하는 데 많은 도움을 받을 것이다. 게다가 그리스도를 닮은 장로는 그리스도의 본을 따라 양을 치는 자이며, 이것은 당연히 그가 맡은 다른 모든 활동들에 영향을 미친다. 위의 성경 구절들에 따르면, 장로는 맡은 자들에게 "주장하는 자세"를 취하기보다 직접 본을 보임으로써 인도한다.

내가 아는 어떤 장로들은 자기들이 믿는 바를 잘 알고 있으나 그것을 말로 표현하는 데 서투르다. 하지만 그들은 그리스도를 닮은 삶을 보여줌으로써 양무리에게 훌륭한 사역을 하고 있다. 그들의 삶이 곧 설교인 것이다.

S-Shepherd(목자)

"너희 중에 있는 하나님의 양 무리를 **치되**"(벧전 5:2).

"하나님이 자기 피로 사신 교회를 **보살피게 하셨느니라**"(행 20:28).

우리가 본 대로, 목양은 장로의 내적 동기를 관장하며, 장로들이 생각하고 말하고 행동하는 모든 것의 바탕을 이루어야 한다. 그러나 목양은 또한 구체적인 활동이다. 목양은 개개인의 교회 멤버들을 보살피고, 그들의 영적 성장을 점검하고, 일대일로 그들을 그리스도에 대한 사랑과 순종 안에서 자라도록 격려하는 외적 활동이다. 목양의 동기와 지향성을 가진 장로가 외적인 목양 활동에 관여하지 않는 것은 불가능할 것이다. 목양 프로그램을 목양의 지향성과 동일시할 수는 없지만, 멤버들이 개인적인 영적 관심을 받으려면 어떤 장치나 구조가 마련되어 있어야 한다.

목양 사역의 많은 부분은 위임될 수 있다. 교회는 한 장로에게 다른 일은 하지 않고 오직 심방만 하게 할 수 있다. 장로들은 멤버들을 훈련시켜 각자가 맡은 개인들을 대상으로 사역하게 할 수 있다. 그러나 이 경우 장로들이 사역의 올바른 진행에 책임성을 부담해야 한다. 그리고 이렇게 일부 목양 활동을 위임하는 경우에도 장로는 계속해서 스스로 목양에 충분히 관여함으로써 멤버들이 그의 영적 보살핌을 느낄 수 있게 해야 한다. 그는 또한 위임된 사역을 거부하는 멤버들에 대해서는 개인적으로 대응해주어야 한다.

이러한 목표를 달성하기 위한 한 가지 공인된 방법은 없다. 나는 여러 방법들을 권해 왔다. 다음은 몇 가지 구체적인 전략들이다.

- 장로들의 월례 회의 절반은 따로 구별하여 멤버들에 대해 고려하고 기도하는 시간을 갖도록 하라. (확실히 이것은 다른 문제들을 간소화

했다는 뜻이다! 그것에 대해서는 다음 장에서 이야기하겠다.)

- 멤버들이 기도 제목을 적어서 헌금함에 넣게 하라. 당회는 두 명의 장로씩 돌아가면서 교회 건물을 떠나기 전에 이 기도 제목들을 놓고 함께 기도하게 할 수 있다.

- 각 가정을 한 장로에게 배정하여, 그의 '양 떼'의 일부가 되게 하라. 장로는 적어도 일 년에 두 번은 양들과 만나야 한다. 그러한 만남을 통해 그가 프로그램들을 초월하는 방식으로 그들을 목양하기 원한다는 것을 알게 해야 한다. 이런 교제를 통해 멤버들은 그가 목자로서 돌볼 것이라는 확신을 가질 수 있다. 장로는 또한 멤버들에게 주도적으로 자신과 의사소통을 해달라고 부탁해야 한다.

- 각 장로는 양무리가 많을 경우, 그들을 하위그룹으로 나눌 수 있다. 10-20명 정도로 구성된 그룹에 속한 멤버들은 서로 영적으로 보살피며, 영적 성장에 필요한 지원과 안정감을 서로에게 제공할 수 있다. 하위그룹들은 정기적으로 만나야 하며, 그 그룹에 속한 멤버들은 구조화된 프로그램 밖에서 서로를 알아가고 보살펴주기 위해 의식적으로 노력해야 한다.

- 각 장로는 자신의 양 떼에 속한 각 사람에 관한 정보와 통찰들을 기록해두는 일지를 작성해야 한다. 장로는 공식적인 심방과 비공식적인 만남을 둘 다 시작할 수 있다. 장로는 위임받아 목양을 수행하는 사람이 언급한 말을 기록할 수 있다. 장로는 그 사람에 대한 자신의 평가를 기록해둘 수 있다. 장로는 그 사람의 영적 은사

들과 특별한 어려움들을 적어둘 수도 있다. 그는 이것을 활용하여 그 멤버를 위한 세심한 중보기도를 할 수 있다.

- 장로는 적어도 일 년에 한 번은 양 떼에 속한 각 가정을 심방할 계획을 세워야 한다.
- 장로는 멤버의 삶의 주요 행사들에 함께해야 한다. 생일, 기념일, 다가오는 출산일, 졸업식, 수술 날짜 등을 그의 일지에 계속 기록해둘 수 있다. 그는 전화를 하거나 카드를 보내거나 자신의 관심과 배려를 전달할 다른 방법들을 찾을 수 있다.
- 장로는 이런 일상적인 데이터 수집과 심방을 어떤 부부에게 많은 부분 위임할 수 있다. 내가 부부를 언급하는 이유는 남편과 아내가 함께 팀 사역을 함으로써 많은 유익들을 얻을 수 있기 때문이다. 또한 그것은 한 개인이 양 떼의 삶에 너무 두드러지게 관여하는 것을 막아주는 장점도 있다. 이 방식은 또한 유망한 장로감에게 훌륭한 수습 기회를 제공해줄 수 있다.
- 목사와 그 가족을 잊지 말라! 적어도 두 장로가 담당하여 그들을 영적으로 지원하고 보살펴주어야 한다.

나는 어느 교회의 치리 장로 한 분을 알고 있다. 그는 목자로서 파트타임 사역을 하기 위해 몇 년 동안 조기 퇴직을 계획했다. 그가 퇴직을 하자, 교회는 기존 목양 사역을 활성화하기 위해 그를 고용했다. 지금 그는 낮 시간에는 목양과 상담 사역을 하고 저녁에는 대학원에서 가르친다. 그의 비전의 일부는 목양을 하는 것이었다. 또 그의 비전의 일부는 더 젊은 장로들을 훈련시키는 일을 도와서 그들이 목양을 자신들의 사역에 통합시킬 수 있게 하는 것이었다.

일을 완수하는 방법은 하나가 아니다. 목양 사역은 우리의 은사와 필요에 맞게 형성될 수 있다.

완벽한 장로

이상에서 말했듯이, 하나님은 장로를 보호, 감독, 그리스도의 본을 보임, 목양이라는 네 가지 사역으로 부르신다. 장로가 맡은 일은 이것들 중 하나 이상에 속한다. 이 네 가지 사역으로 책임들을 분류하면 장로는 그의 직무기술서를 간소화할 수 있고, 자신의 사역에 대한 소명 의식을 더 고조시킬 수 있다. 장로는 분류한 자신의 책임들을 훑어보면서 이렇게 말할 수 있다. "이것은 하나님이 나에게 맡기신 일이다. 하나님은 이 활동들을 위해 나를 준비시키시고 내게 능력을 주신다."

어쩌면 당신은 일에 압도당하는 느낌이 들 것이다. 특히 당신이 해야 하는 일들 외에도 당신의 모든 삶을 목자의 모델에 맞추어야 한다는 생각에 압도될 수 있다! 물론 우리는 목자의 마음이 선택사항이 아니라 필수적 근원이라는 것을 안다. 개개인의 장로들 안에서 그리고 당회 안에서 목자의 시각을 실제로 탑재하는 것이 최우선 책무가 되어야 한다. 장로들이 목자들처럼 생각하기 전에는 어떤 사역에서도 목자장의 흔적이나 성령님의 복을 발견할 것을 기대할 수 없다.

어떻게 하면 장로들이 그들의 시간과 우선순위를 목양에 집중할 수 있을까? 그들이 해야 하는 다른 일들의 목록을 축소함으로써 가능하다. 교회 사역을 위한 나의 전략은 어떻게 하면 멤버들은 공동의 유익을 위해 성령의 은사들을 발휘하고 장로들은 잡다한 일의 부담에서 자유롭게 되어 기본적인 것들을 챙길 수 있는지를 보여줄 것이다.

담임목사 : 장로 플러스

담임목사는 교회 안에서 특별한 지위를 차지한다. 그는 한편으로는 많은 이들 가운데 그저 한 명의 치리 장로이며, 지위와 권위에 있어 그들과 동등하다. 다른 한편으로는 교회의 지도자로서 그리고 다른 장로들의 지도자로서 역할을 담당해야 한다.

어느 경험 많은 목사가 증언하듯이, 이 역할들이 상호보완적으로 어우러지려면 하나님의 은혜가 필요하다. 한 쪽으로 치우쳐 잘못을 범하기가 매우 쉽다. 다수의 역할 중 하나를 지나치게 강조하면 부적절한 리더십이 나온다. 한 역할에 치우치면 교회 건강에 좋지 않은 독재자의 접근법으로 이어진다.

담임목사는 여럿 가운데 한 장로로서 우리가 앞 장에서 논의한 특성들의 본을 보여야 한다. 그는 성경적인 장로 자격을 입증해 보여야 하며, 계속해서 리더십 기술을 성장시켜야 한다. 그는 목자답게 생각하고 사역해야 한다. 그의 사역은 보호, 감독, 그리스도의 본을 보이는 것, 목양을 포함한다.

그러나 목사는 특별한 방법으로 이 특성들을 나타내야 한다. 그는 성경적 자격요건과 성숙함을 입증해 보여야 한다. 그 필요성은 그가 정기적으로 말씀을 전한다는 사실에 의해 더 증폭된다. 그가 설교를 함으로써 그는 마치 회중 앞에서 그의 삶을 사는 것과 같다. 그는 기독교 신앙의 본을 보인다. 그의 삶은 그의 메시지와 일치해야 한다. 그의 메시지는 자연스럽게 그의 삶에서 흘러나와야 한다. 우리는 성령님이 이보다 못한 것을 사용하시길 기대할 수 없다.

목사는 리더들의 리더이다. 공적으로 그는 온 교회를 대표한다. 교회 안에서 그는 리더들을 이끌고, 인도받는 이들을 이끈다. 하나님은 성도들을 연합시키고 동기를 부여하는 활력이 넘치는 예배 안에서 목사를 사용하여 온 교회를 이끄신다. 그는 우리의 영적 갈증을 고조시키고 만족시키는 신랑과 신부의 만남을 가능하게 한다. 그는 성령께 받은 권위로 하나님의 말씀을 선포한다. 그는 회중이 진심으로 예배를 드리기를 원하며, 그러한 예배의 본을 보인다.

목사는 눈에 띄는 역할 때문에, 어려움이 생길 때 종종 비난을 도맡아 받는 사람이 된다. 그런 일은 비일비재하다. 목사는 이를 감수해야 한다. 목사는 이런 상황들을 하나님의 사랑과 은혜를 증거하고 나타낼 특별한 기회로 여기는 것이 좋을 것이다. 터져나오는 잡음의 불꽃을 잡음으로써 목사는 문제의 핵심에 다가갈 수 있다. 이때 그는 자신의 리더십 기술을(변화를 일으키기 위해 말씀을 적용하는 것) 적용할 수 있다.

목사는 교인들을 이끌 때 창의성을 발휘해야 한다. 사실 그는 교회 안에서 새로운 아이디어의 주요 원천이 되어야 한다. 나는 항상 학생들에게 빈 종이와 "자, 우리는 무엇을 할 것인가?"라는 질문을 가지고 기획 회의에 들어가지 말라고 가르친다. 목사는 그가 제안할 창의적인 아이디어들의 목록을 미리 준비한 후에 회의에 참석해야 한다. 주의할 것은, 나는 '제안한다'고 말했지 '부과한다'고 말하지 않았다! 목사는 몇몇 아이디어들은 채택되지 않을 것이고, 어떤 것들은 대폭 수정되리라는 것을 예상해야 한다. 그러나 그는 다른 사람들을 자극하여 창의적으로 생각하게 하고, 변화를 촉진함으로 그들을 이끌어갈 것이다.

목사는 정기적으로 설교를 하기 때문에 교회의 비전을 가진 지도자여야 한다. 교회에는 장로 등 다른 많은 지도자들이 있다. 그들 중 한 사람은 교회의 비전을 나타내고 설명하며, 다른 리더들과 추종자들에게 동기를 부여하여 그 비전을 품게 해야 한다. 리더십의 이러한 측면은 목사에게 속한 것이다. 다른 리더들은 그 비전의 성취를 담당한다.

그러나 세상의 지혜와 달리, 목사는 자신의 개인적인 비전을 교회에 적용하려 하지 않는다. 그것은 교회의 비전이며, 목사는 그 비전을 굳게 붙들고 멤버들을 설득할 책임을 진다. 우리는 3부에서 이에 대해 좀 더 논의할 것이다. 두 가지 성경적 지침, 즉 장로의 책임성과 멤버의 주도성이 교회의 비전에 관한 나의 결론을 형성한다.

만일 교회가 한 사람의 개인적인 비전을 지지하도록 요구를 받는다면, 그 개인이 목사라 하더라도, 다른 이들이 소유하는 성령의 은사들이 억압을 받고 있는 것이다.

목사에 의해 행사되든 다른 장로에 의해 행사되든, 리더십은 언제나 자기 고집을 부리지 않고 유연해야 하며, 합리적인 의견 조정이 가능해야 하며, 목자다워야 한다. 나아가, 따르는 이들의 주도성 발휘를 격려하는 분위기를 조성해야 한다. 우리는 이 사실을 망각하고서 성령의 은사들을 억압함으로써 성경적인 건강에 해를 끼친다. 어쩌면 더 큰 통제를 가하는 것이 더 쉬울 것이고, 그 "결과들"은 더 통일되고 탁월해 보일 것이다. 하지만 우리는 결과가 아니라 하나님에 대한 순종을 추구한다. 그리고 순종이 결과를 가져올 것이라고 믿는다. 그것은 우리가 아니라 하나님이 선택하신 결과이다.

성경의 직무 기술서 어디에서도 목사는 CEO가 아니다. 그는 언제나 목자다. 목사는 의견 조정이 가능한 유연한 리더십을 통해 그의 사역이 양 떼를 돌보는 사역이라는 일반적인 인식을 형성할 수 있다.

토론을 위한 질문

1. 당회의 여러 책임들을 이 장에서 논의한 네 가지 항목(보호, 감독, 그리스도의 본을 보임, 목양) 아래 어떻게 분류할 것인가?

2. 당신 교회의 당회가 정기적으로 수행하는 일들 중에 이 항목들에 속하지 않는 것이 있는가? 그 일들은 교회의 다른 멤버들이 수행할 수 있는 것인가? 어떻게 하면 당신은 감독하는 역할을 유지하면서 그 일들을 직접 수행하는 책임을 다른 사람에게 위임할 수 있겠는가?

3. 1번 질문에서 나온 당신의 목록 중에 당회가 간과하고 있는 영역들이 있는가? 당신은 이것을 바로잡기 위해 어떤 구체적인 조치들을 취할 수 있겠는가?

8장
사역 센터 : 멤버들의 은사 활용과
장로들의 책임성 발휘

> ### 건강한 실천사항 #4
> 교회는 장로의 책임성을 유지하면서 은사를 받은 멤버의 주도성을
> 활용하기 위한 장치가 있어야 한다.

우리는 지금 두 가지 방향에서 성경적인 리더십 개념 접근해 왔다. 5장에서는 서로 균형을 이루어야 하는 두 가지 사항을 이야기했다. 즉 장로들은 하나님께 대한 설명 책임(accountability)을 부담하면서 사람들을 이끌어야 하며, 멤버들은 자신들의 영적 은사를 활용해야 한다는 것이다. 6장과 7장에서는 장로를 목자로 보는 성경적 개념을 살펴보았다.

이상의 논의들을 거치는 동안, 나는 멤버들의 관여를 억누르기보다 향상시키는 건강한 성경적 리더십을 주장해 왔다. 강한 리더는 모든 일을 다 하지 않는다. 책임성(설명 책임, accountability)은 그것을 요구하지 않는다. 책임(responsibility)과 책임성(accountability)을 혼동하는

것은 잘못이다. 무엇이 리더십이 아닌지를 아는 것은 리더십이 무엇인지 아는 것만큼 중요하다. 목자 리더십 모델은 멤버들로 하여금 그들이 가장 잘하는 일을 하게끔 최적의 영적 분위기를 조성하는 성경적 리더십을 보여준다. 지도자가 감독(oversight)을 행하려면 다른 사람들이 무언가 일을 하고 있어야 한다. 이 모든 주장들은 우리가 그동안 논의했던 것들이다.

이제 나는 이 모든 것을 실행에 옮길 수 있게 해줄 구체적인 장치를 제안하고자 한다. 선한 의도를 갖는 것만으로는 불충분하다. 때때로 우리는 구체적인 절차가 필요하다.

누가 산의 왕인가?

우리가 살아가면서 배우는 교훈 중 하나는 모든 그룹에 '서열'이 존재한다는 것이다. 어떤 사람은 '산의 왕'이고, 어떤 사람은 그 바로 아래 계급에 속하며, 어떤 사람은 서열 맨 아래에 있다. 또 어떤 사람은 아예 서열 밖에 있는 듯하다. 모든 그룹에는 소위 권위의 인프라스트럭처(기반 구조)가 존재한다. 교회도 예외가 아니다. 교회의 통치기관은 '권위의 고속도로'에 해당하는 큰 길을 통해 그 권위를 행사한다. 그리고 비유를 계속하자면, '작은 길'들도 존재하여 이 길들을 통해 구체적인 행위들이 행해진다.

멤버들은 그들의 교회 안에서 쉽게 권위의 인프라(기반 구조)를 확인할 수 있다. 새로 오는 사람들은 시간이 지날수록 그것을 인식하게 되며, 우리는 이것을 '교회를 알아가는 것'이라고 부른다! 사람들은 무엇을 기초로 권위의 인프라를 인식하는가?

나는 사람들이 잠재의식적으로, 혹은 의식적으로 교회의 권위의 인프라를 판단하기 위해 다음 질문들에 대한 답을 취합한다는 것을 알게 되었다.

- 어떤 개인이나 그룹이 새로운 아이디어와 비전을 다른 이들보다 더 많이 제시하고 또 그것이 채택되는가?
- 어떤 개인이나 그룹이 이 새 아이디어들을 관련 부서들에 전달하는가?
- 어떤 개인이나 그룹이 이 새 아이디어들을 가동시키는가?

이 질문들을 읽으면서, 당신의 교회의 현실과 부합한다는 느낌을 받았을 것이다. 나는 인지된 교회의 인프라를 판단하는 데 도움이 될 설문지를 개발했다. 무작위로 선발한 50개 교회의 설문 결과들을 보면, 교회 안에 두 가지 지배적이고 유해한 인식들이 존재함이 드러난다.

하나는 모든 새 아이디어가 목사에게서 나온다는 인식이다. 이러한 인식은 멤버들의 기여가 거의 중요하지 않다는 결론에 이르게 한다. 이는 성경에 정면으로 배치하는 현실이다.

다른 하나는 장로들이 교회의 모든 사역을 운영하며, 보통의 멤버들은 중요한 리더십의 역할을 맡아 몸을 섬길 수 없다는 인식이다. 그런 교회에서는 장로들이 마땅히 해야 할 목양을 할 시간이 없다. 그리고 멤버들의 은사와 재능과 창의성이 무시된다.

멤버들은 아무것도 주도적으로 시작하지 않고, 장로들은 목양을 하지 않는다. 이것은 내가 앞에서 지적한 문제들이다. 그런 비성경적인 인식들이 만연해 있는 교회에서는 성령의 강력한 역사가 제한된다. 이런 건강하지 못한 상황은 무기한 지속될 수 없다. 장로들은 에너지가 소진될 것이고, 멤버들은 영적으로 정체된 채 남아 있거나 떠날 것이다.

요지는 이것이다. 모든 교회는 권위의 인프라를 갖고 있다. 그러나 오래된 인프라를 갖고 있다고 해서 교회가 성경의 청사진에 부합하는 것은 아니다. 어떤 것들은 확실히 성경적 건강을 방해한다. 모든 교회는 건강을 촉진하고 성령님의 다양한 사역이 번성할 수 있는 권위의 인프라를 개발하고 유지해야 한다.

결정들을 더 자세히 들여다보기

불균형한 상황을 바로잡기 위해 우리는 먼저 교회 안에서 내려지는 각종 결정들에 대해 이야기해보겠다.

첫째, 교회 사역은 교회가 내리는 모든 결정들의 합성물로 간주될 수 있다. 교회의 기풍은 그 결정들에 나타난다. 즉, 어떤 결정들이 내려지고 누가 결정을 하는지 살펴보면 교회의 기풍을 알 수 있다.

둘째, 의사 결정에 관여하는 것이 사람에게 주인 의식을 갖게 한다. 이것은 오늘날 특히 더 그러하다. 요즘 사람들은 결정에 관여하길 원한다. 연구에 의하면, 젊은 세대의 80퍼센트 이상이 자신이 의사 결정에 중요한 개입을 할 수 있을 때에만 일에 관여하고 싶어한다.

셋째, 교회의 결정에는 세 종류가 있다. 교리와 통치에 관한 결정은 장로들만 할 것이다. 이를테면 새로운 상황에 어떤 가르침을 어떻게 적용할 것인지, 혹은 예비 멤버의 신앙고백을 신뢰할 수 있는지 여부에 관한 결정은 오직 장로들이 담당한다. 그리고 어떤 결정들은 오직 회중이 할 수 있다. 예를 들면 새 목사를 청빙하거나 부동산을 매입하는 일 같은 경우다. 그리고 어느 범주에도 속하지 않는 결정들이 있다.

세 번째 범주는 가장 빈번하며, 교회의 삶과 사역을 실질적으로 결정짓는다. 교회의 삶이란, 우리 가운데 역사하는 성령님을 통한 유기적인 삶으로서 프로그램화할 수 없는 것이다. 교회의 사역이란 주보에 게시되는 다양한 프로그램과 활동들을 의미한다.

우리는 어떻게 멤버들을 독려하여 서로 지지하고, 위로하고, 잘못을 억제하는 관계를 형성하게 할 수 있는가? 어떻게 교회는 성령님이 각 사람에게 은사를 주셔서 유의미한 봉사를 하게 하셨다는 믿음을 실천할 수 있는가? 어떻게 나는 샐리가 자녀양육 문제를 하나님께 맡기도록 도와줄 수 있는가? 어떻게 우리 가족은 이 새 가족과 친해질 수 있는가? 우리는 어떻게 주일학교를 운영할 조직을 꾸려나가는가? 여성 사역은 어떤 형태를 취하는가? 교육관은 어떤 모습이어야 하는가? 우리가 어떻게 방문자들을 편안하게 해줄 것인가? 농구 사역은 청년들이 그들의 친구들을 전도할 길을 제공해줄 것인가? 우리는 어떤 선교사들을 어떻게 후원해야 하는가? 이 모든 문제들이 세 번째 결정의 범주에 속한다.

여기에 열쇠가 있다. 세 번째 영역은 멤버 리더십(member leadership)을 위한 풍성한 기회를 제공해준다. 여기서 개인들은 성령님이 주신 은사와 재능을 활용하고, 교회에 중요한 기여를 하며, 성취감과 성장을 촉진하는 주인 의식을 가질 수 있다. 개인들이 교회 일에 이렇게 의미 있게 개입함으로써, 교회에 대한 충성이 깊어지고, 중요하고 어려운 결정들을 거치면서 유기적 연합이 촉진된다. 멤버들이 계획을 세우고 실행하는 일에 책임을 발휘하도록 격려받을 때, 교회와 주님을 위한 그들의 열정에 불이 붙는다. 또한 이런 활동적인 봉사 속에서 미래의 장로들이 길러질 수 있다.

더 나아가, 장로들이 책임성(accountability)을 유지하면서 다른 이들이 책임(responsibility)을 지게 하는 법을 배움으로써, 그들은 어마어마한 양의 일들에서 손을 떼고 그들이 부름받은 목양 사역에 집중할 수 있다.

사역 센터

나는 교회가 멤버 주도성(member initiative)과 장로 책임성(elder accountability) 사이에서 건강한 균형을 잡고, 장로들을 자유롭게 하여 목양 사역을 하게 하는 장치로서 사역 센터 전략을 소개하고자한다. 당신은 성경 속에서 이 전략에 관한 내용을 읽을 수는 없지만 이것은 성경에 따른 것이다. 나는 이 전략이 효력을 발휘하여, 좌절한 개인들의 비효율적인 모임이었던 교회들이 기쁨이 넘치고 잘 연마된 하나님 나라의 도구로 변화되는 것을 목격하였다. 나는 성령님의 복을 받을 교회로 만드는 가장 효과적인 방법인 이 전략에 개인적으로 헌신하고 있다.

사역 센터의 개념은 하나의 중요한 통찰을 구체화한 것이다. 즉, 멤버들(장로들은 그들에 대해 책임성을 부담한다)에 의해 중요한 결정들이 내려지더라도 장로들의 책임성이 온전히 유지될 수 있다는 것이다. 내가 보기에 이것은 우리가 5장에서 논의한 성경의 두 구조적 지침들을 둘 다 존중할 수 있는 유일한 방법이다. 이 통찰을 사역 센터 전략을 평가하는 기준으로 사용하라. 이것은 나의 제안의 배경을 이루는 사상이다.

나는 교회가 (결정의 세 번째 영역에 속하는) 모든 활동들을 사역 센터로 조직할 것을 제안한다. 많은 교회에서 우리는 이미 그와 유사한 것을 갖고 있으니 일명 위원회라고 한다. 나는 **사역 센터**라는 용어가 더 마음에 든다. 그것은 사람들에게 그 사역 속에서 그리스도를 섬기고 있다는 것을 상기시켜주고, 교회의 인프라가 계층적이라는 잘못된 인식에 쉽게 순응하지 않기 때문이다. 내가 생각하기에, 사역 센터는 우리의 일반적인 위원회 개념과는 매우 다를 것이다. 우리는 위원회를 무력한 조언자들이나 일벌들로 여기는 경향이 있다. 실제로 일을 진행하는 집행위원회가 아니라면 말이다. 의미 있고, 능률적이고, 활기찬 사역이 모든 사역 센터의 특징으로 나타나야 한다. 사역 센터들은 교회의 사역을 분권화하여, 멤버들을 의미 있는 일에 참여시키고, 장로들에게 자유를 주어 목양에 집중하게 하되, 장로들의 책임성을 희생시키지는 않는다. 이 구조 속에서 멤버들은 자신의 은사와 재능과 창의력을 발휘할 수 있다. 그들은 중요한 결정을 내리고, 리더십을 발휘하며, 사역을 할 수 있다. 사역 센터는 성령의 도구로서 멤버들의 주인 의식을 고취시킨다.

일반적인 사역 센터의 목록에는 다음과 같은 것들이 포함된다.

- 예배와 기도
- 기독교 교육
- 멤버를 몸 안으로 흡수하고 지원하는 사역
- 집사의 봉사
- 소그룹
- 복음전도와 선교
- 기독교 학교
- 시설관리

사역 센터는 정해진 한도 내에서 교회의 전체적인 비전과 일치하는 활동들을 계획하고 실행할 중요 권한을 부여받은 조직이다. 사역 센터는 팀장의 리더십 아래 구체적인 목표를 정한다. 그 팀은 사역을 구성할 특정 프로그램과 활동들을 결정하며, 그 사역에 할당된 자금을 어떻게 분배할지 결정한다. 또한 팀의 노력을 평가할 자체적인 기준을 세우고 정기적인 자체 평가를 시행한다.

사역 센터의 팀장

사역 센터에 관한 가장 중요한 조항은 남자든 여자든, 장로가 아닌 사람이 팀장을 맡아야 한다는 것이다. 우리는 위원회의 위원장이 장로여야 하며, 그로써 그가 적절한 감독을 할 수 있다고 생각하는 경향이 있다. 많은 교회가 장로들에게 팀장 또는 위원장의 역할을 맡긴다. 그러나 이 흔한 관행은 성실한 책임 수행을 위해 불필요할 뿐 아니라, 잘못되고 위험한 것이다.

장로들이 팀장을 맡으면, 권력을 독점하게 되고, 멤버들의 영적 참여를 막는다. 게다가 이 정도로 개별 교회 사역에 개입하는 장로들은 너무 바쁜 나머지 그들이 마땅히 해야 하는 목양을 제대로 할 수 없다. 이 조항은 장로들에게 자유를 주어 목양을 하게 하고, 멤버들이 중요한 권한을 가지고 섬길 수 있는 장을 열어준다.

남자뿐 아니라 여자도 사역 센터의 팀장으로 섬길 수 있다는 것에 주목하라. 최근 수십 년 동안, 페미니즘이 여성과 교회 리더십에 관한 새롭고 긴급한 질문들을 제기했다. 장로직을 남성들로 제한하고 오직 장로들에게만 중요한 리더십과 권위를 가진 지위를 허용하는 교회에서 여자들은 중요한 리더십과 권위의 자리에 앉을 것을 기대할 수 없다. 이런 상황의 심각성은 영적 성숙과 영적 권위의 지위를 동일시하는 잘못된 개념에 의해 더욱 악화되었다. 이 상황 하에서 여성은 영적으로 중요하다고 인식되는 방식으로 하나님을 섬기는 것이 금지된다고 느낄 것이다.

그러나 장로들이 사역 센터의 팀장으로 섬기지 못하게 하자는 나의 제안은 성경에 충실하면서도 그 좌절감을 상당히 덜어준다. 남녀 상관없이, 장로가 아닌 이들도 그들 자신의 영적 건강과 몸된 교회의 유익을 위해 전략적으로 그들의 은사를 발휘해야 한다.

책임성 : 장로들과 사역 센터

장로들은 직접 일을 하지 않으면서 센터의 활동들에 대해 책임성을 발휘할 수 있도록, 사역 센터들과 관련하여 나름의 역할을 수행한다. 특히 당회는 세 가지 일을 해야 한다.

1. 당회는 각 사역 센터의 팀장을 임명하거나 승인해야 한다. 분명히 이것은 많은 기도, 리서치, 면담, 세심한 조사를 기반으로 할 때 최선의 결과를 가져온다.

2. 당회는 각 사역 센터를 위한 지침을 발표하고(목표를 명시함) 그들의 활동 범위를 상세히 제시해주어야 한다. 지침들은 센터들끼리 조화를 이루고, 교회의 교리적 입장과 비전선언문의 틀 안에서 자유롭게 활동할 수 있게 해준다. 각 사역 센터가 의미 있는 주도권을 갖고 있어야 한다. 그렇지 않으면 사역 센터 전략의 중요

한 가치가 상실될 것이다. 기도와 연구, 그리고 해당 사역에 관여할 가능성이 큰 사람들과의 면담이 지침을 작성하는 데 큰 도움이 될 것이다. 부록 A는 이러한 지침들을 작성하고 시행하는 것과 관련하여 자세한 정보를 제공해준다.

3. 당회는 사역을 감독해야 한다. 당회는 필요하면 거부권을 행사할 권한을 가지고, 팀장을 돕고 보호하는 역할을 할 것이다. 이것은 다음 장에서 구체적으로 이야기하겠다.

그 무엇도 장로가 사역을 돕지 못하게 하는 것은 없다. 예를 들어, 장로는 주일학교에서 가르치거나 성가대에서 찬양을 할 수 있다.

장로가 아닌 사람들에게 의미 있는 주도권을 허락하는 이러한 방식은 장로들에게 "전에 늘 해왔던 것"과 다른 방식으로 일을 처리할 것을 요구한다! 장로들이 적절한 감독을 행하는 곳에서 그러한 독자성과 상호 협력은 장로들과 멤버들 모두에게 고무적인 것이다.

이것을 위해 우리에게는 한 가지 중요한 요소가 필요하다. 그것은 바로 신뢰이다. 장로들은 장로가 아닌 사람들이 그 일을 하도록 믿고 맡겨야 한다. 성령께 복종하는 일에는 성령님이 각 멤버들에게 주신 은사를 존중하는 것을 포함한다.

교회는 이러한 상호 신뢰를 나타낼 때 연합된 한 몸이 된다. 감독자로서 신실하게 섬기는 장로들이 상호 신뢰를 드러냄으로써 이러한 분위기를 조성해야 한다.

사역 센터를 감독하는 장로들과 관련된 일

이미 말했듯이, 장로들은 팀장을 임명하거나 승인하고, 지침들을 명시하고, 센터의 사역을 감독함으로써 책임성을 유지한다. 이제 감독에는 어떤 일이 포함되는지 살펴보겠다.

보통은 한 장로가 각 사역 센터를 감독한다. 큰 교회에서는 한 장로가 두세 개의 사역 센터를 감독해야 할 수도 있다. 이렇게 섬기는 장로들을 나는 "장로 겸 감독"(elder-overseer)이라고 부른다. 감독은 조력자 역할, 보호자 역할을 수행하며, 때로는 거부권을 행사한다. 거부권이란 당회가 사역 센터의 제안을 거부할 권한을 뜻한다.

조력자로서의 장로 겸 감독. 사역 센터의 개념은 성령께서 주신 주도성이 멤버들에게서 나오기를 기대하는 것이다. 따라서 장로 겸 감독의 주된 책임은 사역 센터의 팀장을 격려하는 것이다.

장로 겸 감독은 다음과 같은 일을 하지 않는다.

- 센터의 모든 회의에 참석하는 것.
- 활동 계획을 만들거나 스케줄을 감독하는 것.
- 센터의 실질적 수장 역할을 하는 것.

장로 겸 감독은 다음과 같은 일을 한다.

- 팀장과 함께 정기적으로 기도한다.
- 센터의 활동 계획, 인원, 재정, 문제점, 진척 상황, 임박한 주요 결정들에 관한 최신 정보를 주기적으로 제공받는다.
- 팀장이 둘 이상의 당면 과제의 상대적 긴급성을 잘 평가할 수 있도록 돕는다.
- 팀장이 필요한 지침들을 이해하고 적용하도록 돕는다.
- 팀장에게 그 사역과 관련된 당회의 결정들을 공지한다.
- 팀장이 이따금 심층 보고서를 당회에 제출하게 한다(팀장은 장로가 사역 센터에 좀 더 자주 얼굴을 비칠 것을 요청할 수도 있다).
- 센터의 사역을 알리는 일을 돕는다.
- 부드러우면서도 단호한 태도로 팀장에게 적절한 "압력"을 가하여 목표 달성을 위해 사역 센터를 이끌어가게 한다.

보호자로서의 장로 겸 감독. 사역 센터 개념은 팀장과 참여자들이 새로운 일들을 하고, 창의적인 접근 방식들을 찾아내고, 새로운 방식으로 사역을 운영하기를 기대한다. 조력자로서 장로 겸 감독은 이 일을 격려한다. 보호자로서 장로 겸 감독은 센터의 계획들이 명시된 지침들에 들어맞는지 확인한다.

장로 겸 감독은 다음과 같은 일을 한다.

- 상황이 너무 많이 진전되기 전에, 발생가능한 문제들을 팀장에게 알린다. 예를 들어, 장로는 기존 프로그램과의 갈등을 예견하거

나 부정적인 결과들이 나타날 가능성을 인식할 수 있다(예를 들면 어른의 감시가 충분하지 못한 청소년 리트릿 같은 경우).

- 가끔 사역 센터의 멤버들을 위해 오리엔테이션 워크숍을 진행한다. 이를 통해 교회의 비전과 교회의 전반적인 사역을 강조하고, 멤버들의 창의성과 당회의 지침 간의 관계를 탐구한다.
- 센터의 사역이 지속적으로 평가받게 한다. 장로 겸 감독이 직접 평가할 필요는 없다. 그는 평가가 효과적으로 행해지고 있는 것에 만족하고, 평가 결과를 검토해야 한다.

거부권 행사자로서의 장로 겸 감독. 사실상 이 역할은 전체로서의 당회에 속한 것이다. 개개인의 장로는 어떤 것이 교회의 비전이나 사역 센터의 목적이나 센터의 지침과 너무 거리가 멀다고 생각할 때, 그것을 거부할 권한을 갖고 있지 않다. 그러나 전술한 보호자로서의 사역을 충실히 행해도 그 효과가 없는 것으로 판명되면, 장로는 당회를 소집하여 거부권을 행사할 필요가 있는지 결정하게 한다.

일반적으로 이 정도의 불협화음은 인격과 관련된 문제가 결부되어 있을 수 있다. 당회가 거부권을 행사하기 전에, 목회 상담을 받는 것이 추천된다.

사역 센터와 재정 문제. 우리가 문서상으로 동의하는 일이 항상 재정상으로도 추인되는 것은 아니다. 재정상 추인이 있어야 현실적 자격 부여가 있는 셈이다. 다음은 사역 센터의 개념과 잘 들어맞는 재정 프로세스이다.

교회의 궁극적인 재정 건전성에 대한 책임은 장로들에게 있다. 장로들은 교회의 1년 예산을 승인하고 채택한다. 각 사역 센터는 정해진 예산 안에서 개별적인 항목을 갖고 있어야 한다. 각 사역 센터는 다른 모든 결정을 하는 것처럼 구체적인 재정적 결정도 한다. 즉, 장로들이 감독권과 거부권을 행사하는 가운데, 사역 센터는 주도성과 리더십을 발휘한다.

장로들은 각 사역 센터에서 사용할 통일된 회계 방식을 명시해야 한다. 전체 예산과 표준 회계 절차는 각 사역 센터를 위한 지침의 일부이다(부록 A 참고).

커뮤니케이션이 책임성을 매듭짓는다. 조력자, 보호자, 거부권 행사자로서 행하는 것에 더하여, 주기적인 커뮤니케이션은 장로들의 책임성 있는 감독을 가능하게 해준다. 장로 겸 감독과 팀장 간의 원활한 커뮤니케이션에 더하여, 장로 겸 감독과 당회 사이의 원활한 커뮤니케이션이 필요하다. 장로 겸 감독이 팀장을 신뢰하는 것처럼, 당회는 장로 겸 감독을 신뢰한다. 정기적으로(한 달에 한 번) 장로 겸 감독은 자신의 책임성을 수행해 왔고, 사역 센터가 잘 돌아가고 있는 것에 만족한다는 의사를 확실히 표시해야 한다. 1년에 한 번, 장로 겸 감독은 당회의 평가를 받기 위해 심층 보고서를 제출해야 한다. 심층 보고서를 제출할 때는 충분한 자료와 함께 제출해야 한다. 장로 겸 감독이 보고서를 작성할 때 팀장은 장로 겸 감독에게 적극적으로 자문을 제공한다. 팀장은 또한 2년에 한 번 센터 사역의 철저한 점검을 위해 장로들과 개인적으로 만남을 갖는다.

인적 자원으로서의 스탭들

종종 교회는 교회 사역을 담당할 스탭을 고용할 수 있다. 청소년 사역 담당자, 찬양 사역 담당자, 기독교 교육 담당자 등이 이 범주에 속한다. 담임목사도 마찬가지다! 무엇보다도 담임목사는 예배 사역 팀과 기독교 교육 사역 팀을 위한 핵심 인력으로 간주되어야 한다.

유급의 스탭들은 사역 센터 시스템과 어떻게 조화를 이루는가? 핵심 단어는 **인적 자원**이다. 즉 그들은 센터가 사역을 완수하기 위해 끌어다 쓰는 인적 자원이다. 사역 센터가 마음대로 사용할 수 있는 다른 자원들이 있다. 시설도 자원으로 간주되고, 교회의 멤버들도 마찬가지다. 우리가 살펴봤듯이, 장로 겸 감독 또한 인적 자원으로 기능한다. 사역 센터는 이 모든 자원들을 사역 수행에 활용할 수 있다.

유급 스탭들은 분명히 사역 센터의 주요 인적 자원이다. 스탭은 사역의 목표와 구체적인 프로그램들을 제안하며, 이를 통해 사역 센터에 독창성을 제공한다. 전문적으로 훈련을 받았기에, 스탭은 다양한 전략들의 상대적 효율성이나 비효율성, 그리고 그것들의 일반적인 비용에 대해 뛰어난 감각을 갖고 있을 것이다. 사역 센터는 어떤 결정을 내릴 때 이런 전문 지식에 의존할 수 있다.

스탭은 특정 프로그램들의 세부 사항을 더 구체화함으로써 센터를 섬길 수 있다. 그는 사역 센터의 프로그램과 활동들을 관리할 것이다. 이것은 그 사역에 관심 있는 사람들을 독려하고 교회 멤버들 가운데 팀원들을 모집하는 일도 포함한다.

사역 센터가 유급 스탭을 활용할 때, 팀장보다 스탭이 그 사역의 프로그램들을 관리할 것으로 예상할 수 있다. 팀장과 스탭은 의사소통을 계속 유지해야 한다. 스탭은 정기적으로 사역 센터에 보고하고, 사역 센터는 정기적으로 스탭의 일을 평가한다.

스탭들은 (사역 센터가 아닌) 교회에 의해 고용되지만, 사역 센터를 섬기기 위해 고용되는 것이다. 따라서 우리는 스탭에 대한 두 개의 책임성 라인(lines of accountability)을 구별해야 한다. 앞에서 보았듯이, 스탭은 사역 프로그램들을 운영하며, 정기적으로 사역 센터의 자체 기준으로 평가를 받는다. 그러나 스탭은 또한 담임목사에게 보고할 책임이 있다. 담임목사는 유급과 무급으로 일하는 교회 스탭들을 이끈다. 담임목사는 스탭을 청빙하고 그의 청빙 조건을 규정하는 데 있어 최종 권한을 행사한다. 목사는 그 스탭의 개인적인 삶과 하나님과의 관계, 가족과의 관계, 회중과의 관계, 그리고 노회와의 관계를 살피고 감독한다. 또한, 스탭들이 훌륭한 리더십 기술을 개발하고 사용하게 한다. 목사는 스탭에게 교회의 비전을 전달하고, 그들이 이에 헌신하고 이를 구현하고 있는지 계속해서 살펴봐야 한다. 담임목사는 스탭에 관한 사역 센터의 평가 보고서를 기초로 평가하고 그에 따라 조처를 취한다. 따라서 사역 센터는 스탭의 사역 수행에 책임성을 부담함으로써 사역의 질을 보증한다. 담임목사는 스탭의 삶을 감독함으로써 그의 영적, 교회적 역량을 보증한다. 스탭은 또한 교회의 전반적인 일에 관여한다.

이 다소 복잡한 구조의 핵심은 **경계선**이다. 스탭들과 사역의 관계에 대한 우리의 생각을 전환하려면 정신적인 노력이 필요하다. 스탭들(그리고 교회들)은 종종 그들이 목표 달성을 위해 프로그램들을 관리할 뿐만 아니라 자기들이 목표를 채택하는 자들이라고 믿는다. 그러나 교회는 사람들로 이루어져 있지, 스탭들로 이루어져 있는 것이 아님을 기억해야 한다. 실제적인 결정은 교회의 사람들이 해야 한다. 이것은 스탭들의 복종 의식, 누가 누구에게 답해야 하는지에 대한 명확한 이해, 많은 커뮤니케이션을 요구한다.

스탭은 최종 권위가 아니라 주요 인적 자원으로서 기능한다. 스탭은 프로그램을 관리하는 사람이지, 채택하는 사람이 아니다. 사역 센터는 채택한 방침들에 의하여 스탭의 사역을 지속적으로 평가한다. 전통적으로 흐릿했던 이 기능들을 분리하는 것은 회중을 참여시키는 데 도움이 된다. 그것은 책임성에 관한 분명한 선을 그어주며, 그 안에서 스탭은 자유로운 소명 의식을 가지고 사역할 수 있다.

사역 센터는 주인의식을 의미한다

나는 사역 센터 접근법이 교회를 변화시키는 것을 보았다. 사람들은 자신의 말이 교회의 삶에 중요하다는 것을 알게 되었을 때, 교회의 사역을 자신의 것으로 받아들이기 시작했다. 그리고 헌신과 충성이 극적으로 늘어났다.

사역 센터 방식을 시행하기 전에 100명 정도 모이던 교회는 중요한 위기에 직면했다. 교회 사역에 참여하는 멤버들이 거의 없었고, 장로 6명의 리더십으로는 부족하다는 일반적인 인식이 팽배해 있었다. 교회는 교인의 거의 절반을 잃게 될 분열의 조짐이 보였다.

장로들은 공적으로 이것을 변화시키기 위해 헌신했다. 특히 그들은 그들의 사역을 목양 사역으로 개조하는 데 헌신했고, 사역 센터 접근법을 사용하여 사역에서 사람들을 좀 더 중요하게 활용하는 데 헌신했다. 하나님이 은혜를 베푸셔서 그들은 위기를 모면할 수 있었고, 소수의 사람들만 교회를 떠났다. 교회 지도자들에게, 그런 변화는 마치 권력을 잃는 것처럼 보일 수 있다. 그러나 실제로 그것은 궁극적인 권위를 잃어버리는 것이 아니다. 그것은 회중을 향해 "우리는 당신들이 필요합니다."라고 말하는 것이다.

사역 센터 개념은 종종 교회가 건강해지는 것을 방해하는 두 가지 어려움의 해결을 약속한다. 또한 교회 사역을 위한 성경의 두 지침이 전적으로 충족되게 해준다. 즉, 멤버들은 성령님이 주신 은사와 주도성과 재능을 발휘할 수 있고, 장로들은 교회의 삶과 사역에 대해 자신이 하나님 앞에서 회계할 자인 것처럼 설명 책임 혹은 책임성을 발휘할 수 있다. 그것은 또한 하나님의 의도대로 장로들이 목양에 집중할 수 있게 해준다. 목양을 하는 장로들과 전략적으로 섬기는 멤버들을 가진 교회는 매우 건강한 교회로서, 하나님의 축복을 기쁨으로 기대할 수 있다.

토론을 위한 질문

1. 당신이 소속된 교회의 권위의 인프라를 묘사해보라.

   a. 어떤 개인이나 그룹이 새로운 아이디어와 비전을 다른 이들보다 더 많이 제시하고 또 그것이 채택되는가?
   b. 어떤 개인이나 그룹이 이 새 아이디어들을 관련 부서에 전달하는가?
   c. 어떤 개인이나 그룹이 그 새 아이디어들을 가동시키는가?

2. 당신의 교회에 영향을 미치는 결정들 중에, 당회의 결정이나 회중의 승인을 필요로 하지 않는 것들을 나열해보라.

3. 상기 결정들을 어떻게 사역 센터들에 위탁할 것인지 브레인스토밍을 해보라. 당신의 교회에 어떤 사역 센터들을 둘 것인가?

3부

비전을 시행하기

9장
당신 교회만의 고유의 비전

건강한 실천사항 #5
교회는 지속적으로 수정되는 비전과 액션 플랜을 가지고 있어야 한다.
그 비전은 그 시점에 그 지역사회 안에서 그 교회에게 주어진 그 교회만의
비전으로서 교회의 목적과 사명을 구현하는 데 집중한다.

이제 우리는 일반적인 교회가 아닌 **당신의** 교회에 대해 이야기하고자 한다.

우리는 그리스도의 신부, 그리스도의 몸, 이 땅에 있는 그리스도의 임재 자체인 교회의 경이로움에 대해 이야기했다. 나는 교회에 대한 나의 열정을 나누었고, 내가 교회를 얼마나 사랑하는지, 그리고 교회가 온전함을 향해 나아가는 모습을 얼마나 보기 원하는지 나누었다. 그리고 교회의 건강이 바로 그 진전되는 과정이라고 말했다. (건강은 모든 것을 다 갖춘 **완벽함**이 아니라 **진전되는** 것임을 주목하라! 건강한 교회를 완벽한 교회와 동일시하는 것은 좌절감을 가져다주는 비성경적인 개념이다. 영광에 들어가기 전에는 어떤 교회도 완벽하지 않을 것이다.) 또한 우리는 교회의 목적과 사명

에 대해 논하고 건강한 교회의 몇 가지 실천사항들을 살펴보았다. 이제 우리는 중요한 주제를 다루고자 한다. 우리는 이제 고유한 특성을 가진 **당신의** 교회에 대해 이야기하고자 한다. 지역 교회의 비전을 명시하는 것은 성경적으로 건강한 실천사항이며, 교회가 성령님으로부터 받은 그 교회만의 고유한 특질을 활용하도록 격려한다. 비전은 교회마다 다르다. 교회마다 특성과 환경이 서로 다르기 때문이다.

개개의 복음주의 교회들은 같은 목적을 공유한다. 즉, 교회들은 이 땅에서 그리스도의 임재를 나타내고, 그리스도의 형상을 열망하며, 선두에서 주님을 찬양하는 공통의 목적을 갖는다. 그리고 모든 교회들은 지상명령의 수행이라는 같은 사명을 갖고 있다. 모든 복음주의 교회는 목자 리더십을 필요로 하며, 성경의 권위에 복종하고, 활기찬 예배를 통해 영적 성장의 동기를 부여받을 필요를 갖고 있으며, 하나님의 사역을 추구하는 공통된 열정으로부터 유익을 얻는다. 또한 모든 교회는 비전을 명시함으로써 유익을 얻는다.

비전선언문은 특정 지역의 회중이 교회의 보편적인 목적과 사명을 어떻게 달성하고 수행할 것인지를 글로 표현한 것이다. **목적**이 '왜'를 설명하고 **사명**이 '무엇'을 설명한다면, **비전**은 '어떻게'를 설명하는 것이다. 비전선언문은 영적으로 은사를 받은 신자들의 모임인 당신의 교회가 특정한 지역사회 안에서, 특정한 때에, 그리스도를 본받고, 하나님을 예배하며, 하나님의 나라를 확장하는 구체적인 방법을 나타낸다.

이 목표를 추구하기 위해 우리는 성경을 보아야 한다. 그러나 우리는 또한 우리 자신을 보아야 한다. 우리는 큰 믿음을 발휘해야 하지만, 그 믿음은 하나님이 주신 자원들과 상황을 활용해야 한다.

성경에서 58번가 장로교회 찾기

당신은 하나님이 당신의 교회만을 위한 계획을 갖고 계심을 믿기 어려운가? 결국 공동의 목표를 추구하면서 그리스도의 형상을 닮는 것이 하나님의 계획 아닌가? 성경이 성도의 연합을 명한다면, 어떻게 각 교회만의 고유한 특성이 나타날 여지가 있을 수 있는가? 고유한 것은 죄가 되지 않을까?

또한 어떻게 성경 외에 다른 것을 공부하는 것이 우리 교회의 일이 될 수 있는가? 어떻게 우리 자신을 연구하는 것이 경건한 일이 될 수 있는가? 어떻게 하나님이 우리의 독특한 특성에 관심을 가지실 수가 있는가?

그리고 우리의 목표와 헌신이 우리 자신의 역량과 상황을 반영하여 조정되는 것이라면 어떻게 산을 옮기는 믿음을 나타내 보일 수 있겠는가? 결국 우리는 하나님이 불가능한 일을 하실 거라고 기대하지 말아야 하는가?

이러한 질문들에 대한 논의는 이 책의 범위를 훨씬 넘어설 것이다. 그러나 그런 사고방식들이 이 장의 중요성을 깨닫지 못하게 할 수 있다. 어쩌면 당신은 때때로 그런 식으로 생각하려는 유혹을 받앉을 것이다.

성경은 그러한 사고방식에 완전히 반대한다. 사도 바울의 말을 들어보라. "그러나 이제 하나님이 그 원하시는 대로 지체를 각각 몸에 두셨으니"(고전 12:18). 이 구절에서 바울은 영적 은사를 설명하기 위해 몸의 비유를 사용한다. 요점은 성령께서 공동의 유익을 위해 각 지체에게 은사를 주셨다는 것이다. 그리고 모든 사람의 은사가 같다는 생각이나 우리 모두가 정확히 똑같은 방법으로 사역을 하려고 해야 한다는 생각은 잘못이라는 것이다. 물론 연합하여 **한 몸**이 된다. 그러나 이 비유의 전체적인 요점은 이 연합에 다양성의 여지가 있다는 것이다.

하나님은 다양성을 원하실 뿐만 아니라, 그분의 섭리로 그것을 설계하신다. 성령님은 은사들을 주시는데, 비유하건데 각 은사에는 개인의 이름이 적힌 꼬리표가 달려 있다. 단순히 "가르침의 은사"나 "긍휼의 은사"라고 쓰인 꼬리표가 아니라, "수잔 바이워터의 가르침의 은사", "존 스톨즈퍼스의 긍휼의 은사"라고 쓰인 꼬리표이다. 그리고 하나님은 특정한 때에 특정한 장소에서 우리를 연합시켜 살아 있는 유기체가 되게 하신다.

하나님은 단지 은사들을 작정하고 몸을 하나가 되게 하는 일만 하시는 것이 아니다. 웨스트민스터 소요리문답 7문에서 단언하듯, 하나님은 "일어날 모든 일을 미리 정하신다." 하나님은 또한 특정한 때와 장소를 선택하신다. 당신의 가족은 왜 텍사스주 메스키트에 있는가? 당신은 왜 그곳의 지역 교회에 출석하는가? 왜 지역사회는 지금과 같은 모습인가? 왜 이 모든 일이 지금 일어나고 있는가? 하나님이 이 질문들에 대한 구체적인 답을 보여주지 않으시더라도, 우리는 우리의 개인적인 상황들이 갖는 영원한 의미를 확신할 수 있다.

우리 주변의 상황이나 우리 주변에 있는 신자들은 단지 우연의 문제가 아니다. 당신의 교회라는 그 독특한 혼합체는 하나님이 작정하신 것이다. 하나님이 그것의 맥락을 정하셨다.

다음 단계는 당신의 교회를 위한 하나님의 뜻을 알기 위해 성경 이면의 것을 보아야 한다는 사실을 인정하는 것이다. 성령님은 단지 성경 말씀과 관련해서 역사하실 뿐만 아니라, 당신 교회의 은사와 유기적 상호작용과 관련해서도 활발하게 역사하신다. 성령님과 호흡을 맞추려면 당신 교회의 은사와 유기적 상호작용을 진지하게 받아들여야 한다. 하나님은 그분의 뜻대로 당신의 교회 안에 그것들을 배치해두셨다. 우리는 비전선언문을 작성하기 위해 은사, 인적 자원, 물적 자원, 상호관계, 인구 통계 등을 평가해야 하며, 이것은 중요한 영적 활동이다. 이것을 무시하는 것은 성령을 거스르는 것이다. 이것을 무시하는 것은 또한 건강한 교회 생활의 역동적인 차원을 놓치는 것이다.

각 멤버들의 영적 은사를 존중하는 것은 균형을 이루어야 할 두 가지 성경적 지침 중 하나이다. 나머지 하나의 지침인 책임성 있는 목자의 감독은 멤버들의 은사 사용을 약화시키기보다 향상시켜야 한다. 2부에서 우리는 목자 리더십이 이 두 지침의 균형을 유지해준다고 말했다. 또한 이를 실행할 장치로서 사역 센터를 제안했다. 3부에서 우리는 멤버들의 은사를 무시하지 않고 존중하는 것의 두 번째 의미를 접하게 된다. 은사는 자원, 상황과 더불어 각 회중 고유의 특징을 이루며, 교회는 자신의 목적과 사명을 성취하는 방법에 대해 생각할 때 반드시 가진 은사를 고려해야 한다. 다시 말하면, 하나님의 섭리에 따라 각 교회에 독특하게 주어진 이런 요소들이 교회의 비전에 중요한 영향을 미치는 것이다.

비전과 비전이 아닌 것

앞에서 말했듯이, 비전선언문은 교회가 자신의 목적과 사명을 어떻게 성취할 것인지를 구체적으로 표현해야 한다. 명확한 이해를 돕기 위해 건강한 목표와 흔한 오해들을 구별해보겠다.

모든 교회는 이미 비전을 갖고 있다! 비전에 대해 생각해보지 않은 교회도 그러하다. 비전은 한 사람의 인격이나 성격과 비슷하다. 즉 당신이 가지려고 노력하지 않아도 이미 갖고 있는 것이다. 우리 교회가 행하는 모든 선택들과 우리가 수행하는 모든 활동들은 우리가 목표하는 것을 시사한다. 따라서 내가 당신에게 비전을 명시하라고 당부할 때는 어떤 새로운 것을 개발하라는 요구가 아니다. 그보다는 당신도 모르는 사이에 당신을 형성해 온 것을 분명히 표현하라는 것이다. 그리고 당신의 비전이 무엇인지 면밀히 조사하면서 몇몇 요소들에 비추어 정기적으로 비전을 개정하고 이를 사역에 반영하려고 의식적으로 노력하라는 것이다.

많은 교회들은 그들의 비전에 대해 생각해본 적이 없다. 그들의 사역에 어떤 프로그램을 추가할 때도, 종종 그렇게 하는 합리적 근거조차 없다. 비전이 의식적으로 명시된 적이 없고, 그것을 사역의 근거로 사용하지 않는 교회는 본질적으로 방향키가 없는 교회다.

일부 교회들이 자신의 사역 목표를 명시한다면, 그것은 단지 이미 시행 중인 기존의 프로그램들을 유지하기 위해서일 것이다. 어쩌면 그들의 비전은 "우리는 편안함을 원한다. 평지풍파를 일으키지 말라!"이다. 그들은 복음을 듣기 원하지만, 그것이 그들의 존재에 속속들이 도전하는 것은 원하지 않는다. (그런 것이 정말로 주 예수 그리스도의 복음인가?) 그들은 친구를 사귀고, 좋은 교제를 나누기 원하지만 자기 나름의 삶을 영위하길 원한다. 이런 교회는 친목의 내적 원동력은 높지만, 복음을 위한 더 깊은 연합의 원동력은 없다.

그러한 많은 교회들이 비전을 분명하게 작성하고 표현함으로써 얻는 유익들을 누리지 못했다. 그것이 영적이고 성경적인 일이라는 것을 알지 못해서이다. 어떤 교회는 현 상태에 의문을 제기하는 것은 다 거부한다. 변화와 성장을 받아들이려면 하나님이 주시는 용기가 필요하다. 교회의 건강을 추구하는 것과 비전을 도출하는 것은 서로 밀접한 연관이 있다. 둘 다 성숙하고자 하는 열망을 필요로 한다. 실제로 교회의 건강을 향한 구체적 실천 방안은 교회의 비전 선언문과 그에 부속된 액션 플랜 안에 포함되어 있어야 한다.

많은 교회들이 비전선언문을 작성하는 수고를 마다하지 않았다.

정말로 노력에는 결과가 따른다! 그러나 그 결과의 가치를 축소시키는 세 가지 흔한 오해가 있다.

어떤 교회는 교회의 일반적인 사명(지상명령)이나 목적을 다시 작성하는 데 그치고 말았다. 그렇게 하는 것은 사실상 '어떻게'에 대한 구체적 언급 없이 '무엇'과 '왜'를 명시하는 것이다. 그것은 특정한 회중에게 주신 성령의 독특한 은사들에 주의하지 않고 말씀에만 주목하는 것이다. 이런 일이 자주 일어나는 이유는 그들이 자신들의 영적 은사를 이해하지 못했기 때문일 수도 있고, 그 은사들이 교회의 일반적인 목적과 사명의 구체적인 적용을 암시한다는 것을 깨닫지 못했기 때문일 수도 있다.

어떤 교회는 교회의 비전이 목사나 당회의 아이디어라고 믿는다.[1] 이런 관점에서, 비전은 거의 초자연적인 계시에 가까운 것으로 간주될 수 있다. 혹은 목사의 비전은 그가 교회를 통해 삶으로 나타내고자 하는 개인적, 구체적 메시지일 수 있다. 어느 쪽이든, 회중의 역할은 그저 동참하는 것이다. 어떤 사람들은 지도자들이 자기 양떼에 대한 책임성을 부담하려면 이런 접근법이 필수라고 잘못 믿고 있다. 어떤 교회는 심지어 회중이 이 비전을 "자기 것으로 삼을 것"을 기대한다. 그러한 요구가 둔감하고 부적절한 것임을 인식하지 못하고 말이다. 비전은 목사로부터 사람들에게 자동적으로 양도될 수 있는 것이 아니다.

리더십이 비전을 작성해 버리는 것은 성령님이 리더들뿐 아니라 그 몸에 속한 누구라도 사용하신다는 사실을 부인하는 태도이다.

이런 태도는 고린도전서 12장의 명백한 가르침에 반한다. 게다가 교회를 심각한 위험에 노출시킨다. 이 경우에 회중은 자신의 독자적인 중요성을 인식하기가 어렵다. 만일 목사의 비전만 중요하다면 멤버들의 의욕과 참여는 당연히 줄어들 것이다.

리더십도 있고 심지어 목회적 잠재력도 있는 어느 멤버가 목사의 비전에 동의하지 않는다고 가정해보자. 그의 기여는 어떻게 평가될 것인가? 목회자는 자신의 비전에 동의하는 사람들을 자기 주변에 모을 것이다. 그것에 동의하지 않는 사람은 다른 교회를 찾아나서고 싶은 유혹을 느낄 것이다. 자기가 의미 있게 참여할 수 있는 교회 말이다.

그리고 만일 그 목사가 떠난다면 어떻게 되는가? 그 교회와 교회의 비전은 어떻게 되는가? 그렇게 목사가 떠나고 나면 파괴적인 공백 상태가 뒤따를 수 있다.

마지막으로, 목사가 비전에 대해 잘못 생각하고 있다면 어떻게 되겠는가? 우리는(또는 그는) 그것을 어떻게 알 것인가? 누가 그를 판단하겠는가? 어떤 사람이 그 비전에 문제를 제기하면 하나님께 불순종하거나 권위에 대항하는 사람으로 낙인찍히지 않겠는가? 과도한 권력을 가진 잘못된 리더로 인해 생기는 피해로부터 교회를 어떻게 보호할 수 있을 것인가?

나는 목사나 지도자가 비전을 안출한다고 말하는 것이 비성경적이고 위험한 것이라고 믿는다. 비전은 **교회의** 비전이어야만 한다.

목사가 비전을 작성한 교회를 하나님이 사용하실 수 있을까? 당연히 그렇다! 앞에서 말했듯이, 교회의 생명과 사역을 비전에 일치시키려는 노력은 긍정적인 결과를 가져올 것이다. 또한 하나님은 깨진 그릇에 보물을 넣어 두시고, 우리의 잘못되고 죄에 물든 시도들을 그분의 영광을 위해 사용하려 하시는 것 같다. "이는 심히 큰 능력은 하나님께 있고 우리에게 있지 아니함을 알게 하려 함이라"(고후 4:7). 그러나 이 구절은 결코 개선의 필요성을 부인하기 위해 사용되어서는 안 된다!

비전을 특정하는 데서 얻어지는 긍정적인 결과들을 우리가 영적 성숙에 도달했다는 뜻으로 자동적으로 받아들여서는 안 된다. 우리는 항상 더 큰 성장을 기대해야 하며, 성경의 기준을 더 깊이 이해하고 더 정확하게 그 본을 보이기 위해 노력해야 한다.

나는 현대적인 틀 안에서 관계형 교회가 되는 것을 비전으로 삼고 있는 교회를 알고 있다. 이것은 멋진 비전이고, 멋진 표현이다. 하나님은 몇 년 전에 일어난 이 교회의 의식적인 변화를 축복해주셨다. 그러나 그 비전은 목사에게서 나온 것이었다. 그는 그가 어디로 가는지 정확히 알고 있고, 그것을 꽉 붙잡고 있었다. 사람들은 비전을 만들어 내거나 이를 지속적으로 평가하고 개정하는 일을 하지 않았다.

결국 그 목사는 점차 자신과 생각이 비슷한 장로들하고만 어울렸다. 그 비전에 동조하지 않는 사람은 장로 후보로 추천되어도 후보 지명이 되지 않았다. 목사의 비전에 동조하지 않는 이 유망한 목자들은 어떻게 되었을까? 그들은 포기하고 그만두었다. 말하자면 새로운 수태의 원천이 계속 배제되면서, 근친교배가 더 활발해진 것이다.

이 교회에서 당회가 후보 지명을 금한 것이 옳은 일인가? 나는 그렇게 생각하지 않는다. 성경에는 장로가 어떤 교리나 어떤 교회 정치 체제를 따르기로 약속해야 하는 것처럼 어떤 비전을 따르기로 약속해야 한다고 말하는 부분이 없다. 공식적으로든 비공식적으로든 당회가 이것을 법령화하는 것은 비전을 교리와 교회 정치 체제의 지위로 끌어올리는 것이다. 사실상 그것은 성경 외에 다른 기준을 부과하고, 성경에 무엇을 추가하려 하는 것이다.

미래의 장로감이 자신이 교회의 비전에 동의하지 않는 것을 인식하여 스스로 장로 지명을 고사하는 것은 매우 적절한 일일 것이다. 그러나 그가 후보로 지명되었다면 교회는 비전을 수정하는 것이 하나님의 뜻은 아닌지 진지하게 생각해보아야 한다.

만일 당신 교회의 비전이 목사가 아니라 사람들에게서 나온 것이라면 두 가지 일이 일어나야 한다. 첫째, 사람들이 당신과 함께해야 한다. 둘째, 당신의 목사는, 다른 모든 사람들과 함께, 그 비전이 성장함에 따라 계속 성장해야 한다.

비전선언문에 대한 세 번째 오해는 일단 그것을 명시하면 언제나 적용되어야 한다는 것이다. 비전선언문이 목사나 당회에 어떤 계시 같은 아우라를 가진다면, 교회는 그렇게 생각하기 쉽다. 그밖의 다른 요소들도 사람들로 하여금 비전이 영원히 적용된다고 믿게 만들 수 있다. 예를 들어, 비전을 도출하고 말로 표현하기 위해 노력했으니, 그것이 오래 지속되지 않으면 부끄러운 일이 될 것이라는 생각이 들 수 있다.

그렇지만 이런 식의 사고는 당연히 몇 년 후 문제가 될 것이다. 하나님이 정해주신 당신 교회만의 독특한 면들, 즉 다양한 영적 은사들, 당신들을 하나로 묶는 무형의 요소, 교회 시설, 교회 안의 인적 자원, 교회를 찾아 나오는 사람들, 교회의 지리적 위치 등은 계속해서 변한다. 예를 들어 이렇다. 하나님은 우리에게 새로운 다섯 가정을 보내주셨다. 두 명의 핵심 장로들이 다른 곳으로 떠났다. 아기들의 수가 폭발적으로 증가했다. 하나님이 우리를 영적으로 성숙시켜 주셨다. 우리는 새로운 도전을 맞을 준비가 되었다. 대림절 초들이 성전을 밝히고 있었다. 우리 지역사회에서 이혼하는 사람들의 수가 세 배로 증가했다. 제너럴모터스 사가 새로운 공장을 짓고 있는데 이것이 지역 경제의 활력을 되찾아줄 것이다. 교회가 교외 지역으로 이전했다. 지역 대학교의 학생들이 우리 도시 인구의 3분의 1을 차지하며, 그들은 대부분 동성애자이며 포스트모던 사고방식을 갖고 있다. 그리고 당연히 1990년대의 사상들이 2000년대의 사상들에 자리를 내주고 있다.

분명히 우리 교회가 그리스도를 본받고 그분의 영향력을 확장하는 구체적인 방법은 계속 개정되어야 한다. 그것이 개정되어야 하는 이유는 우리가 전에 제대로 이해하지 못했거나(그랬을지도 모르지만), 영적으로 부족했거나(그랬을 수도 있지만), 우리의 성스러운 배를 계속 띄워두기 위해 이교도의 마케팅 방법을 사용해야 하기 때문이 아니다(여기서의 문제는 잘못된 이분법이다). 우리는 우선 비전을 선언한다. 그 후 몇 년에 한 번씩 그것을 개정한다. 그 이유는 성경이 우리에게 계속 변화하는 이 요소들을 진지하게 받아들이라고 지시하기 때문이다. 우리는 계속적인 자기 평가를 통해 성숙하기 때문에 비전을 재작성하게 될 것이다. 만일 자기 평가가 멈추면 성숙도 멈출 것이다. 우리는 비전을 수정 가능한 문서로 여겨야 한다. 결국 그것은 본질적으로 인간의 문서이며, 아무리 좋은 상황에서도 우리의 유한성과 죄의 영향을 받는다. 그것이 비판이나 개선의 여지가 없다고 여기는 것은 신성을 모독하는 것 아니겠는가?

비전선언문을 작성하고, 그에 따라 액션 플랜을 세우라. 계획들을 시행하라. 그러나 3년 내지 5년 뒤에 그 일을 다시 할 것을 예상하라. 이 일은 반복되어야 한다. 이것이 성장하고 건강해지는 길이다.

비전의 초점 맞추기

비전의 초점을 맞추기 위해 따라야 할 전략이 있다. 하나는 멤버들의 은사를 성실하게 대하는 것과 목자가 책임성 있게 감독하는 것에 관한 성경의 규정들에 일치해야 한다는 것이고, 다른 하나는 변화하는 요소들에 대해 현실적인 평가를 내려야 한다는 것이다.

이러한 평가 과정을 거침으로써 교회의 삶과 사역의 모든 면을 다루는 실제적인 액션 플랜의 기초가 되는 비전선언문을 작성할 수 있게 된다.

비전선언문은 두 부분으로 구성된다. 하나는 교회의 일반적인 목적과 사명에 대한 당신 교회의 독특한 적용을 묘사하는 짧은 단락이다. 종종 이 단락은 간결하고 함축적인 모토로 작성될 수 있다. 이러한 모토는 보통 주보나 편지지 상단에 기입되고, 모든 멤버와 방문자의 입에 오르내린다.

두 번째 부분은 비전에 대한 설명 부분이다. 이 부분은 비전선언문의 각 구절이 현 상황에서 회중에게 의미하는 바를 설명한다. 그리고 액션 플랜들을 작성해 나가면서 비전을 적용하기 시작한다. 다음 장에서 우리는 액션 플랜에 대해 좀 더 자세히 이야기할 것이다.

이러한 과정을 거침으로써 교회란 어떤 단체이며 각 부분이 어떻게 전체의 초점에 기여하는지를 모두가 알게 되는 유익을 얻는다. 모든 사람이 같은 마음을 품는 연합을 느끼고 그것이 가져다주는 동기부여를 즐긴다. 지역 사회도 교회의 목표와 기여를 더 분명히 알게 될 것이다.

당신은 비전선언문의 초안을 작성하는 데 몇 개월이 걸릴 것을 예상할 수 있다. 그 과정에 거의 모든 교인들이 어느 정도 참여하게 될 것이다. 그리고 앞에서 말한 대로, 당신은 몇 년 뒤에 그 전체 과정을 다시 겪게 될 것이라는 사실을 명심해야 한다.

전담반을 지정하라. 비전선언문 전담반이 그 과정을 진두지휘할 것이다. 이 그룹은 목사와 두 멤버(장로나 집사나 스탭이 아닌 두 사람)로 구성할 것을 제안한다. 그들은 정보를 수집하고 평가하는 과정을 조율할 것이며, 그 정보를 반영하는 비전선언문을 가능하면 5개까지 작성할 것이다. 거기서 결국 하나의 선언문이 채택된다.

전담반의 모든 반원들은 공동의 영적 성숙에 확고히 헌신하고, 다른 사람들의 완고함과 두려움에 굴복하지 않아야 한다. 필요하다면, 반원들은 변화의 매개체 역할을 할 수도 있을 것이며, 다른 사람들이 영적 성장의 새로운 도전들을 받아들이도록 돕기 위해 행동을 취할 것이다.

그들은 많이 기도하고 믿음을 발휘해야 한다. 매일매일 하나님이 그들을 인도해주시고, 그들의 믿음을 넓혀주시기를 기도해야 한다. 또한 그들은 소위 "확장된 믿음"을 발휘하는 면에서 성장해야 한다. 새로운 일을 꿈꾸거나 시도하려 하지 않는 것을 "믿음 없음"으로 간주하고, 우리의 은사와 자원과 상황을 고려하지 않고 어떤 것을 시도하려 하는 것을 "광적인 믿음"으로 간주한다면, "확장된 믿음"은 그 양 극단의 중간에 위치할 것이다. 확장된 믿음은 가능한 일들에 대한 꿈을 꾸는 것이다(광적인 믿음이 불가능한 일들에 대한 꿈을 꾸는 것과 대조적으로). 확장된 믿음은 성령님이 그 교회에 부여하신 특장점들과 관련하여 꿈을 꿀 것이다. 그것은 주 예수님이 열 므나의 비유에서 말씀하신, 위험을 감수하는 일을 수반할 것이다(눅 19:11-27). 전담반의 궁극적 목표는 교회를 둘러싼 당면 현실을 인지하고, 그런 확장된 믿음을 발휘하는 것이다.

목사의 특별한 은사와 열정, 교회 생활 안에서의 역할을 고려할 때, 목사가 기도와 확장된 믿음이 전담반 활동의 특징이 되도록 보증하는 역할을 할 가능성이 크다. 그는 이에 대해 직접적으로 책임을 진다.

회중을 참여시키라. 비전을 수립하거나 개정하는 과정에서 중심이 되는 활동은 교회의 은사들, 원동력, 인적 자원, 물적 자원 등 교회의 현재 상황에 관한 정보를 수집하는 것이다. 전담반은 정보 수집에 회중을 참여시켜야 한다. 회중의 폭넓은 참여가 없으면 모인 데이터가 교회의 특별한 면들을 충분히 나타내지 못할 것이다. 그리고 회중의 참여는 교회가 멤버들의 영적 은사들을 존중하게 할 것이다. 또한 모든 사람이 주인의식을 갖고 비전 수립 또는 개정 과정을 지지하도록 도울 것이다. 마지막으로, 그것은 성장으로 연결되는 자기 평가를 유발할 것이다. 때로는 재미있고 때로는 고통스럽지만, 자기 평가가 없으면 어떠한 성장도 일어날 수 없다.

이 일을 어떻게 시작하는가? 한 가지 좋은 방법은 설문조사를 하는 것이다. 또는 소그룹 토론이나 브레인스토밍을 하는 것이다. 또는 가족 인터뷰를 시행할 수도 있다. 어떤 방법을 사용하든 간에, 데이터 수집은 회중 가운데 핵심 멤버들에게 맡기라. 이 정보를 수집하는 데 3개월 가량 소요되어야 한다.

사실을 수집하라. 당신이 수집하는 정보는 네 가지 기본 범주로 나뉜다. ① 그 교회만의 고유한 특성들, ② 해당 지역의 특별한 필요들, ③ 교회의 자원과 프로그램들과 활동들의 현황, ④ 기존의 원동력들. 정보는 헌금 액수같이 구체적이고 자세한 부분들을 포함할 것이나 현 상황에 대한 일반적인 인식들도 포함할 것이다. 현실에 대한 사람들의 인식은 종종 실제 상황보다 더 중요하다는 것을 명심하라!

데이터는 또한 평가를 받아야 한다. 우리 교회는 이 영역에서 충분히 잘하고 있는가? 개선이나 성장의 가능성이 있는가?

그 교회만의 고유한 특성들. 성령님이 어떤 멤버들에게 어떤 은사를 주셨는지 알아본다. 이를 통해 앞으로 몇 년 동안 하나님이 우리를 어떻게 사용하고 성장시키실지 감지해볼 수 있다. 다음의 질문들에 답해보라.

- 회중은 교회의 가장 큰 네 가지 장점을 무엇으로 인식하고 있는가? 그 순위를 어떻게 매기는가?
- 교회의 삶과 사역의 이런저런 면들에 대해 멤버들은 얼마나 만족하는가?
- 회중은 교회의 삶과 사역에 관하여 무엇을 기대하거나 예상하는가?
- 회중 가운데서 어떤 영적 은사들이 확인되었는가? 누가 어떤 일을 정말 잘하는가? 누가 자기 일을 사랑하고, 하나님이 그 일을 축복해주시는 것을 경험하는가? 어떤 사람은 자신의 영적 은사를 잘 인식하지 못하나 그의 영향을 받은 사람들이 그것을 잘 알

수도 있다는 것을 명심하라! 사람들이 서로의 은사들을 지적하게 하는 것이 도움이 된다.

- 사람들은 성령께서 어떤 사역들을 추구하도록 이끌어 가시는 것을 느끼고 있는가? 이것들이 교회의 기존 사역들과 일치하는가?
- 어떤 사람들이 리더십의 잠재력을 증명해 보이는가?

교회의 주변 환경. 전담반은 교회가 마땅히 영향을 미쳐야 할 지역적 범위를 확인해야 한다. 물론 우리 모두 온 세상을 전도할 사명을 갖고 있다! 그러나 하나님이 세상의 어느 특정 지역에 복음을 전하게 하기 위해 특별히 전략적으로 우리 교회의 현위치를 정해주셨다는 것을 알아야 한다. 다음의 질문들에 답해보라.

- 우리 지역 사람들은 어떤 특징적인 생활양식을 갖고 있는가? 당신이 스스로 보고 들은 것뿐 아니라 정부의 인구 통계를 참조하거나 전문 인구통계학자를 고용할 수도 있다.
- 이 지역 사람들의 특징적인 가치관, 사상, 필요들은 무엇인가?
- 지역 사회의 주된 특색들은 무엇인가(예를 들면 대학교, 병원, 큰 쇼핑몰, 군부대, 공업단지)?
- 위에서 답한 사실들이 교회의 복음전도나 구제 사역에 어떤 특별한 기회들을 제공해주는가?

기존의 자원, 프로그램, 활동들. 다음의 고찰은 현 시점의 프로그램, 인력, 재정, 시설, 스탭 등을 평가하는 데 도움이 될 것이다. 다음 질문들에 답하라.

- 교회의 프로그램과 활동들로는 어떤 것들이 있는가? 각 활동의 주된 책임자는 누구인가?
- 교회 내부 통계자료를 근거로 지난 3년간 출석률, 재정 지원, 교회 일에 적극 참여하는 멤버 비율에 어떤 추세가 발견되는가? 구체적인 데이터와 실제 이름들을 최대한 많이 제시하라.
- 교회는 어떤 시설들을 이용할 수 있는가? 건물, 땅, 접근 가능한 사유 시설, 교회 일에 정기적으로 사용되는 멤버들의 자산, 목사관, 승합차, 주차장, 유급 스탭 등을 모두 망라하여 답해보라(8장 참조).
- 상기 질문들에 대한 당신의 답을 고려할 때, 현재 교회는 자산을 얼마나 잘 활용하고 있는가? 우리는 우리의 자산을 최대한 효율적으로 활용하고 있는가? 회중은 십일조를 충실히 내고 있는가? 이것이 개선될 수 있는가? 교회는 책임을 공유하는 멤버 대부분으로부터 유익을 얻고 있는가? 이것이 개선될 수 있는가? 교회가 고용하는 스탭의 유형과 수가 교회의 현재 필요와 영적인 야망에 비추어 볼 때 적절한가, 아니면 조정이 필요한가?

교회의 현재의 역학 관계. 여기서 '역학 관계'라 함은, 몸 안에서 서로 관계를 맺는 무형적인 방식들을 뜻한다. 다음의 질문들에 답해보라.

- 이 교회가 과거부터 이어온 전통이 지금 우리가 일하는 방식에 어떤 영향을 미치는가? 예를 들면, 우리는 여전히 연합을 중요시하는가? 우리 교회는 선조들이 과거에 지금은 더 이상 쟁점이 아닌 정치적, 교리적 싸움에 가담한 것으로 유명한가?
- 현재의 어떤 상황이 교회 안의 상호관계에 영향을 미치고 있는가? 예를 들면, 작년에 있었던 한 동료의 권징을 둘러싼 언쟁 때문에 여전히 어떤 가정들이 교회 지도자들과 거리를 두고 있는가?
- 회중이 교회 안에 더 개선할 필요가 있다고 여기는 요소들(목사와 장로들의 사역을 포함하여) 네 가지를 꼽아보라. 이들의 중요성의 순위는 어떻게 되는가?
- 개선할 필요가 있다고 여겨지는 것들을 실제로 개선하려는 시도가 있으면 어떤 반응들이 나타날 것 같은가?
- 회중은 교회 안에서 권위가 어떻게, 누구에 의해 행사되고 있다고 인식하는가?
- 이 권위는 어떻게 전달되는가? 누가 아이디어를 내는가? 누가 그 아이디어를 실행하는가? 어떤 수단을 사용하여?
- 멤버들은 회중 전체 또는 일부에게 얼마나 우호적으로 대하는가? 방문자들에게는?
- 회중은 얼마나 연합되어 있는가? 이 연합은 단지 사회적인 결합인가, 아니면 영적인 결합인가?

- 회중은 건강한 교회의 특징들을 얼마나 갖추고 있는가? 장로들은 목자의 역할을 하고 있는가? 예배는 성장 동기를 부여하는가? 책임성 있는 감독과 개인 은사 중시의 균형을 유지했는가? 성경이 명목상으로뿐 아니라 실제로도 우리의 인증마크인가?

교회가 이러한 정보를 수집할 때쯤 당신은 교회에 대해 알 수 있는 거의 모든 것을 알 것이다! 그러나 선한 청지기직은 자료를 숙지할 것을 요한다. 일단 당신이 현재의 상황에 대한 전문가라면, 당신의 회중에 대한 하나님의 계획을 추정하고 비전을 권장하기에 가장 좋은 위치에 있을 것이다. 게다가 모두가 이 과정에 참여한다면, 회중은 아마 이 문제들을 열심히 고려할 것이고 비전선언문을 도출하기 원할 것이다.

모든 수집된 데이터와 그에 대한 평가를 모두가 읽을 수 있게 문서로 기록해두는 것이 가장 좋다. 이를 통해 모든 사람이 소속감을 느끼게 될 것이다.

비전선언문의 초안을 작성하라. 전담반은 수집된 데이터를 바탕으로 의논하고, 모든 의미를 이끌어내며, 비전선언문 작성과 관련된 각종의 평가를 한다. 그들은 어떤 타협점을 찾아야 할 것이다. 예를 들면, 우리 지역 사회에는 지성인들을 위한 대학 캠퍼스 사역이 필요하지만 회중 가운데 대학 졸업자가 거의 없다. 이러한 상황은 지금 시점에서 캠퍼스 전도 사역을 추진하는 것이 현명하지 않다는 것을 시사할지 모른다. 그러나 이는 하나님께서 미래를 위해 회중을 준비시켜주시도록 기도할 필요성을 나타내는 것일 수도 있다. 어쩌면 지금 학생들을 초대하여 대화를 나누는 것보다 외국인 학생들을 위한 구제 사역이 필요하다는 결론에 도달할 수도 있다. 이러한 판단 과정 중에 교회의 삶과 사역의 다양한 면에 가중치를 부과하게 될 것이다. 하나님은 우리가 어떤 약점을 직접적으로 다루기 원하시는가? 아니면 하나님은 우리의 노력을 다른 곳에 집중하기 원하시는가? 이러한 판단에는 영적 지혜와 분별이 요구되며, 확장된 믿음이 요구된다. 또한 노력할 뿐 아니라 열심히 기도할 것이 요구된다.

다음 단계는 교회가 향후 몇 년 동안 이 지역 사회에서 그리스도의 임재와 영향력을 나타내기 위해 어떤 시도를 해야 하는지에 관한 제안을 다섯 개까지 작성하는 것이다. 전담반은 기도하며 이 제안들 중 하나를 택하여 교회의 비전선언문에 포함시킬 것이다. 비전선언문 안에는 두 요소가 균형잡힌 형태로 나타나야 한다. 두 요소 모두 하나님으로부터 오는 것이다. 먼저 비전선언문은 하나님이 우리를 더 높은 수준의 영적 성장과 사역으로 인도하심으로써 우리 안에서, 그리고 우리를 통해 그분의 능력을 나타내실 것이라는 확장된 믿음을 나타내야 한다. 두 번째로, 비전선언문은 하나님이 우리에게 이미 허락하신 은사와 자원, 그리고 상황을 반영해야 한다.

전담반은 이제 두세 단락으로 이루어진 비전선언문과 간결하면서 함축적인 모토의 초안을 작성할 것이다. 또한 비전선언문의 각 구절에 구체적인 설명을 덧붙일 것이다. 나는 그것을 비전 설명이라 불렀다. 이 문서는 당신 교회에서 행해진 논의의 정점을 나타내야 한다.

장로들에게 가져가라. 전담반은 이제 모든 입증 자료와 함께 비전선언문을 당회에 제출할 것이다. 내가 언급한 대로 회중이 이 과정에 충분히 참여해 왔다면 그 제안들은 장로들에게 전혀 놀랍지 않을 것이다. 대체로 당회는 결과물을 받아들이고, 단지 미세 조정을 위한 작은 피드백을 제공할 것이다.

당회의 중요한 역할은 비전선언문을 공식적으로 채택하는 것과 그 승인을 구하기 위해 회중에게 권하는 것이다.

이 일은 전담반이 아니라 장로들이 해야 한다. 그 이유는 교회의 리더십이 그 비전을 믿고, 지지하고, 그것에 따라 살고 사역하며, 그것을 실현하기 위해 앞장서겠다는 의지를 보여주어야 하기 때문이다.

다음에 보게 되겠지만, 장로들은 또한 회중이 그 비전의 의미를 이해하고 그것을 받아들이도록 격려하기 위해 회중을 목양할 것이다. 마지막으로, 그들은 그 비전의 채택을 위해 공동의회를 열 것이다.

회중에게 가져가라. 내가 설명하는 접근법의 또 한 가지 구별되는 특징은 비전선언문이 회중의 투표에 의해 공식적으로 채택될 것이라는 사실이다. 이것은 내가 지금까지 이야기한 모든 것과 일치한다. 그러나 그 비전을 목사나 당회의 비전으로 오해하거나, 또는 그 비전이 지상명령을 다르게 표현한 것이라고 믿는 교회들은 그것을 채택하기 위한 회중 투표의 적절성과 중요성을 이해하지 못할 것이다.

당회는 단지 회의를 여는 것 이상의 일을 해야 한다. 먼저 의사소통을 위해 의미있는 노력을 해야 한다. 장로들은 개인들과 가족들과 그룹들을 대상으로 여러 번 말과 글로 비전선언문을 설명해야 하며, 충분한 토론을 거치도록 해야 한다. 장로들은 멤버들이 비전의 의미를 확실히 이해하게 해야 하며, 의미를 전달하는 과정에서 그 비전을 따르도록 감화하고 동기를 부여해야 한다. 모든 사람이 그 비전을 이해한 연후에 비로소 그것을 채택하기 위한 회의를 소집해야 한다. 투표는 그 비전을 지지하기 위한 헌신이다.

비전을 회중에게 가져가는 것은 모든 사람이 많이 기도하고, 믿음을 확장하도록 서로 격려하며, 가급적이면 목자가 함께하는 맥락에서 진행되어야 한다. 제대로 된 비전이라면 새로운 자기 평가, 변화, 현재 수준을 넘어서는 영적 목표의 추구, 더 많은 봉사, 더 큰 헌신을 요구할 것이다. 하나님이 개입하지 않으시면, 우리의 약한 마음은 그것을 생각만 해도 흔들린다. 오직 기도와 확장된 믿음, 영적 리더와 다른 사람들의 격려만이 우리로 하여금 도전에 잘 대처할 수 있게 해준다.

예시

한 지역 교회를 간단히 묘사하고 그들의 비전선언문을 보여주겠다. 150명 정도의 인원이 모이는 이 교회는 꽤 큰 도시의 교외 지역에 있는데, 목사를 포함하여 6명의 장로가 있다. 교회는 자체 건물이 있으나 그 건물이 더 이상 적합하지 않다고 생각한다. 교회 가족의 조합에는 거의 모든 연령의 그룹들이 포함되어 있고, 30세에서 45세 사이의 교인이 가장 많다. 그 도시는 점점 더 성장하고 있다. 멤버의 대다수는 화이트칼러 전문 직업인들이다. 그 지역 사회의 사람들은 좋은 가족 관계 유지를 위한 지침이나 오늘날의 문화 속에서 십대 자녀를 양육하기 위한 지침 등에 큰 필요를 느끼는 것으로 드러났다. 그 교회의 목사는 오늘날의 삶과 관련하여 성경을 자세히 풀어주는 성경 교사로 인정받고 있다. 그 교회는 기본적으로 건강해 보이며, 그 교회의 가장 큰 필요는 커뮤니케이션과 목양을 향상시키는 것으로 보인다.

그 교회는 목사의 설교와 가르침을 중심으로 하는 교회의 사역을 통해 현대의 삶에 대한 해답을 제공하는 사역 센터를 발전시켜 나가는 것에 중점을 둔 비전선언문을 채택하였다. 이 비전은 목사의 사역에 영향을 미칠 뿐만 아니라, 교회의 청소년 사역과 기독교 교육에 특히 영향을 미친다. 그러나 그것은 또한 교회의 모든 삶과 사역, 모든 멤버들과 연관이 있다. 그들의 초점은 다음과 같다.

○○교회는 은혜로운 성경적 가르침을 위한 지역 센터로 성장하는 데 헌신하는 신자들의 예배 공동체가 되는 것을 추구한다.

그들이 채택한 표어는 다음과 같다.

○○교회 : 현 시대의 삶을 위해 성경에 중심을 두는 교회.

그들은 다음과 같은 비전 설명으로 비전선언문의 구체적인 의미를 나타냈다.

"예배 공동체"란 ○○교회가 다음과 같은 일들에 헌신함을 의미한다.
- 예배를 교회의 삶과 사역을 위한 주요 동기부여 요인으로 삼는다.
- 계속해서 활력이 넘치는 예배를 드리기 위해 힘쓰며, 주기적으로 예배의 활력을 평가하고, 배운 교훈들을 적용한다. 그럼으로써 예배자들이 살아 계신 하나님의 임재 안에 있었다는 것을 알게 한다.

"지역 센터로 성장한다"란 회중뿐 아니라 (도시 북부 지역의) 다른 많은 그리스도인들과 교회들도 믿음과 삶의 최종 규칙으로서 성경에 헌신하도록 하기 위해 ○○교회의 지역적 입지의 독특한 잠재력을 활용하는 데 헌신한다는 뜻이다.

"은혜로운"이란 회중이 삶과 사역을 통해 그들이 그리스도인의 친화성과 배려를 가진 사람들이라는 증거를 유지하기 위해 헌신한다는 뜻이다.

"성경적 가르침"이란 지역 센터로의 성장과 관련된 가르침이 개혁신앙을 성경의 교리 체계로 삼아, 그것이 실질적인 삶의 기반이 되게 한다는 뜻이다.

그 외에, ○○교회의 건강을 증진하기 위한 제안들은 액션 플랜 개요(Action Plan Outlines)의 일부가 되었고, 비전선언문 자체에 영향을 미치는 중요한 원동력이 되었다.

또한 외적인 인구통계자료에 근거하여 비전선언문에 들어간 내용은 성도가 약 500명인 교회로까지 성장하고 언제나 교회 개척을 준비하는 프로세스 속에 있겠다는 약속이다.

비전 실행

비전을 명확하게 표현하려는 이 모든 노력들은 그 비전이 채택되어도 멈추지 않는다. 그 비전은 시행되어야 한다. 이것은 더 많은 기도와 더 많은 독창성을 요구할 것이다. 목표는 그 비전을 교회의 삶과 사역의 구석구석에 적용하고, 그 구체적인 의미들을 설명하며, 실제 상황을 그에 일치하게 만드는 것이다. 이를 위해 우리는 액션 플랜을 글로 작성해야 한다. 우리는 다음 장에서 이에 대해 이야기할 것이다.

교회가 성경 말씀에 따라 그 자신의 놀라운 중요성을 알게 되는 것은 엄청난 일이다. 일반적인 교회의 목적과 사명을 아는 것은 멋진 일이다. 그것은 그 교회를 다른 모든 교회들과 같게 만들어주는 것이 무엇이고, 그 이유가 무엇인지를 아는 것이다. 그러나 이러한 것들을 알고도 자기만의 비전을 구체적으로 세우지 않은 교회는 그만큼 불완전할 것이다. 그 교회는 전체적인 이야기를 갖지 못할 것이다. 교회가 자기 자신에 대해 모르고 성령님이 특별히 그 교회를 통해 어떤 사역을 펴나가길 원하시는지 모를 것이기 때문이다.

비전을 명확히 표현하는 것은 몹시 고된 과정일 수 있다. 그러나 유산소 운동과 마찬가지로 고통 없이는 얻는 것도 없다. 그리고 고통이 있으면 반드시 얻는 것이 있을 거라고 단언할 수 있다. 비전은 개인적으로나 집단적으로, 영적 성장을 위한 어마어마한 자극제가 될 수 있다. 그 효능을 가로막는 것은 단 한 가지, 곧 변화하고 성장하려 하지 않는 태도이다.

애석하게도 한때 교인 수가 400명 내지 500명 정도 되었던 어느 오래된 교회가 생각난다. 그 교회의 멤버들은 변화하려는 의지가 없었다. 그들의 큰 당회는 내게 이렇게 말했다. "우리 교회에 이 많은 공간들이 있는데, 왜 사람들이 오지 않을까요?" 실제 상황은 주변 동네가 많이 바뀌어서, 사람들이 안전이 걱정되어 아무도 오후 4시 이후에 혼자서 그곳에 가려고 하지 않는다는 것이었다.

나는 그들에게 건물 내부를 개조하고, 근처에 사는 사람들의 구체적인 필요를 파악하기 위해 그 지역의 사회단체에게서 정보를 구하고, 교회가 일상생활의 물적 자원으로서 지역 사회에 꼭 필요한 곳이 될 방법을 찾으며, 이 모든 것을 복음의 이름으로 할 것을 제안했다. 그리고 사업가들을 위한 점심 전도활동을 시작할 것을 제안했으며, 나이 많은 전통주의자들을 수용하기 위해 주일 예배를 오후 예배로 만들 것을 제안했다.

그러나 그 교회는 이러한 변화를 위한 도전에 응하지 않았다. 이렇게 성령의 강력한 역사를 떠나 내부에 고착되어 버리면 변화의 돌파구가 마련될 희망이 거의 없다.

하나님께서 당신의 회중이 위험을 감수하고, 그분의 부활의 능력을 붙잡고, 큰 꿈을 꾸고, 비전을 구축하고, 뚜렷한 결과들을 경험할 수 있게 해주시기를 기원한다.

토론을 위한 질문

1. 당신의 교회는 비전선언문을 작성했는가?

2. 그 비전선언문은 목사나 당회에게서 비롯되었는가, 아니면 회중에게서 비롯되었는가?

3. 만일 비전선언문을 작성하지 않았다면, 표현되지 않은 어떤 비전이 당신 교회의 삶과 사역에 영향을 미치고 있다고 생각하는가? 당신의 교회는 대체로 자신이 어떤 상태이고, 무엇을 하고 있으며, 무엇을 위해 노력하고 있다고 생각하는가?

4. 시간이 되면 이 목록 중 어느 것에 대해서든 간단히 브레인스토밍을 하라.

- 당신 교회의 독특한 면들
- 당신 교회의 가장 큰 장점들
- 멤버의 만족도
- 영적 은사들
- 잠재적 지도자감
- 교회 주변 지역의 독특한 필요와 기회들
- 가치와 필요
- 주된 특성들
- 사역 기회들
- 기존의 인적 자원, 물적 자원, 프로그램들, 활동들
- 재정과 멤버십
- 교회 건물 및 시설
- 이런 것들이 얼마나 효율적으로 활용되고 있는가?

- 기존의 역학 관계
- 지금도 여전히 삶과 사역에 영향을 미치고 있는 역사적 배경
- 사람들 간의 관계
- 개선할 필요가 있는 영역들
- 권위의 인프라스트럭처(권위의 기반구조)
- 방문자들에 대한 친절도
- 연합
- 건강한 교회의 실천사항들

5. 이 장에 비추어 볼 때 당신의 교회는 어떤 조치를 위하는 것이 좋겠는가? 당신은 어떻게, 언제 시작할 것인가?

10장
액션 플랜 작성하기

만일 이 장의 내용을 전혀 모르고 앞 장에서 말한 대로 비전선언문을 작성하는 모든 과정을 실행해 왔다면 지금 마찬가지로 큰 과업에 직면해 있다는 생각이 들지도 모른다. 얼마나 낙심되는 상황인가! 그러나 곧 알게 되겠지만, 액션 플랜을 글로 작성하는 것은 비전선언문을 작성하는 것에서부터 자연스럽게 이어진다. 이 둘은 온전히 하나의 프로세스를 이룬다.

나의 안내를 따라 비전선언문을 작성했다면 그 과정 속에서 이미 액션 플랜을 준비하기 위한 상당한 진보를 한 것이다. 당신은 기도했고, 성령님이 주시는 능력으로 믿음을 확장했으며, 변화의 도전을 받아들였고, 함께 하는 브레인스토밍을 통해 멋진 아이디어들을 발견했다. 만일 어떤 이유로 지금 교회의 삶의 중심에 그 비전을 세우지 못하고 있다면 당신은 그것이 믿기지 않을 만큼 좌절감을 준다는 사실을 알게 될 것이다.

비전과 액션 플랜은 서로 분리할 수 없는 것이다. 액션 플랜이 없는 비전선언문은 아무 소용이 없다. 마찬가지로 비전 없이 계획을 세우는 교회도 마찬가지로 무익함과 분열을 경험할 것이다. 불행히도 이 두 가지 시나리오는 자주 일어나는 일이다.

이 장은 9장의 처방을 더 크게 확대할 것이다. 방대하고 종합적인 부분은 이미 거쳤다. 이것은 실천적이고 자세한 부분이다. 당신은 마치 산 정상까지 갔다가 반대쪽으로 미끄러져 내려오는 것 같은 기분이 들어야 한다.

액션 플랜 : 무엇과 왜

액션 플랜은 새로운 비전을 어떻게 시행할 것인지에 대한 구체적인 묘사이다. 그것은 교회의 유기적인 삶과 교회의 사역들, 권위의 기반구조, 교회의 스탭, 교회의 시설들에 가져올 변화를 명시한다.

분명히 답해야 하는 핵심 질문은 이것이다. 당신의 새로운 비전선언문은 당신 교회의 삶과 사역과 기반구조에 구체적으로 어떤 의미를 갖는가? 교회의 전반적인 활동들과 멤버십 활동, 그리고 예산에 어떤 의미를 갖는가? 교회의 시설에는 어떤 의미를 갖는가? 교회의 스탭에게는 무엇을 추가해야 할 것인가? 그리고 교회 생활에 어떤 결과들이 있을 것이라 생각하는가? 출석률, 헌금, 참여, 회심, 지역 사회와의 접촉 등이 몇 퍼센트나 증가할 것이라고 생각하는가?

액션 플랜을 완성했을 때, 당신에게 누가 필요할지, 비용이 얼마나 들지, 언제쯤 이것을 완전히 시행할 수 있을지, 어떤 결과를 얻게 될지 알 수 있을 것이다. 당신은 전체 비전의 시행을 안내해줄 시간표를 만들어낼 수 있을 것이다. 또한 비전을 시행하기 위해 필요한 전체 인력을 추정할 수 있을 것이다. 즉, 어떤 사람들이 언제까지 필요할지, 각 사람을 어떻게 활용할지 알 수 있을 것이다. 당신은 비용을 추산하고, 언제까지 얼마가 필요할지 나타내는 예산안을 작성할 수 있을 것이다.

계획하고 시행하는 일은 모든 것을 아우르는 단일 비전의 실현을 바라보며 추구해야 한다. 그 비전은 길을 안내하는 등대의 역할을 하고, 연합을 가져오며, 분명한 지침을 제시해준다. 그것 없이 우리가 어떻게 앞으로 나아갈 수 있겠는가? 우리가 도달하고자 하는 목표는 언제나 명백하게 남아 있다.

당신의 액션 플랜은 이중의 목적을 가진다. 주요 목적은 비전의 적용이다. 그러나 이것은 또한 이 책이 제시하는 교회의 건강 문제를 다루기 위한 좋은 기회를 제공한다. 사실상 비전과 액션 플랜을 명시하는 것은 당신에게 건강한 교회로 나아가는 변화를 가져오기 위한 구체적인 장치를 제공해준다.

이 과정은 3년 내지 5년마다 반복되어야 한다는 것을 명심하라. 하나님은 언제나 일하시고, 우리를 변화시키시며, 필요와 기회들을 바꾸시기 때문이다. 3년에서 5년 주기는 지속적인 평가를 위한 시간을 준다. 그 기간 동안, 예를 들면 교회 아이들은 어린이 여름 성경학교보다 청소년 사역에 더 적합해지고, 새로운 교회 시설이 새로운 전도 기회를 제공해주며, 한부모 가정들의 유입으로 가정에 대한 지원이 더 필요해지고, 인근 공장이 문을 닫아 무상 식료품 배급소나 취업 소개소가 필요해질 수 있다.

　나는 액션 플랜(action plan)과 액션 플랜 개요(action plan outlines)를 구분한다. 액션 플랜은 전반적인 계획이다. 그것은 모든 개개의 변화들과 노력들을 포괄하는 하나의 문서다. 액션 플랜은 중요한 비전이 어떻게 시행될 것인지를 묘사한다. 그것은 각 부분을 보여주고, 또한 모든 부분들이 어떻게 조합되는지도 보여준다. 액션 플랜 개요는 개개의 프로그램이나 활동을 위한 계획, 각 프로그램이나 활동에 대한 개요이다. 액션 플랜 개요는 새로 도입되거나 변경되는 프로그램이나 활동을 위해 쓰여질 것이다. 이미 교회의 새로운 비전선언문과 잘 들어맞는 현행 프로그램들이나 활동들에 대해서는 그것을 쓸 필요가 없다. 모든 액션 플랜 개요들이 합쳐져서 교회의 액션 플랜을 만들어낼 것이다.

　당신은 또한 이 단계가 기도로 가득해야 하며, 우리가 그리스도 안에서 앞으로 나아가려면 확장된 믿음이 필요할 거라는 사실을 아는가? 처음에 비전을 공식화할 때만큼, 어쩌면 그때보다 더 많은 용기가 비전의 의미를 설명하는 데 필요하다!

　액션 플랜을 갖는 것은 매우 중요하다. 그것이 없으면 당신은 행동을 거의 취하지 않거나 본래 의도와 다른 행동을 취하기 쉽다! 긍정적으로 말하면, 액션 플랜은 매우 구체적이기 때문에 그것 없이는 도달할 수 없는 수준의 봉사와 성장으로 사람들을 이끌어갈 수 있다. 액션 플랜은 비전에 발을 달아 준다.

하나님께서 액션 플랜의 중요성을 나에게 이해시키셨던 때를 기억한다. 나는 플로리다에 있는 우리 선교 교회 중 한 곳의 목사로부터 전화를 받았다. 그는 자신의 교회가 주말에 교단을 떠나는 것에 대해 투표한다고 말했다! 그 교회는 교회의 멤버들 중 많은 수가 은퇴한 노년층이고, 교단 기금을 이용해서 창립하고 건물을 지은 교회다. 그런데 지금 창립 목사가 그들을 다른 교단으로 이끌고 있었다!

나는 일정들을 취소하고 곧장 플로리다로 날아갔다. 그들에게 그 문제에 대해 이야기할 기회를 달라고 했다. 나는 한 사람에게 연락을 취했다. 내가 알기로 그는 목사로 섬길 수 있는 사람이었고, 또 나이 많은 사람들과 함께 일할 수 있는 검증된 은사를 갖고 있었다. 나는 교회가 원한다면 그 교회의 목사가 되겠다는 제의를 그에게서 받아냈다.

토요일 밤에 비극적인 사건이 일어났다. 한 멤버가 교회 앞 큰 도로에서 교통사고를 당해 사망한 것이다. 그 일로 주일 아침까지 회의가 연기되었고 더 맑은 정신으로 회의를 하게 되었다. 우리는 만나서 20분간 예배를 드렸고, 그 후 나는 그들에게 한 가지 계획을 제시했다. 나의 제안에는 인력과 재정에 관한 구체적인 제안이 포함되어 있었고, 나는 이 일을 진행할 구체적인 기간을 제시했다.

교회가 교단을 떠나는 문제에 관한 투표를 했을 때 회중의 52퍼센트가 교단에 남는 쪽에 투표를 했다! 내가 제시한 계획이 없었다면, 그들은 다른 방향으로 투표를 했을 것이다. 구체적인 계획의 제시는 언제나 필요를 좀 더 효과적으로 다룬다.

머리를 짜서 생각해 내기

액션 플랜을 작성하는 절차는 비전을 작성하는 절차가 끝날 때 시작된다. 이 둘은 매끄럽게 이어진다.

회중에 의해 비전선언문이 채택되면, 그 다음 단계는 교회가 새로운 비전과 조화를 이루기 위해 시행해야 할 변화들에 대해 생각하는 것이다. 예를 들어, 우리가 앞에서 예로 든 한 교회의 비전선언문에 대해 다시 생각해보자. 그들은 스스로를 성경적 가르침을 위한 지역 센터로 여기도록 하나님이 인도하고 계신다고 느꼈다. 그들은 목사의 강단 사역을 더 촉진시키기를 원했다. 구체적으로, 이 일은 미디어 광고, 신문에 실리는 목회자 칼럼, 라디오 프로그램, 목사가 설교와 가르침에 집중할 수 있도록 하기 위한 스탭 충원, 목사의 연구를 위한 휴가, 특별 컨퍼런스 등을 수반할 것이다. 그런 대안들 중에 선택을 하는 것도 액션 플랜과 관련된 것이다.

다음은 꼭 거쳐야 할 단계들이다.

- 비전을 고려하여 교회 건강의 관점에서 어떤 영역들을 수정해야 할지 결정하라.

- 이 필요들을 다루기 위한 구체적인 계획들의 개요를 작성하라.
- 이 개요들을 하나의 중요한 계획으로 통합시키라.
- 이 액션 플랜을 시행하라.

이제 이것들을 하나하나 살펴보자.

수정할 영역들을 결정하기. 비전 작성 과정이 완료될 때까지 교회의 모든 사람들이 교회를 새로운 비전과 조화시키기 위해 조정이 필요한 일들에 대해 좋은 아이디어를 내야 한다. 어떤 사람은 이 영역들이 무엇인지 공식적인 문서로 명시해야 한다. 비전 전담반은 그 문서를 작성하기에 좋은 그룹일 것이다. 그러나 누가 하든 간에, 변화를 가져올 영역들을 공식적으로 당회에 추천해야 한다. 이때 회중의 조언이 많을수록 모든 사람이 참여하고 주인의식을 갖게 해줄 것이다. 회중은 이제 막 투표로 그 비전을 채택했다. 모든 새로운 소유주들이 그렇듯이, 지금 그들은 전개되는 상황에 관심을 갖고 있다. 이 관심을 활용하라. 그렇게 하는 것이 당신 교회의 영적 성장에 직접적으로 도움이 될 것이다.

교회의 모든 면을 새로운 비전에 비추어 기도하며 점검해보아야 한다. 여기서 당신은 2장에 명시된 구분의 범주에서 생각할지도 모른다. 교회의 생명은 심장이요, 교회의 사역은 살이요, 교회의 권위 인프라는 뼈대이다. 스탭과 시설들은 내가 옷에 비유한 부차적인 면들인데, 그것들은 자동적으로 이 더 큰 면들의 일부로서 면밀히 검토될 것이다.

당신 교회의 생명에 대해 생각해보라. 그것은 무형적이지만 본질적인 영적 활성도이다. 그것은 역동적인 공예배에 의해 계속해서 양분을 공급받고 있는가? 예배자들은 계속해서 장엄하신 주님을 만나고 있고, 더 깊어지는 영적 갈망을 느끼고 있는가? 당신은 멤버들이 개인적인 영적 생활에서 성장하고 있는 것을 목격하는가? 교회의 기도 생활에는 삶과 사역의 모든 면들에 대해 하나님의 복을 구하는 깊고 순수한 기도가 나타나는가? 이 질문들에 답하다 보면, 액션 플랜 개요들이 만들어져야 할 영역들이 나타날 것이다.

당신 교회의 사역들을 생각해보라. 당신의 교회는 예배, 양육, 전도, 구제 사역의 요소들이 균형을 이루고 있는가? 비전 수립을 돕기 위해 수집한 데이터는 현재의 프로그램들이 필요를(회중 안의 필요와 지역사회 안의 필요) 충족시키기에 부족함을 보여주었는가? 수정이 필요한 각 영역은 액션 플랜 개요를 요구한다.

당신 교회의 권위의 기반구조를 생각해보라. 그것은 양들의 영적 주도성을 격려하는 책임성 있는 목자 리더십이라는, 성경적으로 건강한 패턴을 따르고 있는가? 이 질문에 대한 답이 '아니오'라면, 그리고 관련된 부서들이 변화를 원치 않는 모습을 보여주었다면, 당신의 교회는 비전선언문과 액션 플랜을 준비하는 과정에서 제대로 진전을 보이지 못했을 가능성이 매우 높다! 권력을 내려놓으려 하지 않고 멤버들의 은사를 믿으려 하지 않는 장로들이 있는가? 그 장로들이 실권을 쥐고 있는 어느 가족이나 가문 때문에 적절한 권위를 발휘하지 못하는가? 목사가 자신의 비전을 수정하려 하지 않는가? 이러한 시나리오 중 하나에 해당된다면, 당신의 교회는 건강상의 문제가 있고 그로 인해 비전 수립 과정이 중단되었을 것이다. 그것이 열린 마음으로 자신을 평가하지 못하게 하고, 이 과정이 요구하는 영적 변화와 성장을 받아들이지 못하게 했을 것이다.

다시 한번 내가 이 책에서 권고하는 것들이 운명을 같이하는 것을 보게 된다! 그것들이 바로 서려면 장로들이 목자로서 기꺼이 양들을 인도하고, 성령께 은사를 받은 멤버들의 성장과 주도성을 촉진하면서 하나님에 대한 책임성을 유지해야 한다.

비전을 작성하는 과정에서 리더십과 평신도들 모두 열린 마음과 겸손을 보여주었을 것이다. 그리고 그 과정에서 권위의 기반구조에 조정이 필요하다는 사실이 드러났을 것이다. 예를 들면 장로들이 좀 더 목자다운 역할을 해야 한다거나, 사역 센터 같은 장치들을 고안해야 한다거나, 멤버들의 영적 은사를 활용해야 한다는 사실이 드러났을 것이다. 목사와 당회가 서로 간의 차이점들을 극복해야 한다는 사실이 드러났을 수도 있다. 불법적으로 과도한 권위를 행사하는 일부 멤버들을 징계해야 할 필요성이 드러났을 수도 있다.

비전 전담반은 (또는 누구든지) 변화가 필요한 주요 영역들을 확인했으면, 이 영역들을 다루어야 한다고 당회에 공식적으로 보고한다. 이것으로 그들의 임무는 끝난다.

액션 플랜 개요 작성하기. 당회는 비전 전담반의 보고에 응답한다. 변화가 필요한 모든 영역에 대해, 당회는 4-5명으로 구성된 작은 위원회를 지정한다. 장로나 스탭은 이 위원회에 포함될 필요가 없다. 해당 사역에 궁극적으로 관여할 한두 사람을 위원회에 포함시키는 것이 현명하다. 그러나 회중의 광범위한 참여는 다양한 관점과 상호보완적인 은사들을 제공해줄 것이며, 그것은 결과적인 제안을 더 강화해줄 것이다.

각 위원회는 그들에게 할당된 필요를 연구할 것이고, 관련된 액션 플랜 개요를 작성할 것이다.

액션 플랜 개요는 다음과 같은 주요 요소들을 포함한다.

- 구체적인 목적 - 무엇을 달성해야 하는가. 여기서 구체성이 꼭 필요하다. 예를 들면, "우리는 더 많이 기도할 필요가 있다."고 말하지 말고, "우리는 우리 교회의 삶과 사역의 모든 면을 기도로 하나님 앞에 체계적으로 가져가는 일에 온 회중을 참여시킬 프로그램을 시작하기 원한다."라고 말하라. "우리는 우리 기독교 교육의 기회들을 지역 사회로 확장해야 한다."고 말하지 말고, "우리는 라디오 프로그램을 시작하기 원한다."라고 말하라.
- 어떻게 달성할 것인지에 대한 넓은 개요. 예를 들면 부속 건물의 리모델링, 새로운 스탭의 고용, 자원봉사자 모집 등을 포함한다.
- 그 사역이 시작될 시기, 지속 기간, 사역에 필요한 인력, 사역에 필요한 시설, 사역에 들 비용을 추산하라.

당신은 부록 B에서 액션 플랜 개요의 견본을 볼 수 있다.

이 개요 작성에 3개월에서 5개월은 잡아야 한다. 일단 연구 위원회가 개요를 완성하면 그것을 당회에 제출한다. 연구 위원회의 임무는 여기서 완료된다.

액션 플랜 모으기. 개요들을 다 함께 보면 틀림없이 몇 가지 조정이 필요할 것이다. 어쩌면 총 청구액이 터무니없을 것이다. 어쩌면 모든 계획을 종합해보았을 때 회중의 크기와 헌신의 정도에 비추어 비현실적인 투입 시간이 요구될 것이다. 어쩌면 한 가지 변화가 다른 것보다 더 시급하거나 전략상 더 중요할 것이다. 분명히 우리는 여러 사역 간에 균형을 유지하고 잘 조정하고 우선순위를 정하여, 내적 충돌 없이 일관성 있게 결과를 달성할 수 있게 해야 할 것이다. 이를 위해 어떤 액션 플랜 개요들은 폐기해야 할 것이고, 어떤 것들은 수정해야 할 것이다.

이것은 마땅히 당회의 일이다. 이 일에는 영적인 감독, 영적인 필요와 기회를 평가하는 일, 반응을 지휘하는 일들이 포함되며, 이것은 장로들이 책임성을 부담하는 영역이다. 종종 어려운 선택들이 포함되기도 하는데, 그것은 회중과 지역 사회에 지대한 영향을 미친다.

전체를 아우르는 액션 플랜들이 모아졌으면, 이제 몇 가지 종합된 결과물을 도출할 수 있을 것이다. 당신은 예상되는 재정 수요를 시계열 도표로 나타내어, 당신의 계획을 수행하기 위해 언제까지 얼마나 많은 돈이 필요할 것인지를 보여줄 수 있다. 필요한 총 인력에 대해서도 그와 똑같이 할 수 있을 것이다. 성도 수와 헌금 총액에 대해, 기대하는 성장의 추정치를 제시할 수 있을 것이다. 당신은 또한 언제 새 프로그램들과 활동들이 단계적으로 도입될 것인지, 언제 적절한 준비들이 완료되어야 하는지를 보여주는 시간표를 작성해야 할 것이다. 종합해서 엮어낸 이 모든 정보들은 당신의 교회가 쏟는 노력들을 효과적인 길로 안내하여 목표를 순탄하게 이룰 수 있게 해줄 것이다. 또한 계속 앞으로 나아가도록 사람들에게 동기를 부여해주는 일종의 표지판을 제공해줄 것이다.

당회는 액션 플랜을 공식적으로 채택한다. 이를 통해 그들이 액션 플랜에 대해 소통하고, 그것을 옹호하고, 양 떼를 격려하고 도와서 그것을 실현하게 한다.

전체 액션 플랜은 문서화되어 발간되고, 분배되고, 널리 논의될 수 있다. 그것은 교회의 새로운 비전을 구체화하는 방법이다.

액션 플랜 시행하기. 이제 남은 것은 시작 버튼은 누르는 것이다! 당회는 다양한 액션 플랜 개요들을 적절한 사역 센터에 넘긴다. 자녀 양육에 관한 주일 학교 강의를 시작하는 것은 어디로 갈까? 그것은 기독교 교육 사역 센터로 간다. 찬양 인도자를 고용하는 일은 어디로 갈까? 예배 사역 센터로 간다. 식품 배급 센터를 세우는 일은 어디로 갈까? 그것은 집사들이 수행할 것이다.

이제 교회는 앞으로 나아가기 위해 필요한 모든 것을 갖추었다.

단지 모호한 개념이 아니라, 무엇을, 어떤 순서로, 언제까지 해야 하는지 매우 명확하게 알고 있다. 또한 당신은 그 과정을 추적관찰하고, 궤도를 벗어나지 않게 하며, 당신의 계획들이 의도한 결과들을 내고 있는지 평가하기 위해 필요한 모든 것을 갖추었다. 어떤 사람이나 그룹이 계속 노력을 기울이기 위해 더 많은 독려가 필요할 때 당신이 알 수 있을 것이다. 기대한 것보다 효율적이지 못한 계획들을 알아차릴 수 있을 것이다. 당신은 다음번의 개정을 위한 아이디어들을 모을 수 있다! 그리고 당신의 비전과 액션 플랜을 글로 쓰는 과정에서, 멤버들과 함께하며 그들에게 영감을 주었을 것이다.

지도자들은 계속해서 교회의 비전과 관련하여 말하고 자기가 맡은 역할을 수행해야 한다. 지도자들이 그것을 잊어버리면 우리가 지금 하고 있는 일을 어떤 목적 아래 하고 있는지 놓치게 될 것이다. 숲을 보지 못하고 나무들 사이에서 길을 잃을 것이다. 지도자들이여, 계속해서 군대를 독려하기 위한 계획을 세우라. 이것을 하는 한 가지 방법은 당신이 한 목표를 향해 전진하고 있는 것을 그들이 볼 수 있게 도와주는 것이다. 그들이 하고 있는 일이 어떻게 교회의 거룩한 목적과 사명을 실현하는지 반복해서 볼 수 있게 도와주는 것도 한 가지 방법이다.

이 전체 과정에 당회가 관여한다. 그들은 모든 일을 다 하지는 않는다! 양적으로는 그들이 아주 작은 기여를 한다. 리더십이 분산되고 모든 사람이 참여한다. 그러나 당회의 개입은 전략적이어서, 장로들은 하나님이 주신 책임성을 유지하고 있다. 따라서 비전에서 행동으로 이어지는 이 과정은 두 가지 성경적 지침들을 모두 존중한다.

점점 더 좋아지는 건강

비전에서 계획으로, 계획에서 행동으로 이어지는 전 과정은 당신 교회의 건강을 크게 촉진하거나 보장해주어야 한다. 당신 교회의 삶과 사역이 당신이 택한 비전에 대한 분명한 지지를 나타낸다면 당신의 교회는 좋은 건강 상태를 보여주고 있는 것이다. 만일 비전을 진술하고 시행하는 과정에서 당신의 교회가 장로들의 일을 목양 사역으로 재해석하고, 활력이 넘치는 예배를 통해 변화의 동기를 부여하며, 모든 활동과 사역에 성경을 체계적으로 사용하고, 믿음을 성장시키기 위한 조치들을 취해 왔다면 비전을 작성하는 과정은 여러 면에서 교회의 건강을 촉진하고 있을 것이다. 당신은 그리스도의 신부를 예비하는 우주적인 목적과 사명에 기여하도록 하나님이 당신의 교회에 정해주신 역할을 이해하고 활용하는 기쁨을 알게 될 것이다.

토론을 위한 질문

1. 당신 교회의 영적 건강을 향상시키고 영적 생명을 자극하거나 사역의 효과를 높이기 위해 변화되어야 할 영역들로는 무엇이 있는가?

2. 이 영역들 중 하나를 다루는 액션 플랜 개요를 작성해보라. 구체적인 목표, 그것을 이루기 위한 전략, 시간과 인력과 비용에 대한 추산을 반드시 포함해야 한다.

3. 당신의 교회는 비전에서 행동에 이르는 과정에 기꺼이 참여하고자 하는가?

4부

그리스도의 아름다운 신부

11장
믿음과 순종을 위한 하나님의 은혜

이 장에서 나의 주장은 단순하다. 하나님은 그분의 말씀 속에서 교회 건강의 모델을 명령하시고, 우리가 순종하면 복을 주겠다고 약속하신다. 하나님이 어떤 명령을 하실 때는 늘 그렇듯이, 명령만 하시는 것이 아니라 믿음과 순종의 결단도 함께 주신다. 따라서 교회 건강의 문제에서도, 우리는 기도하며 겸손하게 은혜를 붙들어야 한다. 하나님의 은혜는 믿음과 순종을 일으킨다.

믿고 순종하기 위해 하나님의 은혜를 붙드는 것은 건강한 실천 사항이다. 이에 대해서는 전혀 의심의 여지가 없다. 나는 많은 교회들을 대상으로 컨설팅을 하면서 다양한 "현장 경험"을 했다. 나는 이 메시지를 전혀 적용하지 않는 교회들을 보았다. 어떤 이들은 그것을 할 수 없다고 생각한다. 또 어떤 이들은 변화나 성장을 거부한다. 그들은 그저 밖으로 나가 무언가를 할 믿음이 없는 것이다. 나는 "당신들의 믿음이 어디 있습니까?"라고 그들을 책망하고 싶다(나는 많은 경우에 그렇게 한다). "하나님께서 당신들이 그분께 순종할 수 있게 해주신다는 것을 믿지 않습니까?"

갈수록 건강해지며 지속적으로 변화되는 교회들은 상한 마음으로 겸손하게 하나님 앞에 나아가 그들 안에 믿음의 순종을 일으켜 주시길 간구하는 교회들이다.

언약의 하나님께 순종하는 법

필요한 것은 당신의 개인적인 삶 속에서 너무나 잘 알고 있는 바로 그 순종의 원동력이다. 문제가 하나님 앞에 다른 신을 두는 것이든, 이웃을 사랑하는 것이든, 유혹을 뿌리치는 것이든, 약속을 지키는 것이든 간에 말이다. 하나님은 당신을 구속하신다(redeem). 그리고 당신에게 계명을 주신다. 하나님을 믿고, 그분의 계명이 당신의 유익을 위한 것임을 믿고, 계명에 순종하기 위해 노력하라고 말씀하신다. 당신을 구속해주실 하나님을 온전히 의지했던 것처럼, 이제 당신은 하나님의 계명을 따르기 원하게 해주시고 당신의 노력들 위에 복을 내려주실 하나님의 은혜에 전적으로 의지하고 있다.

이것은 모든 그리스도인의 삶을 위한 하나님의 은혜의 메시지이다. 우리는 은혜로 구원을 받지만, 또한 은혜로 살아간다. 바울이 갈라디아 신자들에게 했던 책망을 우리가 들어야 할 때가 너무나 많다.

"어리석도다 갈라디아 사람들아 예수 그리스도께서 십자가에 못 박히신 것이 너희 눈 앞에 밝히 보이거늘 누가 너희를 꾀더냐 내가 너희에게서 다만 이것을 알려 하노니 너희가 성령을 받은 것이 율법의 행위로냐 혹은 듣고 믿음으로냐 너희가 이같이 어리석으냐 성령으로 시작하였다가 이제는 육체로 마치겠느냐"(갈 3:1-3).

하나님의 구속(redemption)은 은혜로운 선물이다. 그러나 하나님의 계명 또한 마찬가지다. 하나님은 우리의 순종을 존중해주기로 영원히 맹세하신다. 우리는 하나님이 결코 변덕스럽지 않으실 거라고 확신할 수 있다. 언약이란 하나님의 바로 그런 측면을 나타낸다.

예수님의 희생은 은혜로운 선물이다. 그러나 하나님이 우리에게 주시는 성령님도 은혜로운 선물이다. 성령님은 우리가 "이제부터 주를 위하여 살게"(하이델베르크 교리문답 1문) 하신다. 하나님은 우리에게 순종을 명하신다. 오직 그분만이 우리의 마음을 변화시켜 끝까지 따르게 하실 수 있다.

내가 처음 이것을 깨달았을 때 하나님의 언약의 전체 개념이 나에게 생생하게 다가왔다. 언약 안에 담긴 모든 것은 하나님의 은혜에 기반하고 있고, 은혜에 의해 움직인다. 즉 율법에 담긴 하나님의 신실한 약속, 율법을 어긴 나를 대속하는 희생, 내가 그분의 길로 행할 수 있게 해주는 능력이 다 은혜이다. 우리 죄악된 인간들은 하나님의 능력의 역사 없이는 그분께 순종하는 믿음이나 결단을 나타낼수가 없다! 하나님의 은혜가 나를 구원할 뿐만 아니라 믿음으로 살

수 있게 해준다. 나의 믿음은 나의 투지와 의지에 의해 활성화되지 않는다. 그것은 나를 구원하신 그 은혜에 의해 활성화된다. 디도서 2장 11-14절은 하나님의 은혜가 구원을 가져다주며, 또한 "경건하지 않은 것과 이 세상 정욕을 다 버리고 신중함과 의로움과 경건함으로 이 세상에 살도록" 우리를 가르친다고 말한다. 예수님은 우리를 위해 자신을 내어 주심으로써 우리를 구속하시고, 정결케 하시며, 우리로 "선한 일을 갈망하게" 만드셨다. 우리는 절대 우리 힘으로 경건한 열망이나 순종을 일으킬 수 있다고 믿지 않아야 한다. 그런 생각은 우리를 위한 하나님의 공급과 그분의 능력과 사랑의 위대함을 폄하하는 것이기 때문이다. 또한 믿음으로 사는 삶 속에서 하나님의 은혜의 역할을 인정하는 것은 우리를 자유롭게 하고 활력을 주어, 우리가 은혜로 구원을 받았으나 노력으로 산다고 잘못 믿을 때보다 훨씬 더 즐겁게 살게 해준다.

그러면, 이것은 우리가 어떤 초자연적인 능력에 "제압당할" 때까지 손을 놓고 기다리는 것을 의미하는가? 즉 사람들이 때때로 말하듯이 우리가 아무것도 하지 않으면서 하나님께 맡기는 것을 의미하는가? 아니다! "두렵고 떨림으로 너희 구원을 이루라 너희 안에서 행하시는 이는 하나님이시니 자기의 기쁘신 뜻을 위하여 너희에게 소원을 두고 행하게 하시나니"(빌 2:12-13)라고 바울은 말한다. 당신은 하나님을 더 잘 알기를 갈망하는가? 하나님이 사랑하시는 것을 당신도 사랑하는가? 하나님의 뜻에 맞게 당신의 뜻을 바꾸기 원하는가? 만일 그렇다면, 그것은 하나님이 "자기의 기쁘신 뜻을 위하여 소원을 두고 행하게" 당신 안에서 역사하고 계신다는 충분한 증거이다.

우리는 이 책에서 **공동의** 순종, 교회 전체의 믿음과 순종에 대해 이야기하고 있다. 공동의 순종은 단지 그 안에 포함된 모든 개인들의 순종을 말하는 것이 아니다. 물론 공동의 순종은 개별적인 멤버들의 믿음과 순종을 요구하지만, 본질적으로 그것은 몸 전체로서 그리스도를 순종하며 따라야 한다는 개개인들의 상호 합의이다. 그리고 똑같은 순종의 원동력이 이 공동의 차원에 적용된다. 하나님은 구속을 통해 교회를 세우신다. 그분은 건강한 교회의 본성에 관하여 우리를 가르치신다. 그분은 우리에게 공동체로서 그분의 약속을 믿고 순종하며 따르고자 하는 갈망을 주신다.

하나님은 우리 교회를 건강한 실천사항들로 부르신다

내가 묘사한 것은 순종의 원동력, 즉 하나님이 어떻게 우리를 순종하게 만드시느냐는 것이다. 확실히 하나님은 내가 이 책에 제시한 지침들에 우리가 순종하기를 원하신다고 믿는다. 물론 그것은 이 책에 제시된 교회 건강 모델이 실제로 하나님의 명령이라고 가정한다.

이런 주장은 대담하게 들릴 수 있다. 하지만 내 자신에 기초하여 어떤 주장을 하고 있는 것이 아니다. 내가 여기서 제시한 것이 정확히 하나님이 명하신 것이기 때문에 권위를 갖는다고 주장하는 것이다. 당신은 이 책을 읽으면서 내 말과 성경 말씀을 비교해보았을 것이다. 당신은 이미 나의 주장이 성경적으로 근거가 있는지 따져보았을 것이다.

하나님은 우리가 성경을 교회의 모든 노력에 대한 인증마크로 삼기를 원하시는가? 하나님은 우리가 하나님을 만나고, 하나님의 놀라운 능력을 잠깐이나마 맛보고, 그분의 주권적인 사랑을 새롭게 경험하는 예배를 통해 사역의 동기를 부여받길 원하시는가?

성경은 교회를 향해 이 땅에서 그리스도의 임재를 나타내고, 지상명령을 성취하라고 명령하는가? 이것은 우리가 지역적인 환경 안에서 하나님이 주신 자원들을 이용하여 지상명령을 성취하는 방법을 알아내야 한다는 것을 의미한다. 비전을 명시하고, 액션 플랜들을 시행하는 것은 성경이 직접 명령하는 일은 아니지만, 하나님의 명령을 효과적으로 실현하는 수단이다.

성경은 우리에게 개별적인 멤버들의 은사를 활용하고, 지도자들은 책임성(accountability) 있는 리더십을 유지하라고 명하는가? 성경은 우리 장로들에게 목자가 되라고 명하는가? 이런 명령들은 우리가 상호보완적인 방식으로 양자의 균형을 유지하게 해주는 장치를 발견해야 한다는 것을 의미하지 않는가? 사역 센터는 성경이 직접 명령하는 것은 아니지만 바로 그런 장치를 형성하기 위한 수단이다.

따라서 하나님은 이 책에서 말하는 많은 부분을 명확히 명하셨다. 나머지는 그 명령들을 시행하기 위해 내가 고안해 낸 전략들이다. 그 전략들은 하나님의 공식 허가를 받은 것은 아니다. 틀림없이 우리는 모두 그것들을 좀 더 효과적으로 만들 개선점들을 생각해낼 수 있을 것이다. 그러나 하나님이 명하신 것들에 순종하려면 이 책에서 묘사한 것 같은 실제적인 전략들이 필요하다. 나의 경험은 여기서 추천한 특정 장치들이 성경을 따르면서, 교회를 더 건강하게 만드는 데 효과가 있다는 것을 보여주었다.

따라서 나는 당신에게 이 교회 건강 개념을 성경이 명하는 것으로 추천한다. 이는 집단적 순종의 문제이지 임의적 선택의 문제가 아니다! 우리는 그것을 선호의 문제로 취급하고, 우리 교회에 맞지 않는다고 무시해 버릴 수 없다. 그렇다면 우리는 하나님의 말씀을 거역하는 위험을 무릅쓰는 것이다. 순종은 살아계신 하나님의 명령에 대한 유일하게 합당한 반응이다.

언약의 하나님은 그분 자신의 명세서대로 교회를 다루겠다고 약속하신다. 말하자면 하나님은 결코 게임의 규칙을 바꾸지 않으신다. 그분은 우리의 순종에 대해 축복을 약속하신다. 우리의 목표는 복을 받는 것이 아니다. 우리는 언제나 순종에 초점을 둔다. 그러나 순종이 복을 가져온다는 것을 언제나 믿을 수 있다. 건강한 교회는 자연스럽게 성장할 것이다. 하나님은 우리에게 믿고 순종할 수 있는 능력을 주기로 약속하신다.

"그의 신기한 능력으로 생명과 경건에 속한 모든 것을 우리에게 주셨으니…그러므로 너희가 더욱 힘써…이런 것이 너희에게 있어 흡족한즉 너희로 우리 주 예수 그리스도를 알기에 게으르지 않고 열매 없는 자가 되지 않게 하려니와"(벧후 1:3-8).

기도하는 마음으로 하나님의 약속들을 붙들라

이 건강한 실천사항들을 추구하는 것은 하나님이 명하신 것이며, 명령에 순종하려면 하나님이 우리 마음속에 믿음과 순종을 주셔야 한다. 이 사실을 인정한다면, 이제 교회가 해야 할 일은 명백하다.

우리는 **집단적으로** 무릎을 꿇고, 하나님이 은혜로 우리 마음속에 믿음과 순종을 일으켜주시기를 기도해야 한다. 기도를 시작하는 가장 좋은 방법은 귀신 들린 아들의 아버지가 한 필사적인 말들을 사용하는 것이다. 예수님의 질문에, 그는 이렇게 소리쳤다. "내가 믿나이다 나의 믿음 없는 것을 도와 주소서!"(막 9:24). 우리는 순종의 기적을 일으켜주실 뿐만 아니라 믿음의 기적을 일으켜주실 하나님이 필요하다. 우리는 우리 자신의 마음의 갈망도 바꾸지 못한다.

앞에서 나는 당신의 교회를 위해 정기적인 공동 기도회를 추천했다. 여기서 다시 그것을 권고한다. 당신은 교회 건강을 위한 전체적인 노력에 기도가 가득해야 하는 이유를 분명히 알아야 한다.

한 교회로서 우리가 무릎을 꿇으려면 공동의 자기 반성을 해야 하고, 죄책을 인정하며, 깨어지고, 우리에게 하나님의 자비와 능력이 전적으로 필요함을 인정해야 한다. 그것은 인간적으로 말해서 즐거운 일이 아닐 수 있다. 어쩌면 고통스러운 일이다.

그러나 당신이 한 몸으로서 어쩌면 수년 동안 거부해 왔던 일(그리스도께 굴복하고 당신 자신을 그분께 맡기는 일)을 하기 때문에 그것은 또한 고통의 끝을 의미할 수도 있다. 당신은 한 교회로서 막다른 골목에 이르렀는지도 모른다. 막 죽으려는 참이라고 느낄지 모른다. "하나님의 주권적인 자비 안에 있지 않으면 아무 희망이 없다."고 느낄지 모른다. 내가 속한 교단의 새 신자 신앙고백에 포함된 상기 문구가 바로 당신의 교회가 자신에 대해 느끼는 바를 묘사한다면, 당신 자신을 이미 성령의 강력한 역사에 의해 복을 받은 자로 여기라! 그분이 당신을 깨뜨리셨다. 이제 그분이 일하실 수 있고 일하실 것이다.

당신 교회의 어떤 멤버들은 순종하며 앞으로 나아가길 간절히 바라지만 어떤 이들은 관심이 없거나 심지어 적극적으로 거부할 것이다. 이와 같이 한 걸음을 내딛으면, 오랫동안 밑에서 끓어오르고 있었던 것이 표면으로 드러날 수 있다. 생각해보라. 우리가 권위 라인의 형성에 대해 앞에서 이야기했던 것을 기억하라. 변화를 가져오려는 것은 "산의 왕"을 둘러싸고 일어났던 권력투쟁에 도전하는 것일 수 있다. 당신은 사람들에게 변화를 요구하고 있지만, 어떤 사람들은 그들이 이미 영적으로 목표에 도달했고, 더 이상 변화될 필요가 없다고 느낄 것이다.

만약 당신이 교회 건강의 문제에서 그리스도를 따르려 하는 그룹에 속해 있다면 당신은 그리스도께서 행하신 것처럼 처신해야 한다. 베드로는 우리에게 선을 행함으로써 어리석은 이들의 무지한 대화를 잠재울 것을 명령한다.

"그러나 선을 행함으로 고난을 받고 참으면 이는 하나님 앞에 아름다우니라 이를 위하여 너희가 부르심을 받았으니 그리스도도 너희를 위하여 고난을 받으사 너희에게 본을 끼쳐 그 자취를 따라오게 하려 하셨느니라 그는 죄를 범하지 아니하시고 그 입에 거짓도 없으시며 욕을 당하시되 맞대어 욕하지 아니하시고 고난을 당하시되 위협하지 아니하시고 오직 공의로 심판하시는 이에게 부탁하시며"(벧전 2:20-23).

"보복할 권리"가 있는 사람이 있다면, 바로 예수님이었을 것이다! 예수님은 우리가 오직 공의로 심판하시는 분께 부탁하면서 은혜로 부당한 것들을 참고 견디길 원하신다.

이것 또한 우리를 무릎 꿇고 기도하게 한다. 하나님만이 마음을 변화시켜주시기 때문이다. 하나님이 당신을 반대하는 자들의 마음을 변화시켜주시기만을 기도하지 말라! 하나님이 당신의 마음을 변화시켜주시도록 기도하라.

건강을 향한 변화가 당신의 교회 안에서 일어나려면 변화를 지지하는 자들 안에 장로들이 포함되어야 한다. 앞에서 말했듯이, 평신도 운동으로만 남아 있는 것은 곧 끝난다. 건강을 향한 움직임이 평신도들 사이에서 시작될 수 있으나 그 후에 지도자들에게로 확산되어야 한다. 이것은 기도와 많은 대화, 격려, 그리고 어쩌면 공손한 책망을 요구한다. 어쩌면 외부의 도움을 요청하는 것이 가장 효과적일 것이다. 이런 상황은 개개인의 목사와 장로들이 다른 교회의 동료들에게 설명 책임을 지는 장로교의 교회 조직에 대한 나의 확신을 더 굳게 해준다. 이런 맥락 안에서 나는 교회 컨설턴트로 섬기고 있다. 많은 경우에 하나님은 교회에 외부의 관점을 제공해주기 위해 나의 사역을 사용하셨다.

만일 당신 교회의 임명받은 리더들이 교회가 건강해져야 할 필요성을 받아들인다면, 하나님은 그들의 목자 리더십을 통해 온 교회의 성장에 필요한 수단들을 제공해주실 것이다. 우리는 어떻게 장로들이 큰 영향력을 가진 자들로서, 변화의 매개체로서, 확신을 심어주는 리더로서 중요한 역할을 하는지 이야기해 왔다. 또한 본을 보이고 소통하는 것의 중요성에 대해 이야기했고, 양들의 기여를 무시하지 않고 존중하는 것의 중요성에 대해 이야기했다. 어쩌면 당신의 교회에서 이 자기 성찰과 위기의 때에 참된 목자 리더십이 시작될 수 있을 것이다. 그동안 장로들이 하나님이 그들에게 주신 사명을 완수하지 않았고 이제 겸손히 하나님의 은혜를 구하기 시작했다면, 그들이 리더로서 그리스도께 복종하는 것이 이 과정의 첫 번째이자 가장 의미있는 열매일 것이다.

장로들의 리더십은 교회 공동체를 순종으로 나아가게 할 것이다. 또한 공개적인 저항이 있을 경우, 장로들만이 하나님께 부여받은 권한으로 교회 권징을 행사할 수 있다.

하나님이 지정하신 변화의 도구들로는 양들을 보살피는 목자로서의 장로들이 포함된다. 또한 살아있고 강력한 성령의 검인 하나님의 말씀도 포함되며, 공예배의 경험도 포함된다. 경건한 순종은 결코 진공 상태에서 일어나지 않는다. 그것은 언제나 하나님의 무조건적인 사랑에 대한 감사의 반응으로 나타나는 것이다. 당신 교회의 '순종 지수'가 낮은가? 그렇다면 교회의 '성경 지수'와 '예배 지수'를 점검해보아야 한다! 그것들은 각각 거룩하신 언약의 하나님, 은혜로우신 구주, 돌 같은 마음을 살처럼 부드러운 마음으로 바꾸시는 능력의 성령님을 나타내야 한다. 당신은 교회의 기도들에 대한 응답으로 하나님이 이 도구들 중 하나 이상을 사용하실 것을 기대해야 한다.

하나님은, 개인적으로든 집단적으로든 자신을 하나님께 의탁하는 사람들을 통해 일하겠다고 약속하신다. 하나님은 겸손하고 깊이 뉘우치는 마음을 가진 사람들과 함께 거하시며, 그분을 두려워하는 자들을 가르치시며, 그분을 가까이하는 자들을 가까이하신다. 나는 사실상 당신의 교회가 한 몸으로서 진심으로 하나님께 부르짖으면 하나님의 은혜의 강이 당신을 인도하여 성경적으로 건강한 몸이 되게 하실 거라고 장담할 수 있다. 하나님은 우리의 간절한 소원을 보고 은혜의 강을 비로소 흐르게 하시지 않는다. 우리의 간절한 소원 자체가 이미 은혜의 강의 결과인 것이다! 모든 선한 것의 원천이신 하나님께만 영광을 돌리자. 하나님은 당신의 마음이 그분을 갈망하게 하심으로써 이미 당신 안에서 그분의 일을 시작하셨다.

그러므로 하나님이 주시는 능력 안에서 행하라. 믿음으로 나아가라. 그분의 말씀에 순종함으로 행하라. 이 책에서 성경의 권위에 관하여 제시한 실천사항들을 시행하려고 노력하라. 당신은 꼭 특별한 인도하심이 있어야 시작할 수 있는 것이 아니다! 그저 순종하면 된다. 아버지가 아이에게 방 청소를 하라고 한다면 더 이상의 특별한 계시가 필요하지 않다. 아이가 그 이상의 자극을 기다린다면 그것은 잘못이고, 어쩌면 뼈아픈 실수이다! 당신이 취하는 모든 행동은 하나님이 "자기의 기쁘신 뜻을 위하여 당신에게 소원을 두고 행하게" 하신 결과임을 확신하라.

그리스도의 아름다운 신부

그리스도의 신부를 향한 나의 사랑에 당신도 동참하길 바란다. 다른 무엇보다도 그 사랑이 나로 하여금 이 책을 쓰도록 이끌었다. 내가 교회를 사랑하는 것은 그리스도를 사랑하기 때문이다. 교회는 이 땅에 나타난 그리스도의 임재이기 때문에 나는 교회를 사랑한다. 우리가 사랑하는 사람을 더 알아갈수록 더 깊이 사랑하게 되는 것처럼, 교회의 건강에 대한 연구가 나의 열정을 더 강화한다. 나는 교회에 대한 하나님의 계획, 그분이 우리 안에서, 우리를 통해 일으키려고 하시는 일을 더 분명히 보게 된다. 또한 나는 그것을 사랑하고 그로 인해 하나님을 사랑한다.

당신도 비슷한 반응을 보이기를 진심으로 바란다. 왜냐하면 이 열정은 우리를 그리스도께로 이끄는 영적 갈망이기 때문이다. 그것은 당신이 계속해서 하나님을 알아가고 사랑하도록 이끌 것이다. 당신의 교회가 함께 하나가 되어, 하나님을 찾는 자들을 위해 예비하신 하나님의 가장 풍성한 복을 추구하도록 이끌 것이다. 그리스도를 사랑하는 것은 곧 그분의 교회를 사랑하는 것이며, 그 교회가 건강하게 성장하여 그리스도를 닮고 그분의 이름으로 세상에 영향을 끼치기를 바라는 것이다.

그리스도와 그분의 아름다운 신부를 향한 열정을 더욱 키워서, 그 열정으로 당신의 교회가 건강을 위한 하나님의 계획을 실현하고 성장해가게 하라.

"능히 너희를 보호하사 거침이 없게 하시고 너희로 그 영광 앞에 흠이 없이 기쁨으로 서게 하실 이 곧 우리 구주 홀로 하나이신 하나님께 우리 주 예수 그리스도로 말미암아 영광과 위엄과 권력과 권세가 영원 전부터 이제와 영원토록 있을지어다 아멘"(유 24-25절).

토론을 위한 질문

1. 이 장에서 논의한 문제들과 관련하여 당신 교회의 현재 상태를 평가하라.

    a. 교회는 한 몸으로서 건강한 교회가 되기 위해 앞으로 나아갈 준비가 되어 있는가?

    b. 사람들 중 일부는 건강한 교회를 향해 앞으로 나아가기를 갈망하지만, 일부는 그렇지 않은가?

    c. "반대"가 수동적으로 무시하는 것인가, 아니면 적극적으로 저항하는 것인가?

    d. 건강한 교회를 향해 앞으로 나아가길 원하는 사람들 가운데 교회 장로들의 일부, 또는 전부가 포함되어 있는가?

2. 당신은 교회의 건강에 관한 집단적인 믿음과 순종을 격려하기 위해 어떤 구체적인 조치들을 취할 필요가 있는가? 이 장에서 논의한 다음 요소들을 생각해보라.

- 적극적인 자기 성찰, 회개하며 하나님의 은혜를 구하는 기도
- 목자로서 사람들을 인도할 준비가 되어 있는 장로들
- 건강한 커뮤니케이션
- 활력이 넘치는 예배
- 교회를 위한 하나님의 비전을 전하는 권위 있는 설교
- 교회가 믿음 안에서 앞으로 나아가는 것을 방해하는 문제들
- 외부 조언의 필요성과 접근 가능성

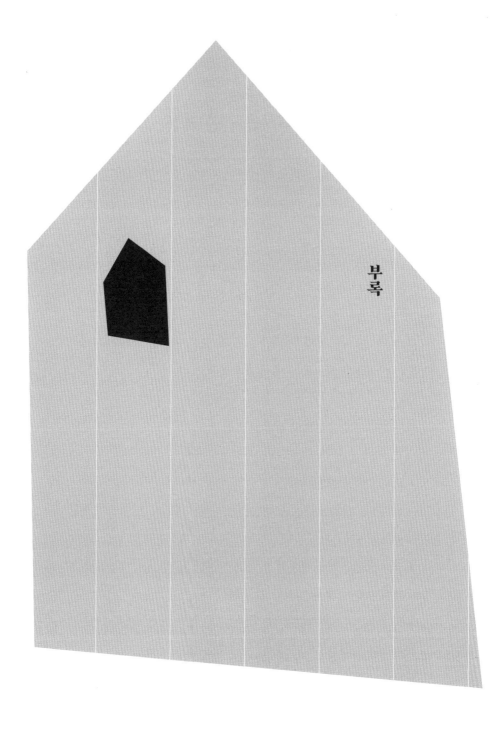

부록

부록A
사역 센터를 위한 지침

각 사역 센터를 위해, 당회는 다음과 같은 항목들을 구체적으로 규정하는 일련의 지침들을 마련해야 한다.

모든 센터에 공통적으로 적용될 지침

- 교회의 비전선언문
- 장로들이 감독을 행하고 멤버들은 사역 주도성을 발휘하게 하는 제도적 장치
- 센터가 특별한 상황에서 어떤 시설이나 차량 등을 이용하기 위해 허가를 구할 때 따라야 할 절차들
- 센터가 준수해야 하는 재정 정책들과 예산 초과 사실을 발견할 때 따라야 하는 절차
- 서로 다른 사역 센터들 간의 개념들을 통합시키기 위해 따라야

하는 절차

- 센터가 측정가능한 목표치와 자체 평가 방식을 제안하는 보고서의 초안을 당회에 제출하여 승인을 요청해야 하는 연간 마감일

각 센터 고유의 지침

- 각 사역 센터의 구체적인 목적
- 교회의 교리적 입장 및/또는 비전선언문의 고유한 적용. 여기서 "고유한"이라 함은, 센터 자체에서 작성한 지침들에 장로들이 살을 붙이려 하는 흔한 유혹에 대처하기 위해서다. 그것은 그 지침들의 목적을 침해하고 그 영향력을 약화시킬 것이다.
- 센터가 사용하는 시설이나 차량 등을 유지하기 위한 센터의 관리 책임의 범위
- 센터의 예산 할당
- 다른 센터들과의 조직적 관계. 장로들과 집사들 간의 관계에 특별한 주의를 기울여야 한다.

지침들의 작성은, 사역 센터 멤버들이 그들의 영적 은사와 재능과 창의력과 독창성을 발휘하여 비전선언문의 영향력을 높이고, 센터의 구체적인 목표를 달성하며, 이 규정된 한도 안에서 편안하게 사역을 할 수 있도록 되어져야 한다.

지침들은 보통 구체적인 날짜나 세부 사항이나 방법들을 포함하

지 않는 일반적인 진술들로 구성되며, 쉽고 명확하게 기재되어야한다.

어떤 지침들은 특별히 센터의 지침 적용을 구체화하거나 계획에 관한 지시사항을 규정하는 부록을 첨부했을 것이다. 이를테면, 기독교 교육 사역 센터는 교회의 비전선언문과 관련하여 모든 등록교인 후보자들에게 오리엔테이션을 제공하고, 정기적으로 교리문답에 관한 성인 주일학교 수업을 제공하라는 지시를 받을 수 있다. 지침이나 지침의 부록은 목적을 달성하기 위한 세부 사항들을 포함하지는 않는다는 것을 기억하라.

해당 사역 영역에서 특별한 경험과 전문 지식을 갖춘 사람들을 포함하여, 교회의 몇몇 멤버들로 구성된 전담팀이 지침의 초안을 작성한다. 작성된 지침은 당회에 보고될 것이다. 그리고 단기간의 확인과 협의를 거친 후 당회에서 지침을 승인하거나 거부할 것이다.

지침들은 문자적으로 시행되기보다는 그 안에 담긴 정신을 고려하여 시행되어야 한다. 어떤 인간의 법규도 모든 긴급 사태에 대처할 수 없다. 전례없는 상황이 예고 없이 닥치면 사역 센터들이 약간의 해석의 자유를 발휘할 수 있으며, 지침들을 검토할 때 문제를 명확히 할 필요가 있는 부분들을 메모해둘 수 있다.

교회가 성령님의 인도와 공급에 따라 성장하고 적응하는 자유를 가질 수 있도록 지침들은 매년 검토되고 수정되어야 한다.

부록 B
액션 플랜 개요의 샘플

범주 : 삶

행동 계획 개요 #1.1

교회 사역 디스플레이 차트

기도 사역

구체적인 목적 : 회중은 매일 기도함으로 전체적인 삶, 사역, 리더십을 지원해야 한다. 교회의 활동들에 관한 최신 데이터가 기도에 반영되어야 한다.

전략/아이디어 : 전담반은 교회 사역을 종합적으로 디스플레이하는 차트(church ministry display chart, CMDC)를 개발해야 한다. 사용할 개요는 교회의 기능들, 시설들, 재정수치들, 스탭과 그들의 가족, 특별한 필요들이다.

개요의 각 줄에 대해, 관련된 프로그램과 주요 책임자들을 위해 기도하라.

전담반은 3주 내에 CMDC를 통해 기도할 자원봉사자들을 모집하기 위한 계획을 세운다.

기도 담당자를 지정한다. 그는 다음과 같은 일을 할 것이다.

- 회중의 100퍼센트 참여에 근접한 목표를 설정한 후 수시로 자원봉사자들을 모집한다.
- 자원봉사자들이 인내심을 갖도록 격려한다.
- 기본 데이터를 계속 업데이트한다.
- 가끔 인간적인 관심을 끄는 일화나 필요들을 전달한다.
- 자원봉사자들의 반응을 회중과 공유한다.

전제 :

- 시간 프레임 : 즉시 전담반을 지정하여, 3주 내에 당회에 보고하게 하라. 그 후 곧바로 CMDC 프로그램을 시행하라.
- 예산 : 약간의 복사나 제본 비용만 필요함.
- 인력 : 기도 담당자.

다음 도표는 CMDC를 구성하기 위한 기본 모델 역할을 할 것이다. 따라서 빈 칸을 다 채워 넣지 않아도 된다.

기능	프로그램	사람
예배		
공예배	오전 8:15	
	오전 11:00	

		저녁
		부활절 동틀녘
		크리스마스
		기타
기도 생활		수요 예배
		셀 그룹
		기타

양육		
교육 지도	주일학교 관리자	
	주일학교 교사	
	오리엔테이션 강의	
	직분자 훈련	
	교사 훈련	
	지역 사회 성경공부	
	셀 그룹	
	기타	
교제	—	
제자화	—	
권징	—	
성례	—	
목양	—	

구제	
집사(교회 가족)	—

지역(교회 가족 외)	—	
전세계적	—	
대외 사역		
복음전도	—	
선교(국내, 해외, 교육 등)	—	
"짠 맛"	—	
시설에 관한 필요	—	
재정적 필요	—	
스탭과 가족들	—	
특별한 필요	—	

미주

3장 성경 : 건강한 교회의 인증마크

1. Mike Regele, *Death of the Church* (Grand Rapids: Zondervan, 1995), 72.

4장 영적인 삶과 사역을 위한 거룩한 동기부여

1. C. S. Lewis, *The Last Battle* (New York: MacMillan, 1956), chap. 15.
2. Edmund P. Clowney, *Living in Christ* (Philadelphia: Great Commission Publications, 1982), 1213.
3. Augustine, *Confessions* 1.1 (trans. John K. Ryan [New York: Doubleday, 1960]).

7장 장로의 공적 책임

1. Donald J. MacNair, *Restoration-God's Way* (Philadelphia: Great Commission Publications, 1987), chap. 2.

9장 당신 교회만의 고유의 비전

1. 예를 들어, George Barna, *The Power of Vision: How You Can Capture and Apply God's Vision for Your Ministry* (Ventura, Calif.: Regal, 1992), 15를 보라.

개혁된 실천 시리즈

1. 깨어 있음
깨어 있음의 개혁된 실천
브라이언 헤지스 지음 | 조계광 옮김

성경은 모든 그리스도인에게 신분이나 인생의 시기와 상관없이 항상 깨어 경계할 것을 권고한다. 브라이언 헤지스는 성경과 과거의 신자들의 가르침을 바탕으로 깨어 있음의 "무엇, 왜, 어떻게, 언제, 누가"에 대해 말한다. 이 책은 반성과 자기점검과 개인적인 적용을 돕기 위해 각 장의 끝에 "점검과 적용" 질문들을 첨부했다. 이 책은 더 큰 깨어 있음, 증가된 거룩함, 삼위일체 하나님과의 더 깊은 교제를 향한 길을 발견하고자 하는 사람을 위한 책이다.

2. 기독교적 삶의 아름다움과 영광
그리스도인의 삶의 개혁된 실천
조엘 R. 비키 편집 | 조계광 옮김

본서는 그리스도인의 삶에서 정말로 중요한 요소들을 압축적으로 담고 있다. 내면적 경건 생활부터 가정, 직장, 전도하는 삶, 그리고 이 땅이 적대적 환경에 대응하며 살아가는 삶에 대해 정확한 성경적 원칙을 들어 말하고 있다. 이 책은 주제들을 잘 선택해 주의 깊게 다루는데, 주로 청교도들의 글에서 중요한 포인트들을 최대한 끌어내서 핵심 주제들을 짚어준다. 영광스럽고 아름다운 그리스도인의 삶의 청사진을 맛보고 싶다면 이 책을 읽으면 된다.

3. 목사와 상담
목회 상담의 개혁된 실천
제레미 피에르, 디팍 레주 지음 | 차수정 옮김

이 책은 목회 상담이라는 어려운 책무를 어떻게 수행해야 하는지 차근차근 단계별로 쉽게 가르쳐준다. 상담의 목적은 복음의 적용이다. 이 책은 이 영광스러운 임무를 효과적으로 수행할 수 있도록 첫 상담부터 마지막 상담까지 상담 프로세스를 어떻게 꾸려가야 할지 가르쳐준다.

4. 장로 핸드북
모든 성도가 알아야 할 장로 직분
제랄드 벌고프, 레스터 데 코스터 공저 | 송광택 옮김

하나님은 복수의 장로를 통해 교회를 다스리신다. 복수의 장로가 자신의 역할을 잘 감당해야 교회 안에 하나님의 통치가 제대로 편만하게 미친다. 이 책은 그토록 중요한 장로 직분에 대한 성경의 가르침을 정리하여 제공한다. 이 책의 원칙에 의거하여 오늘날 교회 안에서 장로 후보들이 잘 양육되고 있고, 성경이 말하는 자격요건을 구비한 장로들이 성경적 원칙에 의거하여 선출되고, 장로들이 자신의 감독과 목양 책임을 잘 수행하고 있는가? 우리는 장로 직분을 바로 이해하고 새롭게 실천하여야 할 것이다. 이 책은 비단 장로만을 위한 책이 아니라 모든 성도를 위한 책이다. 성도는 장로를 선출하고 장로의 다스림에 복종하고 장로의 감독을 받고 장로를 위해 기도하고 장로의 직분 수행을 돕고 심지어 장로 직분을 사모해야 하기 때문에 장로 직분에 대한 깊은 이해가 필수적이다.

5. 집사 핸드북
모든 성도가 알아야 할 집사 직분
제랄드 벌고프, 레스터 데 코스터 공저 | 황영철 옮김

하나님의 율법은 교회 안에서 곤핍한 자들, 외로운 자들, 정서적 필요를 가진 자들을 따뜻하고 자애롭게 돌볼 것을 명한다. 거룩한 공동체 안에 한 명도 소외된 자가 없도록 이러한 돌봄이 잘 이루어져야 한다. 이 일은 기본적으로 모든 성도가 힘써야 할 책무이지만 교회는 특

별 공동체 안에 한 명도 소외된 자가 없도록 이러한 돌봄이 잘 이루어져야 한다. 이 일은 기본적으로 모든 성도가 힘써야 할 책무이지만 교회는 특별히 이 일에 책임을 지고 감당하도록 집사 직분을 세운다. 오늘날 율법의 명령이 잘 실천되어 교회 안에 사랑과 섬김의 손길이 구석구석 미치고 있는가? 우리는 집사 직분을 바로 이해하고 새롭게 실천하여야 할 것이다. 그것은 교회 공동체를 향한 하나님의 거룩한 뜻이다.

6. 지상명령 바로알기
지상명령의 개혁된 실천
마크 데버 지음 | 김태곤 옮김

이 책은 지상명령의 바른 이해와 실천을 알려준다. 지상명령은 복음전도가 전부가 아니며 예수님이 분부하신 모든 것을 가르쳐 지키게 하는 것까지 포함하는 포괄적인 명령이다. 따라서 이 명령 아래 살아가고 있는 그리스도인들은 모든 것을 가르쳐 지키게 하는 그러한 시스템을 구축하고 이를 실천해야 한다. 이 책은 예수님이 이 명령을 교회에게 명령하셨다고 지적하며 지역 교회가 이 일을 수행할 수 있는 실천적 방법들을 구체적으로 다루고 있다. 삶으로 그리스도를 따르는 제자들로 가득 찬 교회를 꿈꾼다면 이 책이 큰 도움이 될 것이다.

7. 예배의 날
제4계명의 개혁된 실천
라이언 맥그로우 지음 | 조계광 옮김

제4계명은 십계명 중 하나로서 삶의 골간을 이루는 중요한 계명이다. 하나님의 뜻을 따르는 우리는 이를 모호하게 이해하고, 모호하게 실천하면 안 되며, 제대로 이해하고, 제대로 실천해야 한다. 이를 위해 우리는 이 계명의 참뜻을 신중하게 연구해야 한다. 이 책은 가장 분명한 논증을 통해 제4계명의 의미를 해석하고 밝혀준다. 하나님은 그날을 왜 제정하셨나? 그날은 얼마나 복된 날이며 무엇을 하

면서 하나님의 복을 받는 날인가? 교회사에서 이 계명은 어떻게 이해되었고 어떤 학설이 있고 어느 관점이 성경적인가? 오늘날 우리는 이 계명을 어떻게 지킬 것인가?

8. 단순한 영성
영적 훈련의 개혁된 실천
도널드 휘트니 지음 | 이대은 옮김

본서는 단순한 영성을 구현하기 위한 영적 훈련 방법에 대한 소중한 조언으로 가득하다. 성경 읽기, 성경 묵상, 기도하기, 일지 쓰기, 주일 보내기, 가정 예배, 영적 위인들로부터 유익 얻기, 독서하기, 복음전도, 성도의 교제 등 거의 모든 분야의 영적 훈련에 대해 말하고 있다. 조엘 비키 박사는 이 책의 내용의 절반만 실천해도 우리의 영적 생활이 분명 나아질 것이라고 한다. 그리고 한 장씩 주의하며 읽고, 날마다 기도하며 실천하라고 조언한다.

9. 힘든 곳의 지역 교회
가난하고 곤고한 곳에 교회가 어떻게 생명을 가져다 주는가
메즈 맥코넬, 마이크 맥킨리 지음 | 김태곤 옮김

이 책은 각각 브라질, 스코틀랜드, 미국 등의 빈궁한 지역에서 지역 교회 사역을 해 오고 있는 두 명의 저자가 그들의 실제 경험을 바탕으로 쓴 책이다. 이 책은 그런 지역에 가장 필요한 사역, 가장 효과적인 사역, 장기적인 변화를 가져오는 사역이 무엇인지 가르쳐준다. 힘든 곳에 사는 사람들을 긍휼히 여기는 마음이 있다면 꼭 참고할 만한 책이다.

10. 생기 넘치는 교회의 4가지 기초
건강한 교회 생활의 개혁된 실천
윌리엄 보에케스타인, 대니얼 하이드 공저

이 책은 두 명의 개혁과 목사가 교회에 대해 저술한 책이다. 이 책은 기존의 교회성장에 관한 책들과는 궤를 달리하며, 교회의 정체성, 권위, 일치, 활동 등 네 가지 영역에서 성경적 원칙이 확립되고 '질서가 잘 잡힌 교회'가 될

것을 촉구한다. 이 4가지 부분에서 성경적 실천이 조화롭게 형성되면 생기 넘치는 교회가 되기 위한 기초가 형성되는 셈이다. 이 네 영역 중 하나라도 잘못되고 무질서하면 그만큼 교회의 삶은 혼탁해지며 교회는 약해지게 된다. 원칙이 확립되고 '질서가 잘 잡힌 교회'가 될 것을 촉구한다. 이 4가지 부분에서 성경적 실천이 조화롭게 형성되면 생기 넘치는 교회가 되기 위한 기초가 형성되는 셈이다. 이 네 영역 중 하나라 교회의 삶은 혼탁해지며 교회는 약해지게 된다.

11. 북미 개혁교단의 교회개척 매뉴얼
URCNA 교단의 공식 문서를 통해 배우는 교회개척 원리와 실천
이 책은 북미연합개혁교회(URCNA)라는 개혁교단의 교회개척 매뉴얼로서, 교회개척의 첫걸음부터 그 마지막 단계까지 성경의 원리에 입각한 교회개척 방법을 가르쳐준다. 모든 신자는 함께 교회를 개척하여 그리스도의 나라를 확장해야 한다.

12. 아이들이 공예배에 참석해야 하는가
아이들의 예배 참석의 개혁된 실천
대니얼 R. 하이드 지음 | 유정희 옮김
아이들만의 예배가 성경적인가? 아니면 아이들도 어른들의 공예배에 참석해야 하는가? 성경은 이에 대해 무엇을 말하는가? 아이들의 공예배 참석은 어떤 유익이 있으며 실천적인 면에서 주의할 점은 무엇인가? 이 책은 아이들의 공예배 참석 문제에 대해 성경을 토대로 돌아보게 한다.

13. 신규 목회자 핸드북
제이슨 헬로포울로스 지음 | 리곤 던컨 서문 | 김태곤 옮김
이 책은 새로 목회자가 된 사람을 향한 주옥같은 48가지 조언을 담고 있다. 리곤 던컨, 케빈 드영, 앨버트 몰러, 알리스테어 베그, 팀 챌리스 등이 이 책에 대해 극찬하였다. 이 책은 읽기 쉽고 매우 실천적이며 유익하다.

14. 마음을 위한 하나님의 전투 계획
청교도가 실천한 성경적 묵상
데이비드 색스톤 지음 | 조엘 비키 서문 | 조계광 옮김
묵상하지 않으면 경건한 삶을 살 수 없다. 우리 시대에 일어나고 있는 일이 바로 이것이다. 오늘날은 명상에 대한 반감으로 묵상조차 거부한다. 그러면 무엇이 잘못된 명상이고 무엇이 성경적 묵상인가? 저자는 방대한 청교도 문헌을 조사하여 청교도들이 실천한 묵상을 정리하여 제시하면서, 성경적 묵상이란 무엇이고, 왜 묵상을 해야 하며, 어떻게 구체적으로 묵상을 실천하는지 알려준다. 우리는 다시금 이 필수적인 실천사항으로 돌아가야 한다.

15. 마크 데버, 그렉 길버트의 설교
설교의 개혁된 실천
마크 데버, 그렉 길버트 지음 | 이대은 옮김
1부에서는 설교에 대한 신학을, 2부에서는 설교에 대한 실천을 담고 있고, 3부는 설교 원고의 예를 담고 있다. 이 책은 신학적으로 탄탄한 배경 위에서 설교에 대해 가장 실천적으로 코칭하는 책이다.

16. 개혁교회 공예배
공예배의 개혁된 실천
대니얼 R. 하이드 지음 | 이선숙 옮김
많은 신자들이 평생 수백 번, 수천 번의 공예배를 드리지만 정작 예배에 대해서 제대로 이해하지 못하는 경우가 많다. 당신은 예배가 왜 지금과 같은 구조와 순서로 되어 있는지 이해하고 예배하는가? 신앙고백은 왜 하는지, 목회자가 왜 대표로 기도하는지, 말씀은 왜 읽는지, 축도는 왜 하는지 이해하고 참여하는가? 이 책은 분량은 많지 않지만 공예배의 핵심 사항들에 대하여 알기 쉽게 알려준다.

17. 존 오웬의 그리스도인의 교제 의무
그리스도인의 교제의 개혁된 실천

존 오웬 지음 | 김태곤 옮김

이 책은 그리스도인 상호 간의 교제에 대해 청교도 신학자이자 목회자였던 존 오웬이 저술한 매우 실천적인 책으로서, 이 책에서 우리는 청교도들이 그리스도인의 교제를 얼마나 중시했는지 엿볼 수 있다. 이 책은 그리스도인의 교제에 대한 핵심 원칙들을 담고 있다. 교회 안의 그룹 성경공부에 적합하도록 각 장 뒤에는 토의할 문제들이 부가되어 있다.

청교도들이 그리스도인의 교제를 얼마나 중시했는지 엿볼 수 있다. 이 책은 그리스도인의 교제에 대한 핵심 원칙들을 담고 있다. 교회 안의 그룹 성경공부에 적합하도록 각 장 뒤에는 토의할 문제들이 부가되어 있다.

18. 신약 시대 신자가 왜 금식을 해야 하는가
금식의 개혁된 실천

대니얼 R. 하이드 지음 | 김태곤 옮김

금식은 과거 구약 시대에 국한된, 우리와 상관없는 실천사항인가? 신약 시대 신자가 정기적인 금식을 의무적으로 행해야 하는가? 자유롭게 금식할 수 있는가? 금식의 목적은 무엇인가? 이 책은 이런 여러 질문에 답하면서, 이 복된 실천사항을 성경대로 회복할 것을 촉구한다.

19. 네덜란드 개혁교회의 자녀양육
자녀양육의 개혁된 실천

야코부스 꿀만 지음 | 유정희 옮김

이 책에서 우리는 17세기 네덜란드 개혁교회 배경에서 나온 자녀양육법을 살펴볼 수 있다. 경건한 17세기 목사인 야코부스 꿀만은 자녀 양육과 관련된 당시의 지혜를 한데 모아서 구체적인 282개 지침으로 꾸며 놓았다. 부모들이 이 지침들을 읽고 실천하면 큰 도움을 받을 수 있게 하였다. 의도는 선하더라도 방법을 모르면 결과를 낼 수 없다. 우리 그리스도인 부모들은 구체적인 자녀양육 방법을 배우고 실천해야 한다.

20. 조엘 비키의 교회에서의 가정
설교 듣기와 기도 모임의 개혁된 실천

조엘 비키 지음 | 유정희 옮김

이 책은 가정생활의 두 가지 중요한 영역에 대한 실제적 지침을 포함하고 있다. 첫째, 공예배를 위해 가족들을 어떻게 준비시켜야 하는지, 설교 말씀을 어떻게 받아야 하는지, 그 말씀을 어떻게 실천해야 하는지 설명한다. 둘째, 기도 모임이 교회의 부흥과 얼마나 관련이 깊은지 역사적으로 고찰하면서, 기도 모임의 성경적 근거를 제시하고, 그 목적을 설명하며, 나아가 바람직한 실행 방법을 설명한다.

21. 장로와 그의 사역
장로 직분의 개혁된 실천

데이비드 딕슨 지음 | 김태곤 옮김

장로는 무슨 일을 하는 사람인가? 스코틀랜드 개혁교회 장로에게서 장로의 일에 대한 조언을 듣자. 이 책은 장로의 사역에 대한 지침서인 동시에 남을 섬기는 삶의 모델을 보여주는 책이다. 이 책 안에는 비단 장로뿐만 아니라 모든 그리스도인이 본받아야 할, 섬기는 삶의 아름다운 모델이 담겨 있다. 이 책은 따뜻하고 영감을 주는 책이다.

22. 개혁교회의 가정 심방
가정 심방의 개혁된 실천

피터 데 용 지음 | 조계광 옮김

목양은 각 멤버의 영적 상태를 개별적으로 확인하고 권면하고 돌보는 일을 포함한다. 이를 위해 교회는 역사적으로 가정 심방을 실시하였다. 이 책은 외국 개혁교회에서 꽃피웠던 가정 심방의 실제 모습을 보여주며, 한국 교회 안에서 행해지는 가정 심방의 개선점을 시사해준다.